LA RÉVÉRENDE

MÈRE SAINT-GEORGES

RÉVÉRENDE MÈRE SAINT - GEORGES
Supérieure Générale des Filles du St-Esprit

LA RÉVÉRENDE

MÈRE SAINT-GEORGES

Douzième Supérieure Générale

DE LA CONGRÉGATION

des Filles du Saint-Esprit

SAINT-BRIEUC

IMPRIMERIE DE RENÉ PRUD'HOMME, ÉDITEUR PONTIFICAL

Imprimeur de Sa Grandeur Monseigneur l'Evêque

A S. G. Monseigneur MORELLE

Evêque de Saint-Brieuc et Tréguier

Hommage de filiale et religieuse gratitude

« Il a pour nous et pour les intérêts de notre chère Con-
« grégation le dévouement et la bonté d'un vrai Père ; sa
« sollicitude s'étend à tout, et rien ne paraît lui coûter
« quand il s'agit de nous être utile. Il ne ménage ni ses dé-
« marches, ni son temps, pourtant si précieux, ni ses
« écrits, ni ses paroles : il semble qu'il n'ait à s'occuper
« que de nous. Nous lui devons une grande reconnaissan-
« ce pour ce paternel et si parfait dévouement. »

(Lettre de notre Mère Saint-Georges
à l'une de ses anciennes Novices, 10 Janvier 1896.)

ET A LA TRÈS PIEUSE MÉMOIRE
DE NOTRE VÉNÉRÉE MÈRE SAINT-GEORGES
RETOURNÉE A DIEU AU SOIR DU 31 MAI 1916
FÊTE DE NOTRE-DAME D'ESPÉRANCE DE SAINT-BRIEUC
ET VEILLE DE LA SOLENNITÉ DE L'ASCENSION
DE NOTRE SEIGNEUR JÉSUS-CHRIST

Maintenant donc, M. F., nous vous prions et nous
vous conjurons dans le Seigneur Jésus qu'ayant appris de
nous comment vous devez marcher et plaire à Dieu, ainsi
vous marchiez de telle sorte que vous avanciez de plus en
plus.

Vous savez quels préceptes je vous ai donnés de la part
du Seigneur Jésus.

Car la volonté de Dieu est que vous vous sanctifiez.

(Ep. aux Thessaloniciens, v, 1-3.)

Approbation de S. G. Monseigneur SERRAND

Evêque de Saint-Brieuc et Tréguier

Saint-Brieuc, le 13 Avril 1925.

Ma chère Fille,

Si elle eût été encore de ce monde, Mère Saint-Georges n'eût pas pardonné à vos Supérieures de vous avoir fait écrire sa vie, ni à vous de l'avoir écrite. Vous avez rappelé à quel point elle était humble, combien elle détestait qu'on parlât d'elle, et avec quelle habileté elle savait écarter tout ce qui était à sa louange. Quand elle quitta cette terre pour remonter vers le Père qui est dans les Cieux, elle était bien persuadée qu'elle avait condamné la Congrégation à garder à jamais le silence sur elle. N'avait-on pas brûlé sous ses yeux, et par son ordre, tous ses carnets de notes intimes ! Mais la Providence, qui voulait que son rôle bienfaisant se prolongeât par-delà la mort, permit qu'elle fit un oubli ; certaines pages échappèrent à l'holocauste, et c'est en les utilisant, et en utilisant aussi des lettres qu'elle n'avait pu faire détruire, et en rappelant vos souvenirs que vous êtes parvenue à retracer sa vie et à nous donner la physionomie de son âme.

Aujourd'hui du haut du Ciel, et voyant toutes choses en la lumière divine, je crois qu'elle fait mieux que vous pardonner : elle vous approuve et vous sourit, parce qu'elle comprend tout le bien que feront ces pages.

Je les ai lues avec un profond intérêt et une grande édification. Et je comprends l'impatience de vos Sœurs de les avoir entre leurs mains. Votre plume facile, vive et poétique les intéresse toujours, quelque sujet qu'elle traite. Jamais elle ne leur aura fait plus de plaisir et plus de bien. Quel magnifique modèle vous leur mettrez sous les yeux en Mère Saint-Georges, pour toutes les circonstances à travers lesquelles la Providence les appelle à passer ! Quelle régularité ! Quel esprit de Foi ! Quelle application à tous

A

les devoirs d'état ! Quelle abnégation ! Quel calme dans l'épreuve ! Quelle douceur ! Quelle bonté ! Quelle charité ! Quel zèle ! Quelle ardeur à seconder en elle l'œuvre de l'Esprit-Saint ! Quelle sainteté en un mot ! — Et comment être en contact avec une âme de cette trempe, sans se faire honte de sa médiocrité, et sans s'efforcer de se soulever jusqu'aux hauteurs où elle s'est établie ! Partout où le livre passera, il allumera la flamme de l'amour divin.

Puisse-t-il la faire partout aussi vive et rayonnante que dans le cœur de cette admirable Mère !

Votre tout religieusement dévoué.

† FRANÇOIS-JEAN-MARIE,

Evêque de Saint-Brieuc et Tréguier.

Lettre de S. G. Mgr DU BOIS DE LA VILLERABEL

Archevêque de Rouen, Primat de Normandie

Rouen, le 19 Avril 1925.

MA CHÈRE SŒUR,

Les bonnes feuilles de votre Notice biographique sur la Révérende Mère Saint-Georges, douzième Supérieure Générale des Filles du Saint-Esprit, m'arrivaient il y a deux jours, avec la lettre dans laquelle vous me demandiez aimablement de bénir votre œuvre. Je viens de les lire avec un puissant intérêt. Il n'y a rien de factice, ni de fantaisiste dans votre livre, où vous avez accumulé les documents avec prodigalité. Les matériaux ne manquaient pas ! voilà pourquoi vous avez construit de toute pièce un magnifique monument à la mémoire de votre Mère : *Exegi monumentum,* pouvez-vous dire en toute vérité.

Aussi, bien volontiers j'ajoute mes plus abondantes bénédictions à celles qu'appellent déjà sur ce livre NN. SS. les Evêques de Saint-Brieuc, de Vannes et de Quimper. Que ces pages éveillent dans toutes vos Maisons, chez toutes les Filles du Saint-Esprit, une ardente résolution de marcher sur les traces d'une âme aussi profondément religieuse ! Qu'elles prennent leur essor par delà les océans pour unir plus étroitement à la Famille ses membres dispersés au loin, afin que par un sentiment d'admiration, de reconnaissance et de fierté, ils s'y attachent chaque jour davantage ! Que cette lecture spirituelle nourrisse, au-delà même de vos Maisons et principalement parmi les jeunes filles que vous élevez, le sens de la perfection chrétienne !

En ce temps de Pâques, j'ose dire que vous avez ressuscité la bonne Mère Saint-Georges. Nous ne l'avions pas oubliée, mais elle était un peu lointaine dans nos souvenirs ; vous l'avez tirée, pour ainsi dire, des ombres de la mort pour la dresser devant nos yeux dans la lumière de la vie. Oui, c'est bien elle, telle que nous l'avons connue, et plus belle encore que nous ne la soupçonnions, parce que vous nous avez introduits, nous, comme tous vos lecteurs, dans l'intimité de son âme qu'elle voilait avec une jalouse vigilance et une profonde humilité. Maintenant les secrètes prédilections de l'Esprit-Saint pour elle nous apparaissent dans leur touchante prodigalité. La voilà bien vivante devant nous, *Alleluia !* Qui donc osera, sous son regard, rester dans la médiocrité que toutes vos pages condamnent par ses exemples et ses leçons ? Bon sang ne peut mentir : noblesse oblige. Quelle est la Fille du Saint-Esprit qui voudrait rester en arrière et s'attarder dans une vie vulgaire, après avoir passé de bonnes heures avec cette sainte Mère ? De glorieux ancêtres dans une famille animent à la magnanimité les générations qui montent.

Gardienne fidèle de vos traditions historiques, la Révérende Mère Marie-Alvarez me demandait, il y a trois ans, de réunir les notes éparses dans la *Colombe,* où j'avais essayé de retirer des ombres épaisses du passé la mémoire de Dom Jean Leuduger. Aujourd'hui elle fait appel à votre plume experte, à votre méthode de travail, à votre érudition d'archiviste de la Congrégation et de rédactrice de ses annales pour peindre le portrait de la Bonne Mère Saint-Georges. Votre livre répond pleinement au but qu'elle se propose. Un lien nouveau unit les Filles du Saint-Esprit à leur passé et à leur foyer familial. Plus vous êtes nombreuses et dispersées, plus vous devez sentir vos âmes en communion. Ainsi soit-il !

Croyez bien, ma chère Sœur, à mes sentiments religieusement dévoués en Notre-Seigneur.

† ANDRÉ,

Archevêque de Rouen,
Primat de Normandie.

Lettre de Sa Grandeur Monseigneur GOURAUD

Evêque de Vannes

L'Evêque de Vannes bénit de tout cœur les pages consacrées à la mémoire de la Révérende Mère Saint-Georges, et souhaite que cette sainte vie serve de modèle à toutes les Filles de la Congrégation du Saint-Esprit.

Vannes, le 9 avril 1925.

Lettre de Sa Grandeur Monseigneur DUPARC

Evêque de Quimper et de Léon

L'Evêque de Quimper et de Léon, très heureux de savoir que la Sœur Saint-A... vient d'achever la biographie de la Révérende Mère Générale Saint-Georges, la bénit paternellement, la félicite d'avoir mené à bon terme cette filiale entreprise où elle montre à la fois son talent et son cœur, et souhaite que son volume ravive encore l'affection et la prière pour sa pieuse héroïne et attire de nouvelles vocations aux Filles du Saint-Esprit.

Quimper, le 28 mars 1925.

Lettre de Sa Grandeur Monseigneur LE SENNE

Evêque de Beauvais, Noyon et Senlis

Beauvais, le 21 Avril 1925.

MA CHÈRE SŒUR,

Je reçois la vie de la Mère Saint-Georges quelques heures avant de partir pour une absence de trois semaines. Je n'ai pas le temps de la lire. J'ai eu tout juste celui d'en tourner les pages et d'y jeter un regard rapide.

Cela m'a suffi pour me donner l'impression que la physionomie de votre bonne et regrettée Mère y apparaît exacte et vivante. Tous ceux qui l'ont connue, vénérée et aimée vous en sauront gré. Je suis de ceux-là, et à mes remerciments j'ajoute mes meilleures félicitations pour avoir si bien réalisé le projet que Mgr Morelle eut l'heureuse idée de vous confier. Désormais, grâce à lui et grâce à vous, la Mère Saint-Georges continuera de faire à ses anciennes Filles le bien qu'elle leur a prodigué pendant de longues années de Supériorat. Bien plus, toutes les religieuses qui composent et qui composeront à l'avenir la grande Famille du Saint-Esprit, pourront vivre, quel que soit le Colombier qui les abrite, de son esprit et de ses exemples.

Le souvenir très doux que je garde d'elle sera certainement avivé par la lecture attentive que je promets de faire de votre livre, comme il est du reste ranimé chaque année au mois d'août, pendant les deux semaines que je passe à Bangor, paroisse natale de votre Mère, et dont mon frère est actuelement le Recteur. Ses villages me sont très familiers, mais dorénavant quand j'irai à Donnant et au Petit-Cosquet, je me plairai à évoquer son image et à respirer le parfum de vertus que vous avez justement rappelées et, j'en suis sûr d'avance, délicatement décrites.

Veuillez agréer, ma chère Sœur, l'assurance de mon religieux attachement en N.-S.

† EUGÈNE,
Evêque de Beauvais, Noyon et Senlis.

Lettre du Révérendissime Dom Dominique NOGUES

Abbé du Monastère de Thymadeuc

Notre-Dame de Thymadeuc, 9 Mai 1925.

Ma bien chère Sœur,

En me faisant hommage de votre volume, ce dont je vous remercie de tout cœur, vous craigniez, m'écriviez-vous, de n'offrir pas au public le vrai portrait de la Révérende Mère Saint-Georges, de ne pas faire revivre dans sa réalité « ce que je sentais, moi, être une figure peu commune ».

D'éprouver cette inquiétude, ce tourment de ne pas bien faire, d'avoir été la Novice de la Révérende Mère, d'être douée comme tous les poètes d'une particulière sensibilité, tout cela m'était un gage que, au physique comme au moral, vous reproduiriez exactement les traits de celle dont vous écriviez l'histoire. De confiance je m'en remettais à vos impressions, quitte à les faire analyser au besoin et après coup par quelqu'un des nôtres (1) dont la mémoire est toujours en bénédiction au Saint-Esprit, et qui a été si intimement mêlé à la vie de la Révérende Mère Saint-Georges et à la vôtre.

Et voici que très habilement et très heureusement, vous fournissez le moyen de contrôler vos admirations en faisant la Révérende Mère se présenter elle-même dans ses nombreuses lettres que vous avez eu la bonne fortune de recueillir. Par là nous constatons avec vous de quelle façon supérieure, par exemple, elle entendait les choses de l'enseignement et de l'éducation. Ses conseils sont formulés avec une merveilleuse netteté de pensée et sous une forme qu'on pourrait presque dire lapidaire. La Maîtresse des Novices ne se montre pas moins distinguée dans l'exercice de ses délicates fonctions, ni la religieuse moins admirable dans sa vie privée. Ah ! ce carnet « précieux », très précieux en effet, ne deviendrait-il pas facilement et utilement

(1) Le R. P. Jean-Baptiste (abbé Florian Vavasseur) qui fut Aumônier de la Maison Principale de 1886 à 1897.

un traité de vie spirituelle ? Même nous autres, les contemplatifs, nous le dépouillerons, je vous assure, avec grand profit pour nos âmes.

Vous ne vous étonnerez pas que j'aie lu avec une émotion particulière comment les ancêtres maternels de la Révérende Mère ont habité cette partie de la Nouvelle-Ecosse où nous sommes allés chercher un refuge en 1903, comment ils ont été les témoins et les victimes « du grand dérangement » des pauvres Acadiens dont les malheurs ont été chantés par un célèbre auteur américain dans son poème si touchant d' « Evangéline ». Ah ! je comprends que la bonne Mère ait recommandé à ses Filles de se dévouer tout entières à ces contrées voisines de la nouvelle France, ce qu'elles on fait, pour le dire en passant et comme je l'ai constaté moi-même, avec un plein et souvent miraculeux succès. C'est ainsi que la bonne Providence ne permet pas que nous soyons absolument exilés en quelque lieu que ce soit, puisque nous la trouvons partout, mais encore par des coïncidences imprévues, dans des souvenirs historiques, par le retour des choses, elle nous ménage, sous le ciel où la persécution nous jette, des facilités d'adaptation qui sont d'un grand prix pour le pauvre cœur humain.

Heureux de déposer mes hommages sur la mémoire de haute édification de la Révérende Mère Saint-Georges, je bénis l'auteur et le volume et vous prie de croire, ma bien chère Sœur, à mes sentiments les plus respectueux et dévoués pour votre personne et toute la Famille du Saint-Esprit.

P. Dominique Nogues,

Abbé.

A la Congrégation

———✳———

Qu'elle veuille bien excuser le retard apporté à la publication de ce travail : ne fut-il pas réclamé dès le jour où la mort voila devant nos regards la grande figure de notre Mère bien-aimée ?

La plume sollicitée de la faire revivre, humblement, se reconnaît coupable et ne cherche point à s'excuser ; car elle se souvient que le premier enseignement de Mère Saint-Georges aux Novices qu'elle eut mission de former à la vie religieuse, était de ne jamais se justifier.

Elle, la bonne Mère, indulgente en Dieu et avec Dieu, infiniment plus encore qu'elle ne le fut ici-bas, a tout pardonné. Au besoin, son cœur si bon plaiderait devant la Congrégation la cause de la coupable. « Mon heure n'est pas encore venue », semblait-elle répondre à chacun des efforts tentés, au cours de ces quatre ans, pour la dégager de l'ombre où elle s'enfonçait comme à plaisir.

Cette heure, enfin, la voici. Et c'est sa voix aimée venant du Ciel qui va se faire entendre. Il le faut ; car elle seule a autorité pour redire à la Congrégation qu'elle a conduite avec tant de sagesse, de prudence et de fermeté, ses devoirs envers le Père des Cieux, dont la Providence était pour Notre Mère, l'objet d'une dévotion touchante ; envers Notre-Seigneur Jésus-Christ, dont le nom revenait à tout propos sur ses lèvres et sous sa plume ; envers le Saint-Esprit, dont le vocable fut toujours sa consolation et sa fierté, et dont les divines illuminations irradiaient d'une manière tangible, en quelque sorte, cette âme qui, dès la première heure, s'était livrée à son action sanctificatrice.

Que nous dira-t-elle encore ? Nos obligations particulières vis-à-vis de la famille religieuse qui nous a adoptées ; de chacun des membres de ce groupement choisi ; de la

Fondation où la sainte Obéissance nous a placées ; des enfants que nous instruisons, des pauvres et des malades, objets de nos soins ; de nous-mêmes, enfin.

Elle nous dira que, liées à jamais par les saints Vœux à Notre-Seigneur Jésus-Christ, nous devons, par amour pour Lui, vivre chaque jour et à toute heure notre Profession, immolant petit à petit la victime, le moi surtout, cet ennemi domestique, terrible entre tous, parce qu'il a le redoutable pouvoir de renaître de ses cendres. Pour nous exciter au combat, elle ne se lassera pas elle-même de relever nos armes à mesure qu'elle les verra nous tomber des mains.

Ces armes, quelles sont-elles ? Tout d'abord, celles des simples fidèles : défiance de soi-même, confiance en Dieu ; car, affirme-t-elle : « Nous sommes chrétiennes avant d'être religieuses » ; puis, nos Vœux toujours plus exactement pratiqués ; puis, la Règle, oui, la Règle... la nôtre, tout imprégnée de l'onction du Saint-Esprit, toute puissante pour sanctifier chaque Fille du Saint-Esprit qui, à son exemple à elle, l'incarnera dans sa vie.

Ainsi la Règle, expression détaillée jour par jour, heure par heure, minute par minute, de la volonté de Dieu, nous apparaîtra dans la vie de Notre Mère comme le sommet de cette sainteté réelle, aimable, accessible, entraînante, contagieuse, que chacune a pu admirer au cours de sa lumineuse et féconde carrière ; dont quelques privilégiées ont suivi les progrès, depuis ce mois d'Août 1858 où s'ouvrirent devant son adolescence les portes du Noviciat, jusqu'à ce soir embaumé du 31 Mai 1916, où l'âme bienheureuse entra dans le cortège des vierges auquel est réservé le privilège d'accompagner le Céleste Epoux dans ses démarches éternelles.

BELLE-ILE-EN-MER

« *Celui qui aime son pays et qui s'y plaît est faible et délicat ;*
« *Celui qui regarde tous les lieux comme son pays est fort et généreux ;*
« *Et celui-là est parfait à qui la terre est un exil.* »

(Saint Jean Chrysostôme.)

Donnons un coup d'œil rapide à cette terre privilégiée, berceau de Notre Mère.

Evangélisée par des Moines Bénédictins venus d'Irlande, elle fut durant plusieurs siècles, placée, quant au spirituel, sous la juridiction immédiate du Souverain Pontife.

« Surélevée au milieu des eaux par la main toute-puissante du Créateur, dit le premier historien de Belle-Ile, un capucin, la *Guédel* des celtisants demeure « *la perle de la Mer océane* ». Le fils de saint François ajoute avec une conviction naïve, autant que pieuse : « Sa position était nécessaire entre la Mer de Gascogne et la Mer Océane, la Providence l'ayant placée là pour être le boulevard des Côtes de la France, depuis Bayonne jusqu'à Brest, et élevée bien au-dessus des mers pour servir comme de boussole aux bateaux du long-cours qui vont prendre leur hauteur à la hauteur de cette terre. »

Quant à nous, il nous plaît d'admirer à un autre point de vue, l'œuvre providentielle. Rendons grâces au Saint-Esprit qui voulut produire sur ces rives bénies *la perle de sa famille religieuse*, et faire de la pieuse enfant baptisée le 22 mars 1838, dans l'antique église édifiée par les moines de Bangor, une âme de lumière digne d'éclairer de son rayonnement puissant et doux la Famille religieuse placée sous son vocable ; une âme qui, brûlant de son feu divin, se rendra capable de réchauffer et d'embraser toutes celles appelées à entrer dans le Cénacle qu'en Bretagne on nomme *Le Couvent blanc* ; une âme si élevée qu'elle dominera de sa vertu suréminente, non seulement les flots mouvants du monde et les vicissitudes de la vie, mais le déchaînement des tempêtes, à tel point qu'on pourra lui appliquer, très justement, ce mot d'un grand chrétien, son contemporain : « *Je mets toujours le cap de mon navire sur Dieu ; quelque défavorables que soient les vents, je maintiens ma direction ; car, après tout, c'est là que je veux accoster.* »

* *

C'est un fait avéré que la patrie, restreinte à ce coin de terre où la Providence a placé notre berceau, exerce une influence heureuse ou fâcheuse sur le tempérament et le caractère. Mère Saint-Georges devait-elle échapper à cette loi ? Ne prononçons pas, disons seulement, qu'elle *ne parut jamais obéir à aucune influence extérieure ; les dons riches et variés de la nature d'élite qui fut la sienne, semblent n'avoir eu besoin, pour se développer, que de la secrète impulsion de la grâce divine.* Ajoutons que, de Belle-Ile, cette « Perle de la Mer océane », elle avait reçu, outre les avantages physiques auxquels il ne convient pas de s'arrêter, car « *la beauté est vaine* », une constitution souple et résistante (ce dernier trait plus en réalité qu'en apparence), une taille harmonieusement mesurée à laquelle un port plein de noblesse, de modestie et de dignité laissait tous ses avantages. Le visage aux lignes pures, aux traits nettement accusés, propres à être reproduits dans le portrait ou la médaille, s'éclairait par un regard à la flamme bleue, douce et sereine, pénétrante et caressante tout ensemble. Le front élevé et découvert rayonnait d'intelligence et ne trahissait nullement cette note de la race bretonne qui devient au gré de l'éducation, de ses adjuvants ou de ses lacunes, qualité ou défaut, fermeté ou entêtement.

BANGOR

Nous avons nommé la paroisse natale de Notre Mère. Cette paroisse fut vraisemblablement, dans les siècles réculés,
la première capitale de Belle-Ile, car elle tire son origine
des Moines Irlandais qui, ayant abordé en Guédel, au vɪᵉ
siècle, y fondèrent un monastère auquel ils donnèrent le
nom de celui qu'ils avaient laissé en pays Gallois.

Le nom de Bangor est, en effet, celui de trois localités,
soit en Irlande, soit en Galles, soit sur la Dée, près de
Chester. Lorsque, en 1902, nos Sœurs s'établirent en Galles,
à Caërnarvon, Notre Vénérée Mère Saint-Georges, très frappée de voir sa famille religieuse prendre pied sur cette
terre vénérable d'où était venu à son pays natal le bienfait
de la foi, remercia Dieu qui lui fournissait le moyen de
payer aux Gallois la detté de la reconnaissance, et elle rêva
d'une fondation à Bangor même, dans le Comté de Caërna-
von. Les circonstances n'ont pas favorisé la réalisation de
son rêve ; mais ne peut-elle pas le reprendre au Ciel, si là
lui apparaît la possibilité, pour sa bien-aimée Congrégation, d'étendre le règne de Notre-Seigneur Jésus-Christ,
dans cette Ile des Saints, dont les fils, unis à ceux de la
France, ont combattu victorieusement dans la récente
guerre, pour la cause sacrée de la justice et du droit.

Quoi qu'il en soit, Notre Mère s'intéressa toujours surnaturellement à l'église de Bangor : chaque année, elle adressait au Prêtre desservant une offrande prélevée sur ses re-
venus personnels, et, plus d'une fois, elle a aidé au décor
de l'autel par l'envoi de travaux simples, mais de bon
goût, exécutés par les doigts diligents de ses Filles, trop
heureuses de seconder sa pieuse générosité.

L'antique église, œuvre des Moines Bénédictins, disparut
peu d'années après le baptême de Notre Mère (1), et fut

(1) Nous signalons le fait en partageant les regrets du P. Léandre Le
Gallen, des Missions Africaines de Lyon, un enfant de Belle-Ile, et son
dernier historien.

remplacée par une construction sans style, dans laquelle cependant l'œil est charmé de retrouver les statues et la plus grande partie de l'ancien ameublement. A signaler en particulier, outre la balustrade dont les sculptures et la disposition sont de bon goût, un tableau appendu à la muraille du transept, côté de l'Evangile : on lit au bas cette inscription : L'an 1030, la Communauté de Sainte-Croix, Quimperlé, établit à Bangor un couvent pour le culte de la Croix de Notre-Seigneur Jésus-Christ. A cette époque de foi, l'instrument béni de notre rédemption était partout en honneur dans l'Eglise ; on pressentait le mouvement extraordinaire qui, au cri de « *Dieu le veut* », allait entraîner l'Occident à la conquête des Lieux sanctifiés par les souffrances et la mort du Christ Rédempteur.

Ne pouvons-nous croire que c'est dans l'église de son baptême que Mère Saint-Georges puisa la dévotion particulière qu'elle portait au crucifix ? Ils ne sont pas éloignés, les jours néfastes où la France vit arracher du prétoire et de l'école l'image bénie du Divin Rédempteur. Cette odieuse proscription souleva dans l'âme de Notre Mère une indignation bien légitime. Elle voulut écrire en quelque sorte, sur tous les murs de la Maison Principale, sa juste et très pieuse protestation. Des crucifix, choisis par elle, furent placés dans les corridors, aux endroits les plus apparents, à tous les étages, et nous voyons avec édification les Sœurs, dans leurs allées et venues, jeter un regard d'amour sur l'image bénie, se signer pieusement en murmurant tout bas le verset liturgique : « *Nous vous adorons, ô Jésus, et nous vous bénissons, parce que vous avez racheté le monde par votre sainte Croix.* »

Puissent ces actes de réparation se perpétuer ici parmi nous, pour consoler le Cœur divin du Maître adoré dont la Passion se continue à travers le monde, et pour réjouir dans la gloire l'âme généreuse qui les a provoqués.

Dans les quatre paroisses de Belle-Ile, au reste, le culte de la Croix est resté comme la caractéristique de la vie chrétienne : preuve que l'action des moines qui l'y apportèrent a été féconde autant que durable.

LA FAMILLE

« C'est avoir fait un grand pas dans les sentiers de la Justice que d'être de la race des Justes. »

« Quiconque fait la Volonté de mon Père qui est dans les Cieux, celui-là est mon frère, et ma sœur et ma mère. »

Belle-Ile, au dire des historiens, fut peuplée primitivement soit par des colons espagnols y faisant halte avant de poursuivre leur route vers la Grande-Bretagne, soit par les émigrés Gallois ou Irlandais venus à la suite des moines de Bangor chercher là un refuge contre les Saxons envahisseurs. Une chose digne de remarque, c'est que plusieurs noms de famille ont une origine Galloise ou Irlandaise. Relevons simplement ceux de la parenté de Notre Mère : L'Hermitte et Laléous : le premier, selon le P. Le Gallen, serait le vieux nom irlandais de Léarmit ou Diarmit. Laléous, qui s'écrivait au xvie siècle, Lalious, a aussi une origine irlandaise.

Si l'on ajoute, toujours d'après l'histoire, que les jeunes gens de Bangor ont l'allure élancée des Irlandais, le teint blanc et les cheveux blonds, on est porté à croire que Notre Vénérée Mère est une descendante de ces vieilles familles d'Irlande si sympathiques aux Celtes armoricains ou insulaires.

Toutefois, la souche d'où elle sort a une origine bien celtique : son nom patronymique en fait foi, Bamdé est un mot francisé du celte *bemdeiz : Bem* (chaque) *deiz* (jour).

Le prénom de Séraphine qui lui fut donné au baptême, uni à celui de Marie, semble préciser la pensée du Ciel. Cela ne veut-il pas dire : *« Chaque jour, par une dévotion vraiment filiale envers Marie* (1), cette enfant deviendra une âme séraphique. »

(1) Le nom de Marie figure en particulier sur le parchemin du Brevet élémentaire délivré à Rennes le 6 avril 1858.

De ce pieux horoscope, on n'eut sans doute aucune intuition au foyer très chrétien des époux Bamdé, mais, vingt ans plus tard, le Saint-Esprit Lui-même viendra le confirmer : en adoptant à nouveau l'enfant bénie, Il désignera pour Parrain de sa vie religieuse, le Patriarche d'Assise, François *le Séraphique* (1).

Mais, dès le premier instant, le Dieu qui est charité devait prendre une complète possession de cette âme prédestinée et *disposer en elle des ascensions* (2), afin qu'elle montât sans arrêt, pour ainsi dire, dans cette vie d'union et d'amour, unique but de la perfection religieuse. Tel fut, au reste, l'objectif de Notre Mère pendant sa belle carrière, et plus d'une parmi nous a pu palper en quelque sorte le travail de la grâce d'attrait dans son âme très fidèle. Elles l'ont vu, ce travail, les amies d'enfance dont nous avons sous les yeux le précieux témoignage ; elles l'ont vu celles qui furent ses Sœurs du Noviciat et de la Profession ; de même ses élèves de Rostrenen et les Sœurs qui, dans cette Fondation privilégiée, furent pendant dix années ses Compagnes, et celles qui eurent l'avantage d'être ses élèves au Cours de la Maison-Mère, ou bien ses enfants du Noviciat ; de même encore les Membres du Conseil qui, pour avoir eu avec elle un contact journalier, ont acquis de sa vie spirituelle une connaissance plus intime. Le prêtre, enfin, qui fut le confident de son âme nous a révélé sa dernière résolution de retraite (3) : *Faire effort pour intensifier l'union avec Notre-Seigneur.*

Mais il ne faut pas anticiper : nous reviendrons d'ailleurs sur ce thème, le plus intéressant et le plus fécond du présent travail. C'est le moment d'indiquer une autre harmonie providentielle de la destinée de Notre Mère, la profession du père, éloquemment soulignée dans l'éloge funèbre prononcé par Monseigneur de Saint-Brieuc à la cérémonie des obsèques, le 3 juin 1916.

Son père portait un prénom bien breton aussi : Mathurin, et c'est sagesse aux Bellilois de ne pas le proscrire de

---

(1) Mère Saint-Georges prononça ses vœux le 4 octobre en la fête de Saint François d'Assise.

(2) Psaume 83.

(3) Cette Retraite, Notre Mère l'avait faite en novembre 1915, six mois environ avant sa mort.

leur catalogue familial. Il exerçait le métier de *pilote*. Cette profession, disent les notes de Madame Richard (1), de Morlaix, se transmettait de père en fils dans la famille.

Marié en premières noces à Marie-Jeanne L'Hermite, Mathurin Bamdé était demeuré veuf avec quatre enfants en bas âge. Ses beaux-parents, touchés de son malheur, lui cherchèrent eux-mêmes une compagne qui voulût se dévouer à ses petits enfants, rendre à son cœur brisé l'affection dont la mort venait de le priver, et lui permettre d'exercer sa profession sans être torturé par le souvenir de ses enfants sans mère et de son foyer abandonné à des mains mercenaires.

La Providence, nous le verrons, le servit admirablement. Il continua donc jusqu'à sa 60e année, de piloter, à Saint-Nazaire principalement, les navires qui voulaient accoster. L'affaiblissement de sa vue l'obligea à se démettre de ses fonctions. Grande fut la désolation des autres pilotes. Ceux-ci, en effet, recouraient fréquemment à l'arbitrage de Mathurin Bamdé. Sa loyauté, sa justice, sa parfaite probité lui avaient donné sur ses collègues une influence dont il n'usait que pour leur rendre service en toute occasion. En un mot, le vaillant marin faisait l'office de pilote-major. C'est à lui que s'adressait le Commissaire de la Marine quand il s'agissait de l'admission d'un nouveau pilote. M. Bamdé était chargé d'étudier les aptitudes du candidat, de lui faire subir une sorte d'examen. Sur le rapport qu'il faisait ensuite, le Commissaire prononçait l'admission ou l'ajournement du sujet. A lui aussi était confiée la mission de répartir entre tous les pilotes de la commune les bénéfices réalisés au cours des divers voyages. Il n'est donc pas surprenant qu'il fût respecté et aimé parmi ses collègues. Lui-même, homme de cœur, témoignait à ses amis l'attachement le plus sincère. Aussi, quand sonna l'heure de la séparation, éprouva-t-il un chagrin profond, et il ne lui fallut rien moins que les douceurs de la vie de famille pour lui en faire oublier les amertumes.

Sa famille, il la voyait doublée par les bénédictions que Dieu avait répandues sur son second mariage ; aussi, n'est-ce plus à Donnant où avaient grandi ses huit enfants,

---

(1) Cousine germaine de Notre Mère dans la lignée maternelle.

mais à la propriété du Petit-Cosquet, dont son esprit d'ordre et d'économie lui avaient permis l'acquisition, qu'il se fixa en quittant la mer. Sa main laborieuse n'abandonnait le gouvernail que pour saisir et manier sans relâche la bêche et le rateau. Son œil vigilant allait fixer désormais le port de la bienheureuse éternité ; vers ce terme où aboutit nécessairement toute destinée humaine, il allait guider les *vivantes nacelles* dont il gardait le pilotage.

Citons encore Madame Richard :

« Plus libre désormais de travailler au salut de son âme, « quoique toujours il ait été très pratiquant, il se rendra si «. exact aux offices de l'Eglise qu'il saura par cœur les pre- « miers mots latins de l'*Introït* de chaque dimanche. Pen- « dant 17 ans, il remplira, avec la plus parfaite probité, les « fonctions de Trésorier de la Fabrique.

« Enfin, comprenant combien est funeste l'ignorance re- « ligieuse, il catéchisera, avec ses propres enfants, tous « ceux du voisinage, que la négligence des parents laissait « grandir à la façon des plantes sauvages dont à cette épo- « que, le sol de Belle-Ile n'était guère avare. Or, il n'avait « pas besoin, pour instruire son monde, du secours d'un « livre. Doué de la mémoire la plus heureuse, il avait re- « tenu la lettre du catéchisme breton appris à l'époque « lointaine de sa Première Communion. L'enseignement « oral qu'il donnait était de tous points impeccable. Aus- « si, les enfants catéchisés par lui furent bientôt distin- « gués des autres aux réunions de la paroisse. »

Instruire les ignorants, communiquer aux âmes bapti- sées la science du salut, et cela aux dépens de son repos, de ses intérêts les plus chers, dans la persuasion qu'aucun intérêt n'est au-dessus du bien des âmes, n'est-ce pas là un sujet digne d'admiration ?

Le Saint-Esprit Lui-même nous invite à applaudir une telle vie, à préconiser de tels exemples. « Heureux, s'écrie- t-il au Livre de l'Ecclésiastique, heureux l'homme qui a été trouvé sans tache, qui n'a point couru après l'or, qui n'a point mis son espérance dans l'argent ni dans les trésors ! » Tel fut M. Bamdé.

Est-il surprenant que le Saint-Esprit ait voulu l'associer à sa divine Paternité sur la famille religieuse qu'Il avait tirée des entrailles de la Bretagne, afin de perpétuer, par elle, les traditions de loyauté, de franchise, de noble simplicité et surtout de foi religieuse qui restent son honneur en même temps que son plus précieux héritage ?

Concluons donc, avec l'enthousiasme de l'Auteur inspiré : « *Gloire éternelle pour lui ! Par là, ses biens ont été affermis dans le Seigneur et toute l'assemblée des Saints racontera ses aumônes.* »

Sa femme, Marie-Joseph Richard, descendait d'une de ces familles d'origine Normande ou Bretonne que Champlain avait attirées en Amérique pour la colonisation des possessions françaises.

Etablis en Acadie ou Nouvelle Ecosse, les ancêtres de Notre Mère y vivaient en vrais patriarches, dans la tranquillité et le bonheur de l'âge d'or. La persécution, suscitée au XVIIIe siècle par le protestantisme conquérant, contre les 17.000 catholiques qui peuplaient la presqu'île acadienne, arracha violemment de ce sol ces généreux champions du catholicisme et du patriotisme, coupables d'avoir refusé de combattre contre leurs frères, dans les rangs des protestants, après que le traité d'Utrecht eut livré à l'Angleterre leur pays d'adoption.

Durant quarante ans, leurs maîtres avaient tenté vainement d'ébranler leur fidélité. Ils résolurent de s'en débarrasser par un moyen atroce : la transportation en masse. Cette mesure barbare fut exécutée avec une cruauté qui en doubla l'horreur. On embarqua, au hasard, les malheureux Acadiens, séparant parfois les maris de leurs femmes, les mères de leurs enfants, et les débarquant ensuite sur les rivages les plus différents où ceux qui ne succombèrent pas essayèrent de se refaire une patrie. Des scènes déchirantes se passèrent. Mais n'insistons pas, de peur de réveiller dans nos âmes françaises une douleur semblable encore inapaisée. Que Dieu pardonne aux auteurs de ces atrocités ! Qu'Il se souvienne seulement de la chrétienne résignation des victimes et de l'innocence des petits enfants dont Il reste le Père unique, mais infiniment bon !

Au reste, si nous rappelons ces faits douloureux, c'est pour rendre un hommage ému à l'attitude calme, digne, surnaturellement résignée de Notre Mère, quand l'ouragan de

1902 arracha violemment à leur apostolat ses Filles, qui ne songeaient qu'à enseigner aux petits enfants de Bretagne leurs devoirs envers Dieu, envers leur Famille et envers leur Patrie.

Se souvint-elle alors que ses ascendants avaient subi eux-mêmes une cruelle proscription (1) ?

Les notes de la vénérable Dame Richard, cousine de Notre Mère, disent que c'est à Morlaix que vinrent aborder, en 1763, après le traité de Paris, les grands-parents de Marie-Joseph Richard et leurs infortunés compagnons. De là, M. l'Abbé Le Loutre, ancien Vicaire général de Québec, qui s'était fait l'aumônier de leur vie fugitive, se rendit près du roi Louis XV, afin d'intéresser à leur détresse Sa Majesté très chrétienne. Le Roi, ému de leur patriotisme, donna des ordres au duc de Choiseul, ministre de la Marine ; mais il fallut attendre deux ans avant de se voir adjuger Belle-Ile comme terme de leurs longues douleurs : 78 familles acadiennes y abordèrent.

Nous avons retrouvé dans les archives de Bangor, une déclaration signée par le Chef de la famille maternelle de Mère Saint-Georges. D'après cette déclaration, Basile Richard fils de Michel et de Marie Bourgeois, de Port-Royal, en Acadie, aurait contracté mariage à Falmouth (2) (Angleterre) avec Marie Granger, fille d'un émigré Acadien. Après la naissance d'un enfant, Joseph (le 10 août 1759), les deux époux auraient suivi à Morlaix un groupe de compatriotes. Là, un deuxième enfant, Jean-Baptiste, leur fut donné. Le troisième naquit à Bédex de Bangor, le 3 juillet 1766. Est-ce de ce mariage qu'est sorti Charles-Grégoire, grand-père de Notre Mère ? Il est permis de le croire : toutefois, la disparition de certains registres empêche de l'affirmer. Quoi qu'il en soit, admirons les voies de la Providence, et bénissons-La d'avoir disposé toutes choses pour préparer à notre Famille religieuse, en celle qui fut sa Mère vé-

---

(1) Un jour, comme nous le raconterons, Mère Saint-Georges devra, elle, à son tour chercher un refuge pour ses Filles dans le Nouveau Monde. Nous disons un refuge, car si les Sœurs Blanches dirigèrent vers ces lointains rivages les ambitions de leur zèle, ce n'est pas que la Mère-Patrie n'eût plus besoin de leur dévouement, mais c'est que — douloureux souvenir ! — on le méconnaissait.

(2) Là, vraisemblablement, aurait abordé le vaisseau sur lequel avait été embarqué ce groupe de proscrits.

nérée et aimée entre toutes, une âme fortement trempée, capable de maintenir celles de ses Filles à la hauteur des situations les plus douloureuses quand viendrait l'heure où, elles aussi, seraient appelées à l'honneur de souffrir pour la justice.

Quant à la mère de Notre Mère, elle devait trouver dans sa petite Séraphine comme un résumé des bénédictions réservées à cet acte de dévouement auquel elle avait obéi en entrant au foyer de Mathurin Bamdé. Elle avait alors plus de trente ans. Intelligente, active, laborieuse, elle contribua pour une large part à augmenter l'aisance de la famille, et procura aux enfants, dont elle fut vraiment la mère, une situation avantageuse, en sorte que, le moment venu de s'établir, aucun ne songea à délaisser le foyer ou le pays natal. Excellents travailleurs, ils trouvèrent dans la culture de leurs terres, avec la santé du corps qui leur permit d'atteindre un âge avancé (1), la vigueur morale qui en fit des pères de famille exemplaires et de solides chrétiens. Ils eurent d'ailleurs la sagesse de recourir en toute occasion à leur mère adoptive et de se laisser guider par ses avis.

Dès les premiers jours, par sa bonté, sa douceur, sa délicatesse, elle avait si bien gagné leur affection que le père n'eut jamais besoin d'intervenir à son foyer si heureusement reconstitué.

Vers 1845, la famille s'était transportée au Petit Cosquet, moins distant du bourg, les habitudes d'ordre et la sage économie du père ayant permis l'acquisition de cette propriété. Les pauvres de Belle-Ile en eurent bientôt appris le chemin. La charitable mère, à l'exemple de la femme louée par l'Ecriture, tendait ses deux mains vers l'indigent ; car, disait-elle : « *Le lot du pauvre est dans celui du riche.* ». Nul n'était éconduit, si bien qu'entre eux, les mendiants se disaient : « Allons au Petit-Cosquet, nous y serons bien reçus. » Ils partageaient, en effet, le repas de la famille, et, la nuit venue, l'hospitalière demeure abritait leur repos, si, volontairement peut-être, ils s'étaient attardés près de leurs hôtes charitables.

---

(1) Pierre-Vincent, le second des enfants nés du premier mariage, est mort en 1912 : il avait 90 ans.

Attardons-nous encore, nous-mêmes, à ce foyer béni : c'est celui de nos grands-parents, et plus d'une parmi nous y retrouvera l'image de ses père et mère et y respirera le parfum des vertus dont, à son propre foyer, elle a recueilli le précieux héritage.

Séraphine avait quinze ans lorsque son père prit sa retraite. A Donnant, où sa jeune âme s'était éveillée à la vie chrétienne, Madame Richard, sa parente, nous la montre essayant ses premiers pas, bégayant à genoux, devant son petit lit clos, sa prière enfantine aux formules expressives, naïves parfois, savoureuses toujours, dont notre vieille langue celtique garde le secret. Dès qu'elle put sortir seule, on la voyait se diriger d'un pas résolu vers la demeure d'une tante qui lui racontait des histoires puisées dans la vie des Saints. A qui lui demandait : « Où vas-tu, Fine ? », elle répondait, en fixant sur l'interlocuteur son regard clair et doux : « Je vais voir mam !!... » Les récits de sa tante la captivaient : c'était déjà l'*ensemencement* de la bonne terre, et l'œil du divin Semeur discernait dans l'avenir les lourds épis ayant produit trente, soixante, cent pour un.

Nature enjouée et exubérante, Séraphine mettait dans les réunions d'enfants un entrain merveilleux. Dès lors s'accusait l'ascendant qu'elle a toujours exercé sur son entourage. « Ses frères et ses cousins marchaient au son de sa voix, témoigne Madame Richard ; sa vivacité de caractère ne souffrait ni les lenteurs ni l'opposition à ses petites volontés ; elle corrigeait d'importance ceux qui s'avisaient de lui résister ; mais, ajoute le même témoignage, elle convenait facilement de ses torts, et à la moindre remontrance que lui faisaient avec douceur ses parents, elle revenait à elle, abandonnait ses moyens de correction et usait de procédés plus doux, les reconnaissant d'ailleurs comme plus efficaces à tous égards. »

En parlant d'elle, son père disait : « Je préfère l'eau qui court à l'eau qui dort, car celle-ci ne tarde pas à se corrompre. » Et, en homme avisé, il ne s'effrayait pas outre mesure d'un défaut de caractère qui pouvait devenir, et devint, en effet, chez sa petite Séraphine, une qualité précieuse, après lui avoir fourni la matière de maints combats intimes et de triomphes décisifs.

Elle-même écrira plus tard, à l'une de ses Filles, à propos d'une enfant qui lui donnait du fil à retordre : « Que « devient votre fillette ? A-t-elle témoigné quelque regret « de sa dernière échappée ? Ne désespérez pas d'elle : c'est « un petit coup de tête qui n'engage pas l'avenir et ne doit « pas faire présumer contre elle. Je vous avoue qu'à son « âge, j'en ai fait de plus forts. » — « Notre Mère fut vive « de caractère, qui le croirait ? » disait récemment une Sœur qui ne manque pas de perspicacité. Il semble bien qu'aucune de ses Novices, pas même celles en qui la vigilante Maîtresse avait à réprimer ce défaut, ne se serait doutée que la vivacité naturelle, disons le vrai mot, l'emportement, avait autrefois tenu les rênes de ce royaume intérieur que nous l'avons vue gouverner avec une si parfaite maîtrise d'elle-même. Nous affirmerions plutôt que sa barque vogua constamment sur une mer tranquille, ayant sa voile gonflée par le souffle de l'Esprit de Dieu. La vérité est que le Maître s'était révélé de bonne heure à cette âme privilégiée : la voix divine avait commandé aux vents et à la tempête, et l'enfant s'était livrée docilement aux impulsions de la grâce, en sorte qu'elle édifia toutes ses compagnes de catéchisme, quand vint l'année préparatoire à la Première Communion.

« Le Catéchisme. » — Il ne faut pas demander si elle le possédait, disent les notes déjà citées : elle avait d'emblée conquis la première place aux réunions qui se faisaient à l'église paroissiale, répondant toujours, non seulement à la lettre du Catéchisme du diocèse, mais à toute question sur l'Histoire sainte et le Catéchisme expliqué. C'est pour cela que lui fut décerné l'honneur de prononcer l'acte de rénovation des Vœux du Baptême au jour solennel de la Première Communion. Or, elle éclata en sanglots en prononçant la formule usitée. L'émotion gagna l'assistance et on murmurait tout bas : « Voilà une petite fille qui sait ce qu'elle fait, qui sent ce qu'elle dit. » Ne pouvons-nous affirmer que ce fut dans cette première rencontre avec Jésus qu'elle entendit la voix divine lui demander dans l'intime de l'âme : « Enfant, veux-tu m'appartenir pour toujours. » Et elle répondit : « Oui, Jésus, à vous, pour toujours. »

Le souvenir de sa Première Communion et aussi celui de ses succès au Catéchisme préparatoire embaumera jusqu'à la fin l'âme de Notre Mère.

Ayant de bonne heure goûté l'étude de la religion, elle aimera à exciter sous ce rapport la pieuse émulation de ses Filles. A l'une d'entre elles, placée en Angleterre, qui lui avait soumis la pensée de revenir à l'étude plus approfondie du Catéchisme, afin de rendre plus fructueux son apostolat en milieu protestant, elle écrira, le 24 mai 1908 :

« J'applaudis des deux mains, et du cœur surtout, à l'idée de votre bonne Mère de vous remettre à l'étude du Catéchisme ; c'est certainement le Saint-Esprit qui la lui a inspirée. Mettez-vous-y de toute votre âme, et, en qualité d'aînée, acceptez de répondre avec simplicité à toutes les questions posées, faciles ou difficiles, longues ou brèves. Je vous avoue que, comme ma Fille Thérèse... j'ai été prise du besoin de me remettre au Catéchisme, et pour cela me suis procuré un ouvrage de quatre volumes que je vais travailler de mon mieux. »

Aussi bien, le Dieu qui l'appelait inspira peu après à sa mère la pensée de l'envoyer à Palais pour donner une impulsion nouvelle à ses études, sous la direction des Filles de la Sagesse. Comme ces religieuses ne recevaient pas de pensionnaires, il fut décidé que Séraphine serait placée chez deux demoiselles, parentes de sa mère. Le sacrifice de se séparer de sa famille fut durement senti : l'enfant pleura beaucoup, se demandant au fond du cœur si la raison du progrès dans ses études était la seule qui inspirât à ses parents une telle résolution. Si peut-être la peine que leur causait sa pétulance ne les obligeait pas à se séparer d'elle ; car elle voyait sa jeune sœur Pauline d'une humeur toute différente, et dès lors sans doute, elle était convaincue que sa sœur valait trente-six fois mieux qu'elle, ainsi qu'elle l'affirmait plus tard.

Toutefois, elle répondit à l'attente de ses parents, et sut mettre à profit les leçons et les exemples de ses maîtresses. Elle édifia toutes ses compagnes et particulièrement celles à qui elle avait donné son affection, les jugeant plus appliquées au travail et plus vertueuses. Deux surtout lui sont restées très attachées jusqu'à la fin. Voici ce qu'écrivait, au lendemain de la mort de Notre Mère, l'une d'elles devenue religieuse Ursuline de la Communauté de Vannes.

« Le souvenir de Séraphine m'est toujours resté gravé au « fond du cœur comme celui d'une amie bien chère. Dès « ma tendre jeunesse, je me sentis attirée vers elle, tant sa

« piété, son égalité d'humeur, son assiduité au travail m'a-
« vaient touchée. Je lui avais voué une amitié sincère.
« Après la sortie de classe, j'allais quelquefois au Petit
« Cosquet et je trouvais le plus chaleureux accueil près de
« cette excellente famille, si aimable et si chrétienne. Séra-
« phine était alors très occupée à préparer ses examens,
« travaillant avec le même sérieux que je lui avais connu
« en classe.

« Elle était à cette époque l'élève de Mademoiselle José-
« phine Lorec (1), qui dirigeait l'école de Kervilaouen, en
« Bangor, et elle partageait déjà les labeurs de sa maî-
« tresse, si grand était son désir de se dévouer à l'éducation
« de la jeunesse et de rendre service à ses petites compa-
« triotes qu'elle aimait tant !

« Pour donner plus d'émulation à ceux-ci, elle eut l'idée
« de faire des invitations à la Distribution des prix, et de
« préparer pour la circonstance une petite séance. Grande
« fut la joie des enfants, plus grande peut-être celle des
« parents, du clergé et des amis. Tous furent surtout satis-
« faits de la bonne tenue des élèves.

« Chaque fois que Séraphine venait à Palais, je la vo-
« yais. Nos entretiens roulaient toujours sur le bonheur de
« la vie religieuse qu'elle fortifiait en moi. Puis, arriva le
« temps marqué par le Bon Dieu où chacune dut répondre
« à sa sainte vocation. L'heure sonna plus tôt pour Séra-
« phine. Nous nous séparâmes, en nous promettant de res-
« ter toujours unies dans la prière jusqu'au beau jour de
« l'éternité.

« J'eus cependant occasion de la revoir, avant mon dé-
« part pour le cloître, et les quelques entretiens que j'eus
« avec cette jeune et déjà sainte religieuse m'ont laissé
« pour toute ma vie un parfum d'édification.

« Maintenant, elle jouit, espérons-le, de la récompense de
« ses travaux si féconds pour la gloire de Dieu et de son
« Eglise. »

Le second témoignage (2) confirme celui que nous venons
de citer.

_____

(1) Devenue l'heureuse conquête de son élève, elle devait entrer dans la
Congrégation du Saint-Esprit et prendre le nom de Madeleine-de-Jésus.

(2) Il est daté de Cassano d'Adda (Italie) lieu de refuge de la Communauté
des Ursulines de Vannes depuis les proscriptions de 1902.

« La future Fille du Saint-Esprit était, de toutes les élè-
« ves qui fréquentaient l'Ecole des Sœurs de Palais, la
« plus pieuse, la plus obéissante, la plus appliquée à l'é-
« tude. Elle se faisait remarquer par une grande retenue
« dans ses paroles et par une réserve qui imposait le res-
« pect. Plus tard, quand nous nous revoyions, nous nous
« laissions aller à ces épanchements intimes dont le fruit
« était de fortifier, chez l'une la vocation à la vie claustra-
« le, chez l'autre, le désir de revêtir la blanche livrée de la
« Congrégation qu'elle devait illustrer. »

Le séjour à l'école de Palais ne fut pas de longue durée.
La mort enleva l'une de ses tantes, et il est à présumer que
Séraphine fit des instances pour rentrer à la maison paternelle. Toutefois, le désir de s'instruire se fortifiant en elle
avec la vocation religieuse dont elle gardait soigneusement
le secret, elle obtint de suivre la classe qui venait de s'ouvrir à proximité du Petit-Cosquet, au hameau de Kervi-
laouën, dans le rayonnement du grand Phare, l'un des plus
puissants entre ceux qui éclairent le golfe du Morbihan.
L'institutrice qui dirigeait la nouvelle école, Melle Joséphine
Lorec, avait une compétence pédagogique remarquable. Séraphine comprit que c'était la maîtresse à laquelle elle pouvait demander de la préparer aux examens du brevet élémentaire. Inspiration du Saint-Esprit sans doute !... Comment expliquer autrement les aspirations d'une jeune fille
qui n'avait pas trouvé encore la voie spéciale où Dieu l'appelait ? Elle savait seulement que, pour être plus utile à la
Congrégation dont elle ferait choix, il fallait s'instruire à
fond. D'autre part, ses parents, voyant sa santé délicate, ne
lui demandaient pas de partager leurs travaux fatigants. En
somme, ils étaient heureux de lui permettre de se préparer
à l'examen, et en même temps de seconder la maîtresse, laquelle avait fort à faire avec les enfants qui se pressaient
sur les bancs de son école.

Entre temps, c'est-à-dire le matin et le soir, elle aidait
sa mère aux travaux d'intérieur, et le dimanche, son bonheur était de seconder les mères de famille du voisinage,
afin de leur faciliter l'assistance aux offices, la grand'messe
en particulier. A second dimanche, elle se rendait donc
elle-même à la première messe. De retour au village : « Laissez-moi les enfants, je m'en charge », disait-elle... De fait,
elle excellait dans l'art d'amuser les petits et d'intéresser

les plus grands auxquels elle racontait des histoires, heureuse en même temps d'échapper à certaines réunions de jeunesse où elle se fût sentie mal à l'aise.

A Vannes, où elle affronta (mars 1858) les épreuves du brevet, elle allait recevoir la réponse nette et précise à ses anxiétés au sujet de sa Congrégation.

Sœur Marie-Esther Joubeaux, maîtresse de classe à Sarzeau, accompagnait des élèves qui se présentaient à l'examen.... Séraphine ne l'eut pas plutôt aperçue qu'elle se sentit remuée jusqu'au fond de l'âme. En même temps, une voix intérieure lui dit : « Voilà comme tu dois être ! » Dès ce moment, son regard s'attacha à la Sœur Blanche. Elle n'osa toutefois l'accoster ; mais, de retour à Belle-Ile, elle confia au vicaire qui la dirigeait, M. l'abbé Georges Buon, sa résolution de devenir Fille du Saint-Esprit. Le digne prêtre l'encouragea, car il avait une parente dans la Congrégation des Sœurs Blanches. Cette Sœur était placée à Brandérion, dans la région Lorientaise. Il fut convenu que la Postulante passerait quelque temps dans cette maison, afin d'étudier de près le genre de vie auquel elle se destinait.

Cependant, le sacrifice coûta fort aux parents. Le père surtout ne pouvait consentir à la séparation. La mère, de son côté, avait trouvé un parti avantageux pour Séraphine, ne se doutant pas que, depuis longtemps, sa fille, comme la jeune Agnès, était fiancée à Celui qu'adorent les Anges et dont les cieux admirent la beauté. La foi intervint qui montra la volonté du bon Dieu inspirant la vocation de Séraphine et si les larmes coulèrent de part et d'autre, la certitude parfaite d'être d'accord avec le Ciel en adoucit l'amertume.

RÉPONSE A L'APPEL DIVIN

Audi, filia, et vide, et inclina aurem tuam, et obliviscere populum tuum et domum patris tui !! — Ps. 44.

« *Ecoute, ma fille, et vois, et incline ton oreille. Oublie ton peuple et la Maison de ton père.* »

« *Je vous dis en vérité que personne ne quittera, pour Moi et pour l'Evangile, sa maison, ou ses frères, ou ses sœurs, ou son père, ou sa mère, ou ses enfants, ou ses biens, que, même dans le temps présent, il ne retrouve au centuple maisons, frères, sœurs, mères, enfants et terres, avec des persécutions ; et dans le siècle à venir la vie éternelle.* »

(Marc X, 21-30.)

Elle fut généreuse, non de cette générosité qui soulève l'âme durant la flambée du Noviciat, pour la laisser retomber ensuite peu à peu dans une déconcertante médiocrité, mais de cet élan réfléchi, raisonné qui, envisageant avec calme les obligations de la vie religieuse, en comprend de mieux en mieux le sérieux, et par suite, les embrasse d'une volonté toujours plus résolue.

Sans doute, le cœur de Séraphine saigna quand elle vit disparaître à l'horizon la *belle île* qui fut son berceau et les visages aimés de son père, de sa mère, de ses quatre frères et de sa sœur ; mais, dans l'intime de l'âme, elle goûtait une paix profonde que le plus léger regret n'altéra jamais. Son regard intérieur, limpide et profond comme la flamme de ses yeux, demeurait fixé sur Notre-Seigneur Jésus-Christ : c'est en Lui seul et pour Lui qu'elle aimera désormais — combien profondément ! — ceux qu'elle quitte pour Lui.

— « Honorine, je suis parfaitement heureuse, dira-t-elle, « la première fois qu'elle reverra la parente à qui nous devons les détails du précédent chapitre. Je ne changerais « pour rien au monde mon sort avec celui que ma mère « rêvait pour moi dans l'état du mariage. »

Nous ne la suivrons pas à Brandérion qui ne devait être qu'une étape dans son voyage vers le Noviciat. Aussi bien, nous n'avons pu retrouver même le nom de la Sœur, cousine du Vicaire de Belle-Ile, près de laquelle se passèrent les rapides semaines du Postulat. Notre Mère aimait pourtant à redire combien cette Sœur l'avait édifiée par sa piété et l'heureux ensemble de vertus religieuses qu'elle avait remarquées en elle. Nouvelle attention de la Providence qui, par ces saints exemples, fortifiait dans l'âme de la Postulante l'idéal qu'elle s'était fait de la Fille du Saint-Esprit.

Cet idéal allait achever de se préciser à l'heure où Mère Sainte-Thècle de Parcevaux, de grande et sainte mémoire, l'accueillit au seuil du Noviciat, le 13 août 1858. Les grandes âmes n'ont pas besoin d'un contact prolongé pour se connaître mutuellement : par une sorte d'instinct tout surnaturel, elles se devinent, se pénètrent, se fondent en quelque sorte l'une dans l'autre, et ce don simultané est irrévocable. Ainsi en fut-il entre la pieuse Maîtresse des Novices et la nouvelle Postulante. Comme nous l'avons vu, celle-ci offrait à la formation religieuse un terrain merveilleusement préparé, grâce aux exemples de foi qu'elle avait eus sous les yeux au sein de sa chrétienne famille. Aussi, le travail du Noviciat allait-il la saisir à fond et la mouler sur le modèle de la sainte religieuse chargée de diriger les Novices. *« Imitez-moi, comme moi-même j'imite le Christ »*, aurait pu dire Mère Sainte-Thècle, en empruntant le langage du grand Apôtre.

Du reste, les Novices de sa formation sont unanimes dans l'éloge qu'elles font de leur Maîtresse. Citons ici un extrait de la circulaire annonçant à la Congrégation le décès de cette pieuse Mère : « Mère Sainte-Thècle édifia constam-
« ment la Congrégation par toutes les vertus religieuses
« pratiquées à un haut degré. Pendant les treize années
« qu'elle a exercé la charge de Maîtresse des Novices, nous
« l'avons toujours vue à son devoir. Elle a rempli cet em-
« ploi, ainsi que tous ceux qui lui ont été confiés, avec es-
« prit de foi, dévouement et une entière abnégation d'elle-
« même.

« Modèle d'humilité, de pauvreté et d'obéissance, elle ne
« vivait et n'agissait que pour Dieu. »

Sous une telle direction, la Novice fit des progrès si rapides qu'elle ne tarda pas à conquérir l'estime de ses Compagnes. Toutes, à l'envi, la désignaient comme étant la plus vertueuse du Noviciat. Troublée dans son humilité par l'expression qui lui arrivait parfois de ces sentiments d'admiration, elle sentit, avouait-elle plus tard, qu'elle devait lutter avec énergie contre un ennemi redoutable entre tous : la vanité dans la pratique de la vertu.

Il est à présumer que, sur le terrain de l'instruction, la Novice eut aussi à dresser ses batteries contre le même redoutable adversaire. Rares étaient alors les diplômes officiels.

Disons pourtant, en rendant grâces à l'Esprit-Saint, dont il serait intéressant d'étudier l'action extérieure sur nous depuis nos origines, disons que la Congrégation possédait alors plusieurs sujets qui pouvaient aisément réunir toutes les qualités exigées par les programmes du moment et ceux de nos jours. Autour de la Supérieure Générale, la Révérende Mère Marie-Arsène Bornet, qui avait reçu au Calvaire de Landerneau une formation très complète — les arts n'en avaient pas été exclus, et elle y excellait — il suffit de grouper les noms de :

Sœur Marie-Julie Le Pouliquen, une Briochine, laquelle, sans diplôme officiel, était « un puits de science », disent les Sœurs, ses contemporaines ou ses élèves.

Sœur Saint-Tugdual Le Rolland, née à Lanmérin, en 1826, dont la réputation de savoir et de vertu vit encore au sein de la chrétienne population de Ploujean.

Sœur Marie-Esther Joubeaux, de Lorient, celle-là qui fut l'étoile montrant la voie à Mère Saint-Georges. Sarzeau garde avec reconnaissance le souvenir de sa belle intelligence, de sa compétence pédagogique, en même temps que de sa piété solide et éclairée.

Sœur Marie-du-Sacré-Cœur Le Gall, née à Guémené au diocèse de Vannes. Merveilleusement douée du côté de l'intelligence, maîtresse de classe éminente, elle pouvait en accompagnant ses élèves à l'examen du brevet, et sans se départir du tact et de la discrétion, rappeler avec une liberté toute religieuse, à l'Inspecteur d'Académie, son compatriote, ses devoirs de chrétien.

Sœur Anne-de-Jésus de Mesmeur, née à Quimper le 26 juin 1823, laquelle ayant partagé les études de ses frères, avait conquis comme eux, dans un rang supérieur, le diplôme de bachelière. Nos Sœurs connaissent son « *Istor Breiz* », ouvrage populaire qui a frayé la voie aux historiens contemporains de notre Bretagne.

L'Evêque dont la prévoyance devait lancer les Congrégations religieuses, la nôtre en particulier, à la conquête de ces diplômes, ne monterait que quatre ans plus tard sur le siège de Saint-Brieuc. Déjà, il est vrai, Monseigneur Martial promu récemment à l'épiscopat, poussait avec une ardeur toute méridionale ses Congrégations à développer sans cesse le cercle de leurs connaissances.

Nos vénérables doyennes se plaisent à raconter que le nouvel Evêque venait assez fréquemment à la Maison-Mère exercer une inspection minutieuse. Il interrogeait surtout les Novices. Le prélat ne tarda pas à s'apercevoir que Mère Marie-Arsène, de pieuse et grande mémoire, soit qu'elle la désignât du nom de son Patron, soit qu'elle employât l'appellation familière trouvée par elle : « *La petite de Belle-Ile* », produisait volontiers Sœur Saint-Georges. — « Il n'y a donc ici que Sœur Saint-Georges, dit un jour l'Evêque, non sans quelque signe d'impatience. » Celle-ci obéissait simplement à l'appel, répondait sans embarras à une question d'histoire ou de géographie, traitait au tableau noir, avec précision, une question d'arithmétique, en un mot révélait la variété et la sûreté de ses connaissances, se désignant ainsi, sans s'en douter, au choix de la Mère Générale, quand, quelque dix ans plus tard, elle voudra créer à la Maison-Mère un cours préparatoire aux examens du B. E. et du B. S.

Ce n'était là, toutefois, que l'accessoire : l'affaire principale, celle à laquelle la Novice se livrait tout entière était sa formation religieuse. — « Ne vous y trompez pas, mes Sœurs, dira-t-elle plus tard à ses Novices ; vous serez toute votre vie ce que vous aurez été durant le Noviciat. »

Dans cette parole, nous trouvons précisément le criterium de ce qu'elle fut elle-même durant la période de sa formation. Telle nous l'avons connue durant ces dernières années, telle elle s'était révélée à sa pieuse Maîtresse et à ses Compagnes : modeste, oublieuse d'elle-même, toute aux autres, constamment laborieuse, régulière, amie du silence et du recueillement, pénétrée de ce respect de Dieu qui sera comme la caractéristique de sa vie intérieure et se traduira au-dehors par le respect surnaturel du prochain, sans acception des personnes.

Ces lignes essentielles de sa physionomie religieuse iront s'affirmant et se perfectionnant toujours, car telle est la loi du progrès. Aussi bien tout la touchait : prières, méditations, instructions, exemples : c'était l'onction du Saint-Esprit qui pénétrait son âme.

A cette école, elle était comme les bonnes élèves dans une classe, « *tout yeux et tout oreilles* », parce que, avec sa pénétration naturelle, elle avait, du premier regard, reconnu en sa Maîtresse une sainte religieuse. Elle ne chercha donc point d'autre modèle à imiter, mais elle s'appliqua chaque jour avec plus d'ardeur à reproduire les traits surnaturels qu'elle admirait en celui qu'elle avait sous les yeux.

L'humilité, selon la recommandation de la Règle, portait Mère Saint-Thècle à oublier ce qu'elle avait été dans le siècle, à s'abaisser constamment au-dessous de ses Sœurs et à s'estimer la dernière de toutes, c'était la vertu qui faisait sur l'esprit des Novices la plus forte impression.

Sœur Saint-Georges s'en inspirera durant toute sa vie : elle goûtera particulièrement les Instructions de sa Maîtresse sur l'humilité, et sa mémoire les retiendra avec une fidélité telle que vingt-cinq ans plus tard, devenue Maîtresse à son tour, elle pourra les répéter mot à mot à celles dont la formation religieuse lui sera confiée.

.•.

Tout en s'efforçant d'imiter sa Maîtresse, la Novice pouvait encore se livrer à l'attrait de la grâce qui l'avait prévenue dès ses premières années et exercer près de ses Compagnes de formation un apostolat fructueux. — « Je pleurai « beaucoup lorsque je reçus mon Obédience, raconte l'une « des rares survivantes de cette époque. Née au pays Nantais, j'éprouvais, comme la plupart de mes compatriotes, « une répulsion irraisonnée, mais très réelle pour les fondations bretonnes Or, la sainte Obéissance m'envoyait « précisément dans une paroisse celtisante. Le cœur compatissant de Sœur Saint-Georges s'émut de mon chagrin. « Pour·que les consolations qu'elle me donna fussent durables, elle les consigna par écrit. Malheureusement ma « mémoire a vieilli, et je ne puis fournir que le sens de son « précieux billet...

« Loin de la Maison bénie où j'ai passé de si beaux jours, « je m'enfuis, ô mon Dieu, mais c'est sur votre parole.

« Comme l'apótre des Gentils, je voudrais porter votre Nom
« jusqu'aux extrémités du monde et enseigner votre doc-
« trine à tous les petits enfants. Ceux de B... m'attendent
« C'est à Vous, en leur personne, que s'adresseront mes
« soins ; C'est à Vous, en la personne de ma Supérieure,
« que j'obéirai ; c'est pour Vous seul que je travaillerai. »

« Ce billet m'aida beaucoup à triompher de ma timidité
« naturelle, ajoute notre vénérable Sœur X... En dépit de
« tout ce qui m'avait été prédit par des voix moins charita-
« bles, je me mis très vite à l'aise avec ma Supérieure. Les
« petites filles de B. conquirent du premier coup une affec-
« tion qu'il m'a été doux de leur prodiguer pendant plus
« d'un demi-siècle. » — Preuve, hâtons-nous de le dire, que
la langue bretonne n'est pas un obstacle à la bonne intelligence entre maîtresses et élèves ; preuve aussi que dans la
Novice de 1858, perçait déjà la Maîtresse incomparable
dont les exemples, plus encore que les leçons, fixèrent six
générations de Bleues dans la milice du Saint-Esprit ; en
attendant que, Supérieure Générale, elle entraînât cette milice tout entière sur les pas du divin Maître dans le chemin de la Perfection.

Une autre Compagne du Noviciat devait bénéficier plus
largement et plus longuement de cette charité surnaturelle.
Cette Compagne, nous pouvons la nommer ; car, à peu de
distance, elle a suivi dans l'éternité celle à qui dès les premiers jours elle eut la joie de donner les titres de Sœur, de
Mère, d'Amie. Sœur Saint-Damien était entrée au Noviciat
deux jours avant notre Mère. C'était l'époque des Retraites
annuelles. La Congrégation alors était peu nombreuse ; il
fallait pourtant surpeupler les dortoirs des Novices. Aussi
bien, la pieuse Mère Sainte-Thècle avait, par des prières fer-
ventes, attiré à la Maison-Mère un essaim de postulantes,
nombreux et choisi. Elles arrivaient de tous les points de
la Bretagne, et le coup d'œil était pittoresque de ces costumes variés, originaux qui faisaient du Noviciat un par-
terre attrayant pour le pinceau des artistes. Toutefois, Sœur
Saint-Damien avouait volontiers que le costume de Belle-
Ile tout élégant et bien porté qu'il fût, n'avait pas le don de
s'harmoniser avec ses goûts personnels. « Comme j'étais
sa voisine au dortoir, je m'ingéniais, dit-elle, à éloigner le
plus possible de mon lit, celui de Sœur Saint-Georges... Mais
l'impression défavorable ne dura guère, tant la nouvelle

venue se montrait affable, simple, obligeante à mon égard comme du reste à l'égard de toutes. »

L'âme droite et généreuse de Sœur Saint-Damien s'attacha donc spontanément à celle de Sœur Saint-Georges. Celle-ci comprit quel parti elle devait tirer de cet attachement pour porter à Dieu la Compagne qui, sans détour et très librement, se livrait à elle. Mère Sainte-Thècle était là, du reste. Maîtresse perspicace, en étudiant ses Novices, elle avait vu devant Dieu que l'esprit surnaturel qui dès lors animait Sœur Saint-Georges exercerait une bonne influence sur cette jeune Compagne ; elle approuva donc une liaison dont un demi-siècle de vie religieuse devait consacrer les charmes et garantir la pureté.

Les trois Novices marchaient du même pas sous l'œil vigilant de leur Maîtresse, aiguillonnant de leur ferveur les autres Novices, ayant cœur à toute besogne sans distinction... Les cadettes ne tardèrent pas à s'apercevoir que leur aînée se portait de préférence aux corvées. N'était-ce pas, au surplus, le moyen de les rendre acceptables, sinon enviables aux yeux de toutes que d'y courir comme à la plus joyeuse récréation ? Ainsi faisait Sœur Saint-Georges ; ainsi à son exemple s'efforçaient de faire les deux Compagnes dont il nous est doux de citer le témoignage.

« Sous l'approbation de Mère Sainte-Thècle, nous avions
« chaque jour deux rendez-vous, continue Sœur X... : le
« premier tout spirituel, vers 7 heures du matin, à la fin
« de la messe. C'était le moment convenu pour déployer
« nos ailes et prendre notre élan vers chacun des devoirs
« auxquels, à toute heure, allaient nous convoquer la Règle
« et l'Obéissance.

« Nous nous réunissions de nouveau, et cette fois réelle-
« ment, pendant la récréation du soir. Nous calculions
« alors nos déficits ; nous faisions très simplement, entre
« nous trois, l'aveu de nos manquements ; nous en recher-
« chions les causes, les remèdes aussi... Cela ne demandait
« pas grand temps... Sœur Saint-Georges, notre aînée,
« avec sa perspicacité naturelle, avait vite fait de mettre
« tout au point, et de nous indiquer la résolution à prendre
« pour le lendemain... Ainsi la récréation commune ne
« souffrait aucunement de ces petits apartés dont le par-
« fum m'embaume encore après plus de soixante ans
« écoulés. »

Pas de doute que celle qui était l'âme de cette fraternelle

intimité n'en eût conservé elle-même le souvenir plein de fraîcheur et de piété. Trop prudente pour y porter plus tard ses filles, elle saura néanmoins, dans un but tout surnaturel, les encourager à se prêter un mutuel appui. « Réu-« nissez-vous *avec permission*, écrira-t-elle à des Novices « placées dans la même fondation. Donnez de la joie, de « l'affection, du dévouement, des attentions, de l'amabili-« té ; vous recevrez en retour joie, affection, dévouement... « etc... car Notre-Seigneur a dit au Saint Evangile : « Don-« nez et on vous donnera .»

Sa vigilance d'autre part restera en éveil, et quand elle découvrira l'écueil auquel pourrait se heurter l'inexpérience ou l'imprudence de « *ses jeunes* », avec quelle énergie de langage elle le signalera ! Avec quelle force elle flagellera la tendance à faire bande à part !

Ce fléau de la vie de Communauté lui inspirait à elle-même trop d'horreur pour qu'elle se vît jamais en péril d'y succomber. Dès le Noviciat, sa vertu avait déjà ce caractère de maturité et de pondération que la Congrégation admirera plus tard et dont elle bénéficiera si heureusement. Les Sœurs que nous venons de nommer pouvaient donc affirmer devant sa dépouille mortelle qu'elles l'avaient toujours vue parfaite.

Remarquons toutefois qu'ici-bas la perfection n'est que relative : Celui qui est saint peut et doit se sanctifier encore. Plus que personne Mère Saint-Georges s'en souviendra.

.**.

Cependant le jour qu'appelait de toute l'ardeur de ses désirs la fervente Novice arriva enfin. Ce fut, nous l'avons déjà indiqué plus haut, le 4 octobre 1859, fête de saint François d'Assise. On s'imagine aisément avec quelle générosité, sous la protection du Patriarche Séraphique — âme séraphique elle-même, — la jeune Novice se donna à Jésus, l'unique objet de ses désirs ; avec quel entrain, à l'issue de la cérémonie, elle chanta de sa belle voix le cantique du formulaire :

« O jour le plus beau de ma vie,
« Que mon sort est digne d'envie !
« Anges, bénissez le Seigneur ;
« Mortels, admirez mon bonheur !

Les vénérés parents étaient-ils venus de Belle-Ile admirer ce bonheur et le partager ? Nous pouvons le croire, en dépit des difficultés qu'à cette époque présentait le voyage... Le pilote intrépide qui avait naguère affronté tant de fois les dangers de la mer devait-il s'effrayer de la distance ou des difficultés de la route ? La mère, de son côté, pouvait-elle hésiter à se donner la joie de bénir, au jour de sa mystique alliance avec Jésus, l'enfant bien-aimée en qui elle se voyait revivre ?

Celle-ci demeura tout le jour dans la paix et le recueillement ne trouvant, pour manifester son bonheur, de meilleure manière que de goûter dans l'intime de l'âme la joie de l'union amoureuse avec Jésus. Ses Compagnes de Profession, au soir du 4 octobre, la virent donc paisible et absorbée en Dieu... Ses Compagnes ! Il convient de les nommer. Il convient de présenter à la Congrégation d'aujourd'hui celles que le choix de la Providence avait désignées pour escorter au jour de ses noces virginales, la future Mère de la Famille du Saint-Esprit.

Sœur Sainte-Amaranthe Riou, de Lanrivoaré, figure en tête de la liste, avec Sœur Saint-Alexandre Déniel, de Plouguin.

Deux autres Finistériennes, Sœur Saint-Gilles Le Doze, de Moëlan, et Sœur Marie-de-Bethléem Chicoineau (1), de Quimperlé, assurèrent au diocèse de Quimper la préséance dans cette profession du 4 octobre 1859 (2).

Viennent ensuite Sœur Saint-Clet Mounier, de Néant, qui eut l'honneur, avec Mère Saint-Georges, de représenter le diocèse de Vannes.

Sœur Marie-Noémie Dupont et Sœur Septimie Fontaine, toutes deux de Chavagne, soutinrent l'honneur de l'archidiocèse de Rennes.

Sœur Saint-Damien Jégu était seule du diocèse de Saint-Brieuc.

Remarquons l'attention de l'Esprit-Saint à grouper dans cette cérémonie des représentantes de chacun des diocèses qui fournissent à sa Famille le plus de vocations, à la souli-

---

(1) Elle était Sœur de Mère Emérentienne qui remplaça Mère Sainte-Thècle dans la charge de Maîtresse des Novices.

(2) Privilège que le diocèse de Saint Corentin s'est souvent attribué : nos registres en font foi.

gner par le nombre des hiérarchies célestes et à la fixer
au début du mois consacré aux Saints-Anges (1).

(1) Me souvenant, écrit à ce propos l'une des anciennes Novices de Mère
Saint-Georges, que le pieux chanoine Robillard, alors aumônier du Pensionnat Saint-Pierre, avait voulu, au jour de ma Profession, nous faire tirer
au sort les huit béatitudes auxquelles correspondait notre nombre comme
postulantes sorties de Saint-Pierre cette année-là, il me prit fantaisie, les
ours derniers. d'inscrire sur des billets distincts les neuf chœurs des Anges...
Je confiai ensuite ces billets à Notre-Dame de Rostrenen, sous la protection
de laquelle Notre Mère exerça les prémices de son apostolat. Après avoir
supplié la divine Vierge de vouloir ratifier ce qui a été écrit au début de la
notice biographique, à savoir que, dès le berceau, notre Mère semblait prédestinée à devenir une âme séraphique, je saisis l'un de ces billets, et je lus :
Les Séraphins.

ROSTRENEN

« Reçois cet enfant et nourris-le pour moi. Je serai moi-même
ta récompense. »   (Exod. ii-9.)
« Sinite parvulos et nolite prohibere eos ad Me venire. »
« Laissez les petits et ne les empêchez pas de venir à moi. »
                    (S. Matth., xix-14.)

Le pacte d'amour avec l'Epoux divin pour jamais scellé,
la nouvelle Professe s'arracha courageusement à l'asile béni du Noviciat et retourna au poste qu'elle avait déjà occu-
pé quelque temps avant l'émission des Vœux : c'était Rostrenen (1).

Cette fondation remonte à l'année 1824. Sur l'initiative
de l'Administration municipale, la Congrégation avait accepté, en même temps que la direction de l'Hospice civil et
militaire, celle d'une Ecole chrétienne de Filles. Voici, en
effet, ce que nous lisons dans le registre des délibérations
du Conseil municipal :

« Constaté au présent registre que ce jour, 1er avril 1824,
« d'après l'invitation de M. le Maire, du jour d'hier, les
« autorités constituées et tous les fonctionnaires publics
« de cette ville se sont réunis à 9 heures du matin, à la
« salle de la Mairie pour assister à la bénédiction de l'Hos-
« pice nouvellement établi en cette ville. Ensuite, escorté
« de la gendarmerie, le cortège s'est rendu à l'église où il
« a assisté à la messe du Saint-Esprit célébrée solennelle-
« ment pour attirer les bénédictions du Ciel sur l'établisse-
« ment en question et sur l'institution d'une Ecole chré-

---

(1) On devrait dire, selon l'étymologie celtique, « *Ros-Drezen* », c'est-à-dire
Rose cueillie entre les Epines, à cause que la dévote image qui est en véné-
ration en l'Eglise Notre-Dame fut trouvée parmi les ronces qui portaient de
belles roses en cœur d'Hyver, par lequel miracle ladite image fut trouvée.
                    (Note de la Chronique de Bretagne.)
Dans son opuscule *Jeanne d'Arc et les Bretons*, Mgr André du Bois de la
Villerabel mentionne le seigneur Pierre de Rostrenen. Il faisait partie de la
petite armée qui, sous la conduite du connétable de Richemont, le futur
Arthur III, duc de Bretagne, se porta au secours de la Pucelle d'Orléans.

« tienne pour les Filles, que nous devons à la constante
« sollicitude de M. le Préfet et de Monseigneur l'Evêque,
« ladite école dirigée par une Sœur, Fille du Saint-Esprit,
« et dont l'ouverture a eu lieu ce dit jour. Un discours a
« été prononcé en chaire par M. de Quélen, vicaire de cette
« ville, et un autre publiquement par M. le Maire, dans la
« cour de l'Hospice.

« Clos et arrêté en Mairie de Rostrenen, etc... »

Au moment où Sœur Saint-Georges y arrivait, la Fondation était un foyer intense de vie religieuse et intellectuelle. Le mouvement remontait à l'époque encore récente du Pastorat de M. l'Abbé Rot (1). Prêtre plein de zèle et d'initiative, il avait entrepris, dès son arrivée dans la paroisse, de former ses Sœurs au point de vue pédagogique, comme avait fait à Taden au point de vue hospitalier, le comte de la Garaye.

Il organisa donc au sein de la Communauté des cours de français qui donnèrent les meilleurs résultats. Les Sœurs appelées à les suivre (2) profitaient si bien des leçons du professeur qu'on les jugeait à même de concourir avec les rhétoriciens du collège voisin. Chose meilleure encore, les cours d'études se doublaient d'une école de perfection qui ne contribuait pas peu aux progrès spirituels des Sœurs. Et l'on cite plus d'un trait de renoncement pratiqué par les jeunes religieuses, entre lesquelles se faisait remarquer la future Supérieure de Mère Saint-Georges, Sœur Adéodat Boutrais. Nature d'élite, cette dernière devait subir fortement l'empreinte de la vertu du pieux Pasteur, qui profitait de toute occasion pour entraîner les Sœurs dans la voie de l'abnégation. Heureux était-il de trouver en chacune la

---

(1) Il fut curé de Rostrenen du 26 janvier 1837 au 20 mars 1854. Sa mémoire est encore en vénération dans la paroisse. On n'a pas oublié le testament spirituel dont la lecture faite du haut de la chaire, produisit sur les âmes une salutaire impression.

« C'étaient les adieux d'un saint », attestent les personnes qui ont eu entre les mains cette page édifiante. Le pieux curé était l'oncle du vénérable Père Rot, S. J., qui fut pendant plus de 60 ans le missionnaire intrépide si connu dans les diocèses de Quimper et de Saint-Brieuc.

(2) Mère Marie Julie, Directrice Générale des Etudes, mentionnée dans le précédent chapitre, avait reçu cette formation.

Sœur Marie-du-Calvaire Huby, qui fut Supérieure du Pensionnat Saint-Pierre de 1875 à 1889, avait, en qualité d'élève, bénéficié elle-même des cours de Rostrenen.

souplesse et la générosité d'où naissent les salutaires immo-
lations.

C'est ainsi qu'un jour, ayant eu connaissance d'un projet
de voyage longtemps caressé, le saint prêtre suggéra
à « *la petite* » (c'était le nom familier que l'on donnait dans
la Communauté à Sœur Adéodat) la pensée d'en faire le
sacrifice. Celle-ci entrant généreusement dans la pensée de
son Pasteur vint, aussi joyeuse que possible, demander à
sa Supérieure la permission de renoncer au voyage... Mère
Sainte-Marie qui connaissait sa Fille, voulut-elle encore
ajouter au mérite du sacrifice ? Elle feignit de ne voir dans
cette démarche qu'un caprice. —.Eh bien ! dit-elle, restez...
Sœur X... va prendre votre place, et donnera sans doute plus
de joie à la Sœur que nous allons visiter. *La petite* ne répli-
qua rien, mais lorsque sa Supérieure fut de retour, elle put
constater qu'il y avait dans le clair regard de sa Fille plus
de lumière encore, sur ses lèvres plus de grâce, dans son
âme plus de paix et de joie.

Telle était la virile éducation que recevaient les Sœurs
à l'Ecole du Curé de Rostrenen. Celles qui eurent dans
la suite l'avantage d'avoir comme Supérieure Sœur Adéodat, ne se lassaient pas d'y applaudir. Sœur Saint-
Georges, entre toutes, appréciait la grâce qu'elle avait eue
de rencontrer à ses débuts dans la vie religieuse une digne
émule de la vertu de Mère Sainte-Thècle. Docilement elle
se prêta à cette austère formation qui rappelait par plus
d'un point celle des Pères du désert. *Se prêta,* est-ce assez
dire ? Sœur Saint-Georges *goûta* la manière de sa Supérieure : plus d'une de celles qu'elle-même forma plus tard
pourrait en témoigner.

Quelques traits recueillis par les Compagnes de Rostrenen nous édifieront tant sur la sagesse de la Supérieure que
sur la soumission admirable de l'Inférieure.

Nous avons vu précédemment pour quels motifs surnaturels Mère Sainte-Thècle avait autorisé Sœur Saint-Georges et Sœur Saint-Damien à se lier au Noviciat d'une fraternelle amitié et à échanger dans la suite quelques lettres
au cours de l'année. Or, un jour que le facteur remettait un
pli portant le burin de Ploubalay : — « Tenez, voilà une
lettre de Sœur Saint-Damien, dit la Supérieure à Sœur
Saint-Georges : mettez-la au feu ; vous y répondrez demain. »

Ainsi fut fait : Sœur Saint-Damien ignora toujours pourquoi la réponse, cette fois, se faisait moins précise à certaines questions. Cette réponse ne fut, en tout cas, ni moins aimable ni moins édifiante.

Après avoir confectionné un manteau d'hiver destiné à son usage, elle l'essaya sur une Sœur pour s'assurer qu'il n'y manquait rien. Survint la Supérieure : — « Ce manteau va très bien à ma Sœur X..., dit-elle. Vous allez le lui laisser. » Cette fois encore, on ne put surprendre sur la physionomie de Sœur Saint-Georges le plus léger nuage.

Heureuse Supérieure ! Non moins heureuse Inférieure ! Heureuse Supérieure de trouver dans les âmes dont elle répond devant Dieu une telle souplesse de volonté, une déférence si filiale à ses moindres désirs, une telle foi au mandat qu'elle tient d'En-Haut !

Heureuse Inférieure que l'Esprit-Saint remplit du don de sa Sagesse céleste, rendant par ce même don chaque jour plus effective la promesse solennelle faite au pied des autels de n'avoir plus de volonté que pour l'immoler au Seigneur entre les mains de ses légitimes représentants !

Qui s'étonnera après cela de l'ascendant qu'une telle vertu exerçait dans la Communauté ? Ici, comme au Noviciat, Sœur Saint-Georges sera la Compagne dévouée qui prendra pour elle les besognes les plus dures, mais toujours avec réserve, modestie, discrétion, estimant cela tout naturel.

Lorsqu'elle sera devenue la Sœur aînée, les cadettes subiront doublement la pieuse influence de son dévouement délicat et généreux.

« — J'arrivai pour la première fois à Rostrenen à une heure avancée de la nuit, nous a confié Sœur Saint-Apollinaire (1) : le courrier qui me conduisait avait eu ce jour-là un retard considérable. Néanmoins Sœur Saint-Georges m'attendait à l'hôtel où s'arrêtait la voiture. Elle me témoigna une telle affection, tant de prévenances, que je me souviens avoir fait intérieurement cette réflexion : « Si les autres Sœurs de Rostrenen sont aussi bonnes, dans quel paradis je vais me trouver ! »

A l'égard de toutes, elle se faisait la conseillère prudente, avisée, pleine de tact, qui loin d'empiéter sur les droits de l'autorité, s'ingéniait à les sauvegarder en tout et partout,

____

(1) Décédée à la Maison Principale le 5 juillet 1918.

ne cherchant à attirer à elle ses Compagnes que pour les jeter entre les bras de celle qui avait mission de les conduire à Dieu... Nous aurons plus tard l'occasion de revenir sur ce sujet...

En dehors des classes, elle fut chargée des pensionnaires. Nos Sœurs qui ont assumé cette charge dans les mêmes conditions savent combien elle est pénible. Outre l'accablement au point de vue physique, c'est l'isolement de la vie de Communauté. Voilà pourquoi si certains tempéraments peuvent supporter la première épreuve, il en est peu qui résistent à la seconde.

Sœur Saint-Georges estimait à trop haut prix la mission d'éducatrice pour songer aux privations que cette mission lui imposait au point de vue du cœur. Au reste, comme elle ne pouvait suffire à la tâche, les Sœurs la secondaient tour à tour, et ainsi se trouvait atténuée la peine de l'isolement.

A l'école de Rostrenen pouvait s'appliquer l'éloge que les contemporains décernaient à celle de Plérin au début de la Congrégation : « Elle était la mieux formée de tout le pays et la plus nombreuse. » C'était une centaine d'enfants, chiffre éloquent pour l'époque, qui se groupaient chaque soir autour de Sœur Saint-Georges. Quels que fussent le dévouement et la bonne volonté des auxiliaires, celles-ci n'arrivaient pas toujours à dominer la situation. La Maîtresse sortie, les petites filles en veine d'émancipation, oubliaient les prescriptions du règlement. Des échos trop bruyants ne tardaient pas à frapper les oreilles d'ailleurs attentives de Sœur Saint-Georges. Prenant alors l'escalier dérobé qui accédait à la salle, elle ouvrait doucement la porte et se tenant silencieuse sur la dernière marche, promenait sur la troupe tapageuse son regard tranquille. L'effet était instantané : tout ce petit monde se rangeait, s'apaisait sans qu'il fût besoin d'employer la moindre rigueur.

Parmi les pensionnaires, il y avait une enfant bien douée, bien espiègle aussi, et qui s'entendait à exercer les Maîtresses... « Un jour, raconte-elle, j'avais été insolente à l'égard d'une Sœur chargée de la surveillance... Celle-ci se plaignit à ma Maîtresse à laquelle, pour rien au monde, je n'aurais voulu faire de peine... J'étais très malheureuse. Le soir, lorsque les élèves se rendaient au dortoir, Sœur Saint-Georges me sépara de mes compagnes : « Attendez-moi un instant, me dit-elle, j'ai à vous parler »... Je tremblais bien fort, car je savais que j'avais mérité une forte punition. Quelle ne fut pas ma surprise lorsque j'entendis ma chère Maîtresse me dire avec bonté : « J'ai su que vous avez fait de la peine à la Sœur surveillante ; mais je connais votre bon cœur. Vous réparerez votre faute, n'est-ce pas ? Pour faire plaisir au bon Dieu d'abord, et à moi ensuite, vous ferez demain matin des excuses à la Religieuse. » Suffoquée par une telle bonté, je me hâtai de répondre : — Oh ! oui, ma Sœur... Le lendemain, en effet, quoiqu'il en coutât bien fort à ma nature orgueilleuse, je m'exécutai. »

La même enfant ajoute: « Ma Maîtresse me connaissait à
« fond ; sans tenir compte de mes confidences sur les vel-
« léités de vocation religieuse qui me hantaient parfois,
« elle me dit un jour : — « Non, ma petite Françoise, vous
« ne serez pas religieuse. Cependant il faut que vous réci-
« tiez tous les jours un *Pater* et un *Ave Maria* pour deman-
« der à Dieu la grâce de connaître votre vocation. » — Je
« lé lui promis et je tins si bien parole que je récitai ma
« prière même le jour de mon mariage, et je n'hésite pas à
« attribuer le bonheur dont j'ai joui au sein de ma famille,
« à cette piété fervente à laquelle m'avait formée ma sainte
« Maîtresse. »

Les intérêts spirituels des enfants, telle sera sa première préoccupation ; le reste à ses yeux comptera peu. Cependant, rien d'étroit dans son programme de formation. S'inspirant des grands principes de Fénelon, en qui s'incarna la pédagogie du grand siècle, et de Monseigneur Dupanloup dont elle aimait à lire les œuvres, elle écrira plus tard à l'une de ses filles : Déployez votre zèle près des âmes de vos
« petites pensionnaires, et faites-leur tout le bien que vous
« pourrez. Formez-les à l'esprit chrétien, à l'ordre au tra-
« vail manuel ; couture, raccommodage, reprise, tricot ;
« considérez les ouvrages de fantaisie comme de suréroga-
« tion, ne les enseignez que quand les autres sont appris.
« Donnez-vous à elles de tout votre cœur, vous oubliant
« vous-même sans nuire à vos exercices spirituels et sans
« compromettre votre santé. Tôt ou tard vos prières, votre
« dévouement et votre religieuse affection pour vos enfants
« porteront des fruits dont vous jouirez en ce monde ou
« en l'autre. Soyez surtout bien patiente, bien calme, ne
cherchez pas à aller trop vite ».

Puis rappelant fort à propos que tout vient de Dieu, elle ajoutait : « Le cultivateur sème (et vous semez). Est-ce lui « qui fait lever la semence ? Non... Vous non plus, vous « n'avez pas la puissance de la faire lever. C'est l'affaire du « bon Dieu... Continuez à semer, à prier, à travailler avec « charité et dévouement : rien ne sera perdu ».

.*.

Sœur Saint-Georges, en arrivant à Rostrenen était fermement résolue à déployer dans l'accomplissement de sa mission d'Institutrice religieuse toutes les ressources de sa riche nature.

Désignée pour la première classe, sa charité envers une Compagne (1) la porta bientôt à demander à se charger des élèves de la seconde, plus nombreuses et peu disciplinées. Les fonctions de Monitrice qu'elle avait remplies à Kervilaouen dans une école qui réunissait la totalité des enfants sans distinction de sexe, d'âge ou de force, rendaient la nouvelle Maîtresse merveilleusement apte à réussir à tous les degrés de l'enseignement.

De plus, son esprit cultivé, sa mémoire impeccable, son jugement sûr, sa parfaite connaissance des méthodes, enfin l'ascendant que, par nature, elle exerçait sur son entourage, lui assuraient une facile emprise sur les intelligences aussi bien que sur les cœurs. Dans le petit domaine de sa classe comme au Pensionnat, elle allait devenir *reine* par son savoir, *mère* par sa bonté, *apôtre* par sa vertu.

Ses principes en matière d'enseignement, nous les trouvons admirablement résumés dans la lettre suivante à l'une de ses Novices :

« — Vous voilà Institutrice et Institutrice religieuse. Une « portion du champ du Père de famille vous a été donnée à « cultiver et attend vos labeurs, vos soins, votre dévoue- « ment, votre zèle, votre affection. Vous donnerez tout « cela, ma chère Enfant, et vous le ferez pour Notre-Sei- « gneur pour l'amour de qui vous avez quitté : affections « de famile, bien-être de la vie, tout enfin ! Priez chaque « jour les bons anges gardiens de vos élèves de vous venir

(1) Sœur Marie-de-Bethléem mentionnée plus haut, parmi les Compagnes de profession. Sa santé ne devait pas résister aux fatigues de l'enseignement.

« en aide : trente-six bons anges pour auxiliaires ! Y pen-
« sez-vous ? Avec cela, impossible de ne pas réussir. Tou-
« tefois : « Aide-toi et le Ciel t'aidera. » Donc, de votre
« côté, soyez calme, sereine et ferme en classe. Parlez peu,
« mais avec poids et mesure. Possédez bien ce que vous
« avez à dire ; classez par la réflexion vos idées et vos
« explications ; conduite égale et soutenue ; soyez demain
« ce que vous avez été hier ; montrez de l'intérêt à chacune
« de vos enfants. Ajoutez à cela la ponctualité, l'esprit de
« foi, une bonne dose d'esprit de foi, et tout ira bien. »

A une autre, elle dira avec plus de précision encore :

« Occupez-vous beaucoup de vos enfants : voyez à vos
« cahiers pour les corriger ; préparez vos devoirs : ingé-
« niez-vous à trouver le moyen de faire avancer vos élèves.
« Ne vous contentez pas de faire ce que vous avez vu faire,
« mais tirez de vos enfants le meilleur parti possible, con-
« naissance prise et acquise de leur intelligence, de leur
« manière d'être, de leur genre enfin. »

« Sachez occuper et intéresser *toutes* vos élèves, lisons-
« nous dans une troisième lettre ; aimez-les ; soyez-leur
« dévouée. Je crains que vous ne restiez trop dans votre
« *petite coque*. Une Maîtresse qui a vraiment l'esprit de
« sa profession fait des merveilles dans sa classe. Pour cela,
« il faut savoir se donner. »

Savoir se donner ! Tel fut le constant souci de cette Maîtresse incomparable ; tel, en même temps, le secret de ses
succès durant dix années parmi les élèves qui se succédèrent dans sa classe.

Avant de dire comment ses jeunes élèves la payaient de
retour, livrons encore aux méditations de nos Sœurs qui
ont l'honneur et le bonheur d'enseigner, soit en France,
soit sous d'autres cieux, quelques conseils recueillis par
la plume de l'industrieuse Maîtresse. Ces conseils, elle l'affirme, lui ont fait grand bien à elle-même. N'est-ce pas, en
d'autres termes, dire qu'elle les a vécus jour par jour durant
les vingt-deux années de son professorat ?

« 1° On se donne de l'autorité dans une classe par la piété et la compétence, par un air sérieux, doux, modeste et
toujours égal, un visage ouvert, mais sans familiarité ni
liberté... un coup d'œil qui montre qu'on est content, quelques mots qui rappellent l'attention et surtout une grande
ponctualité à tout faire à l'heure marquée.

« 2° Pour se rendre aimable dans une classe, il faut que les enfants sachent que la Maîtresse a pour elles une vraie charité et un vrai zèle pour leur avancement. Il faut de plus que la Maîtresse soit plutôt portée à récompenser qu'à punir, et cela doit paraître en toute circonstance. Enfin, il ne faut être Maîtresse qu'en classe. Partout ailleurs, quitter son air sérieux sans pourtant perdre la modestie. Parler en mère, en sœur, en amie ; entrer dans les petites affaires des enfants.

« 3° Pour avancer les élèves, il faut savoir parfaitement ce que l'on doit enseigner ; ne pas vouloir les avancer trop vite ; suivre exactement l'ordre du règlement de la classe ; entretenir l'émulation ; en un mot, remplir son emploi avec application, avec modération, avec subordination.

« 4° Pour inspirer la piété aux enfants, il faut s'unir à Dieu et aux Saints Anges, donner l'exemple des vertus, bien faire ses instructions, interrompre la classe par quelques réflexions pieuses et conduire régulièrement les enfants à confesse.

« 5° La Maîtresse de classe qui ne fait pas effort pour acquérir l'esprit surnaturel est vite débordée et desséchée par la nature même de ses fonctions ; elle ruine sa pauvre âme et ne fait pas de bien solide à ses élèves. »

Quel bien ne fit-elle pas, elle, aux enfants qui, pendant dix ans, se succédèrent sur les bancs de sa classe !

En ornant les intelligences de connaissances précises et variées, elle inculquait dans les cœurs une piété solide et éclairée, l'amour du devoir, l'esprit de renoncement et d'abnégation, base de toute vie chrétienne.

Pour mieux réussir, elle inspirait à ses élèves une tendre dévotion à la Très Sainte Vierge. Ce lui était sans doute chose facile dans cette paroisse privilégiée où, depuis des siècles, Notre-Dame prodiguait les témoignages de sa maternelle protection. Par Marie, — ce sera toujours sa méthode — elle conduisait les âmes au Cœur de Jésus.

La dévotion au Sacré-Cœur, qu'elle avait puisée à l'école de la pieuse Institutrice de Kervilaouen, restera sa dévotion maîtresse.

Par toutes sortes de petites industries, elle l'inculquait à ses élèves. Elle les avait munies d'un chapelet spécial aux grains coulants pour permettre de compter les *sacrifices* faits dans la journée en l'honneur du Sacré-Cœur. Il y avait grande émulation pour savoir qui en aurait le plus grand nombre à relever chaque soir.

Le mot d'ordre de la classe : « Tout faire dans la vie pour plaire à Dieu », rappelait sans cesse aux enfants quelle pureté d'intention elles devaient apporter à leurs petits sacrifices.

Et si l'on considère qu'en tout la Maîtresse prêchait d'exemple, on comprendra qu'elle ait acquis parmi ses élèves la réputation d'une sainte. Celles-ci de leur côté répondaient docilement au dévouement tout surnaturel dont elles étaient l'objet.

Il paraît même que l'une de ses enfants, après sans doute une exhortation plus pressante à aimer le Sacré-Cœur, se mit à composer un cantique.

— « Ma Maîtresse, raconte celle-ci, remarqua sans doute « ma grande application. Après la classe, voulant se rendre « compte du travail qui m'avait absorbée, elle visita mon « pupître et trouva ma composition. Quelle ne fut pas ma « surprise le lendemain, au début de la classe, d'entendre « les élèves chanter mes couplets ! J'étais toute confuse, « car je n'avais confié à personne mon secret. Le cantique « terminé, notre Maîtresse me félicita, assurant que le « Sacré-Cœur me rendrait en bénédictions la peine que « j'avais prise pour l'honorer par ce petit chant. »

Le cœur de la Maîtresse se révèle tout entier dans cette délicate attention à faire rendre par toute sa classe hommage à la piété d'une enfant envers le Sacré-Cœur.

N'ajoutons rien à ce trait, et clôturons ce chapitre par le témoignage de cette même élève qui, le 10 juillet 1916, apprenant la mort de son ancienne Maîtresse, laissait son cœur exhaler d'un jet son admiration, sa vénération et sa gratitude :

« Pour comprendre la sainteté qui émanait de notre « Mère bien-aimée, il faut avoir vécu sous l'influence bé-« nie de cette humble violette, fleur parfumée du Seigneur, « tout imprégnée de Lui. Seuls, ceux qui l'ont connue, ont « compris et goûté ce charme fait de modestie, de douceur, « d'exquise bonté, qui subjuguait les cœurs pour les don-« ner à Dieu.

« Chaque page de sa vie peut s'appeler devoir, dévoue-« ment, et sur nous tombaient quelques reflets de cette « âme d'élite qui se mouvait en Dieu, par une union in-« time et constante avec Lui.

« Ah ! qu'il a été favorisé son petit troupeau de Ros-
« trenen ! Dans nos jeunes cœurs elle déposait déjà les
« germes des vertus ; elle y gravait l'attachement au de-
« voir, la pratique du renoncement, l'amour de Dieu.

« Et, plus tard, quand notre raison, notre intelligence
« se sont développées, nous avons davantage apprécié le
« trésor que Dieu nous avait donné, nous avons compris
« quelle âme de choix nous guidait !

« Jamais nos cœurs ne se sont détachés de cette bonne
« Maîtresse.

« Elle a poursuivi sa carrière comme un astre bienfai-
« sant. Et, quand élevée aux éminentes et délicates fonc-
« tions que Dieu lui réservait, dans les rares repos de sa
« vie si bien remplie, son regard se tournait vers nous,
« elle nous envoyait une prière, une bénédiction, un sou-
« venir ; n'étions-nous pas les prémices de son apostolat ?

« — O Mère, notre amour, nos regrets, notre vénération,
« notre reconnaissance vous accompagnent ! Vos couron-
« nes sont faites d'âmes que vous avez conquises à Dieu.
« Votre sillage lumineux brillera longtemps pour éclairer
« la Congrégation qui a eu l'insigne bonheur de vous pos-
« séder, pour continuer votre œuvre et faire germer les
« semences divines que vous avez répandues autour de
« vous. »

LA MAITRESSE DU COURS

« *Ceux qui auront enseigné la Justice à plusieurs, brilleront comme des étoiles dans les perpétuelles éternités.* »

(DANIEL, XI, 3.)

Sœur Saint-Georges revint à la Maison Principale en janvier 1869. Dans les desseins de la Providence, ce retour était définitif. L'Esprit-Saint allait l'acheminer sans secousse jusqu'au faîte du pouvoir : signe indéniable de confiance de la part du Maître ; irrécusable preuve d'amour pour celle qui en est l'objet. C'est comme une répétition de la scène émouvante du rivage de Génésareth.

« — M'aimes-tu ? interroge le Maître. — Oui, Seigneur, Vous savez que je Vous aime. — Pais mes agneaux ! »

Avant que s'achève le divin colloque, avant que le Seigneur confère à sa fidèle Epouse le pouvoir de paître les Blanches Brebis, trente années s'écouleront pendant lesquelles la vigilante et dévouée Bergère conduira son jeune Troupeau dans les fertiles pâturages de la science, non celle qui enfle l'esprit, mais celle qui le nourrit de la Vérité éternelle dont dérive tout savoir humain.

Ignorant l'avenir qui lui est réservé, préoccupée uniquement d'obéir, elle aborde les Cours récemment organisés à la Maison-Mère, sur l'initiative de Monseigneur David, et oublie, selon le conseil de l'Apôtre, ce qui est derrière elle pour s'élancer dans la voie qui lui est montrée, c'est-à-dire la préparation aux Examens officiels (1), des Sujets appelés à remplir dans la Congrégation les fonctions de l'enseignement.

Hâtons-nous de dire que, jusque-là, les Etudes n'avaient pas été négligées. Parallèlement à la formation religieuse, le travail intellectuel était poursuivi au Noviciat avec vigueur et méthode. Outre les preuves que nous en avons fournies dans les pages précédentes, il faut nommer, apres

---

(1) En collaboration avec Sœur Marie-Julie Le Pouliquen mentionnée au chapitre précédent, laquelle était nommée Directrice des Cours.

Sœur Marie-Arsène Bornet et Sœur Anne-de-Jésus de Mesmeur, Sœur Marie-d'Alcantara Duval (1) qui précéda immédiatement comme directrice des Etudes, Sœur Marie-Julie.

Cependant, avec cette sûreté de coup d'œil, fruit du caractère épiscopal plus encore que de sa pénétration naturelle, le successeur de Mgr Martial sur le siège de Saint-Brieuc avait vu que la loi de 1850 sur la liberté d'enseignement ne donnerait pas longtemps aux Maîtres chrétiens les avantages et les garanties qu'ils étaient en droit d'en attendre. Des nuages menaçants montaient à l'horizon. Se précautionner contre l'orage devenait une mesure de sagesse autant que de prudence.

Dociles à la direction de leur Evêque, toutes les religieuses enseignantes du diocèse se mirent avec ardeur à l'étude et « *quand les Brevets furent déclarés obligatoires, pas une ne dut quitter son poste faute de diplôme* » (2).

En 1869, comme quelque vingt ans plus tard, lorsque le C. A. P. fut imposé aux titulaires des écoles, les Sœurs blanches se jetèrent avec élan dans le labeur.

« Jamais lasse, jamais lâche »; telle est, semble-t-il, la devise que le Saint-Esprit avait inspirée à sa Famille en l'appelant à l'existence.

Sœur Marie-Julie et Sœur Saint-Georges durent être fières de l'entrain de leurs élèves. N'eurent-elles pas aussi à les prémunir contre tout retour de vanité ? Deux mois seulement après l'ouverture des cours, à la session de mars, toutes les Sœurs présentées obtenaient les premiers rangs et méritaient les félicitations du Jury.

.*.

Mais avant de fixer dans le cadre de la Maison-Mère, pour lequel le Saint-Esprit l'avait merveilleusement préparée, la

(1) Cette dernière devint Secrétaire de la Mère Générale quand les Cours eurent reçu leur organisation complète et définitive. Elle mourut à la Maison Principale le 20 janvier 1874. C'est l'une des parentes que compta dans la Congrégation Mgr Bouché, successeur immédiat de Mgr David.

(2) Oraison funèbre de Monseigneur David, prononcée à l'occasion de l'érection du monument élevé sur son tombeau dans la Cathédrale de Saint-Brieuc, le 14 mai 1891. Ce magistral discours est l'œuvre de Son Eminence le Cardinal Dubourg, Archevêque de Rennes, alors Vicaire Général de son diocèse d'origine.

figure très jeune encore de Sœur Saint-Georges — elle n'avait que trente ans — il est à propos de présenter à la Congrégation d'aujourd'hui les membres du Conseil qui la gouvernaient à cette époque.

Comme dix années auparavant, Mère Marie-Arsène exerçait les fonctions de Supérieure Générale. Depuis sa profession (17 septembre 1844), elle n'avait pour ainsi dire pas quitté la Maison Principale. Durant le temps de son Obédience à l'Ecole Saint-Charles, dont la Congrégation desservait alors les classes élémentaires ainsi que la Lingerie et l'Infirmerie, elle revenait chaque dimanche au berceau de sa vie religieuse. Elle y fut bientôt rappelée pour le poste de Sous-Maîtresse du Noviciat.

A la mort de Sœur Apolline Mottais, elle devint Assistante. Trois ans plus tard, Mère Emilie Ferchal ayant succombé à Quimper, en cours de visite, le fardeau du Généralat lui tombait sur les épaules : elle allait le porter sans fléchir durant trente-cinq ans, à part les interruptions voulues par les Constitutions.

C'est également en 1855 que fut nommée à la charge d'Assistante Mère Sainte-Marie Le Helloco, Supérieure de la Maison de Rostrenen. Celle-ci eut peine à s'incliner devant la décision prise à son sujet. Lorsqu'elle se mit en route vers la Maison-Mère, elle gardait l'espoir que les raisons pour être maintenue à son poste seraient agréées, et cet espoir soutenait son courage. En cours de route, à Quintin, elle profita du relai de la voiture pour prendre conseil du R. P. Rot. Le jeune religieux donnait en ce moment les Exercices de la Retraite à la Communauté des Ursulines. Il écouta sans mot dire l'exposé des motifs de la voyageuse. Quand elle eut fini : — « Vous avez, lui dit-il, « deux chemins devant vous : obéissez, voilà le chemin « du ciel ; n'obéissez pas, vous marchez droit à l'enfer. « Choisissez (1). »

Il n'y a pas à se demander quelle décision prit la pauvre Mère.

---

(1) Vingt-cinq ans plus tard, en septembre 1885, Mère Sainte-Marie retrouvait à Quimper le vénérable Jésuite. Il se montra si paternel qu'elle ne put s'empêcher de dire : « Je ne reconnais pas le P. Rot. Ou il va mourir ou je mourrai moi-même bientôt. »

Quatre mois après, la vénérée Mère quittait ce monde, restituant une fois de plus à la vaillante Mère Marie-Arsène la houlette du Saint Esprit.

— « Rien de plus touchant, atteste une Sœur ayant sé-
« journé longtemps à la Maison Principale, que l'entente
« parfaite qui régnait entre la Mère Générale et son Assis-
« tante. Très différentes par le tempérament, le caractère
« et l'éducation, elles se complétaient à merveille. Mère
« Marie-Arsène aimait à se reposer sur son Assistante des
« détails matériels de l'Administration, et Mère Sainte-Ma-
« rie était fière de voir la Congrégation entre les mains
« d'une Supérieure Générale éminente par la piété, l'in-
« telligence, le savoir, la prudence, le tact et la discrétion.

— « Notre Mère est née pour le commandement, affir-
« mait-elle, et, joyeuse, elle lui remettait les clefs de la
« Maison Principale quand s'achevait le triennat de sup-
« pléance. »

Le Conseil de la Congrégation qui allait ouvrir ses rangs
à la Directrice des études, Sœur Marie-Julie, comptait seulement deux autres membres : Mère Sainte-Thècle de Parcevaux et Sœur Aimée Colnot. La première n'allait pas tarder à confier à d'autres mains la charge du Noviciat. Elle
voyait s'affaiblir de jour en jour sa mémoire et ses autres
facultés : mais elle pouvait chanter son *Nunc dimittis*. N'a-
vait-elle pas formé, selon l'esprit de la Règle et les traditions de la Congrégation, treize générations de Filles du
Saint-Esprit, les pénétrant de la force et de *l'onction spirituelle*, et dotant celles de l'avenir de l'admirable *Manuel
du Noviciat* dans lequel toutes, jusqu'à la fin, puiseront des
habitudes de vie intérieure capables de conduire leurs
âmes à une haute perfection ?

Sœur Aimée était chargée de l'Economat. Religieuse
exemplaire, les soucis matériels qu'elle porta durant trente-
cinq années ne la faisaient point négliger sa propre perfection.

Elle avait pour les affaires des aptitudes remarquables :
les actes administratifs émanés de sa plume en font foi et
ils sont nombreux, car elle était en charge à l'une des
époques les plus fécondes de notre histoire. Les Fondations
se multipliaient dans tous les diocèses Bretons.

Il fallait traiter avec les Fondateurs ou Administrateurs
des Etablissements, délimiter et préciser les droits et les
devoirs réciproques de ceux-ci et de la Congrégation, afin
d'éviter pour l'avenir tout conflit et tout malentendu. Cela
suppose sans doute un grand sens des affaires. Mais dire

qu'elle y a formé Sœur Marie-Odith, c'est résumer d'un mot les titres que la vaillante « Procureuse » (1) a acquis à la reconnaissance de la Congrégation.

A l'époque dont nous parlons, elle n'était plus seule à porter le pesant fardeau de l'Economat. Quand Mère Sainte-Marie s'arrêta à la Communauté des Ursulines de Quintin, ainsi qu'il a été noté plus haut, elle aurait pu y saluer, dans une élève « *brillante et aimable* ». qui s'appelait Anne-Marie Choupeaux, la future Assistante Générale de sa Congrégation. Dix ans après, le 12 septembre 1865, cette adolescente, devenue Sœur Marie-Odith, prononçait dans la chapelle du Saint-Esprit les Vœux de religion. Le lendemain, elle était présentée comme auxiliaire à la Sœur Econome. Nommée ensuite secrétaire, puis Assistante Générale en octobre 1881, et enfin première Assistante à la mort de Mère Marie-Arsène, mars 1890, « elle ne recula jamais « devant les démarches les plus pénibles ; elle abordait « les esprits les plus hostiles avec une aisance qui triom- « phait souvent de leurs mauvaises dispositions. C'est avec « confiance que la Mère Générale recourait à ses lumiè- « res et avec sécurité qu'elle s'appuyait sur son dévoue- « ment (2).

Lorsque soudainement « dans le plein épanouissement de sa riche nature, à 49 ans, la mort anéantira toutes les espé-rances que la Congrégation fondait sur elle », les larmes de Mère Saint-Georges couleront abondantes, et elle ac-cueillera avec reconnaissance les consolations de celles de ses Filles qui savaient l'attachement et l'estime qu'elle avait voués à Sœur Marie-Odith dès le jour où elle l'avait ren-contrée.

.

A ces figures restées en vénération parmi nous, celle de Sœur Saint-Georges s'adapta dès le premier instant et sans le moindre effort.

Est-ce parce qu'elle venait aussi de Rostrenen que Mère Sainte-Marie voulut l'avoir comme voisine de cellule ? La bonne Mère avait besoin de sentir près d'elle une Sœur

---

(1) Titre que l'on donnait alors à la sœur chargée des intérêts temporels de la Congrégation.

(2) Première circulaire de Monseigneur Morelle (alors Vicaire Général) à la Congrégation. Elle porte la date du 15 octobre 1893.

qu'elle pût appeler librement et qui voulût bien établir domicile dans sa propre cellule durant les nuits d'orage. La frayeur ne s'apaise pas par le raisonnement, la frayeur du tonnerre moins que toute autre ; mais lors même que c'eût été chez Mère Sainte-Marie pure faiblesse, la bonté de cœur de Sœur Saint-Georges aurait suffi pour la retenir pendant onze années à ce poste de confiance, d'abnégation aussi.

De son côté, Mère Marie-Arsène sentit croître de jour en jour son affection et son estime pour celle qu'elle nommait familièrement — on s'en souvient — « *la petite de Belle-Ile* ». Un personnage éminent étant venu un jour visiter la Maison Principale, la Mère Générale lui présenta la seconde Maîtresse du Cours en ces termes délicats et prophétiques : « Sœur Saint-Georges, dont la lampe sera de plus en plus ardente et luisante. »

En 1869, les emplois de la Maison-Mère, nettement délimités et pourvus dans la mesure du possible, ne laissaient pas d'imposer, à certains jours, aux Sœurs qui en avaient la responsabilité, des fatigues excessives. Sœur Saint-Georges s'en rendit compte immédiatement, et résolut de se multiplier afin de porter secours à toutes celles qu'elle verrait surchargées. N'était-ce pas là toujours le besoin de son cœur aussi bien que l'attrait de sa vertu ? Elle n'avait d'ailleurs qu'à suivre l'exemple de Mère Sainte-Marie et de son ancienne Maîtresse du Noviciat. On voyait, en effet, la dévouée Assistante offrir ses services à la Sœur Econome, donner un coup de main à la cuisine, présider au service de table les jours de fête, etc. De même, à chaque décès, Mère Sainte-Thècle, assistée d'une de ses Novices, accourait pour ensevelir le corps de la défunte, jugeant que la Sœur Infirmière se devait à ses malades et au travail de la pharmacie.

Sans que ses devoirs en souffrent jamais, on verra aussi Sœur Saint-Georges arriver au bon moment, partout où se produira un surcroît de besogne, empressée, mais non affairée, prenant soin de s'effacer dans la mesure où elle se rend utile.

— « Oh ! la bonne vie de charité mutuelle, par la participation au labeur commun, s'écrie l'une des contemporaines ! Le délicieux esprit de famille ! Après plus d'un demi-siècle, j'en demeure édifiée, émue, embaumée ! »

Toutefois, c'est à Sœur Marie-Julie dont elle devenait la

collaboratrice, c'est à ses élèves que Sœur Saint-Georges va donner le meilleur de son temps, de son cœur, de ses ressources intellectuelles et morales. Que l'on ne croie pas cependant que son principal objectif eût été la conquête des diplômes officiels : elle avait un idéal plus élevé, plus digne de sa qualité de Fille du Saint-Esprit.

— « Pensez-vous, ma Fille, dira-t-elle, lorsque, Supérieure Générale, elle remettra à une Sœur son obédience pour un Cours préparatoire aux Examens, pensez-vous que vous ayez pour mission de faire diplômer les élèves vers lesquelles je vous envoie ? » Et comme la Sœur répondait affirmativement : — « Pas du tout, interrompt vivement la pieuse Mère, c'est pour vous sanctifier. » Se sanctifier elle-même et aider ses Sœurs devenues ses élèves à se sanctifier, voilà donc à quoi elle visait dès le début : programme admirable, inspiré vraiment par l'Esprit divin et dont elle écrira : « Il m'oblige plus étroitement qu'aucun programme scolaire, car la gloire du bon Dieu y est directement intéressée. Pour le réaliser, il faut surtout de la confiance. Or, la confiance inspire le courage et le soutient, avec la grâce du bon Dieu qu'il faut demander chaque jour et plus souvent. »

Ailleurs, précisant sa pensée : « Je dois me conduire envers mes Sœurs comme mon saint Ange se conduit à mon égard. »

Si ce programme fut généreusement poursuivi, si les élèves y entrèrent elles-mêmes d'enthousiasme, les témoignages que nous avons sous les yeux le proclament nettement : il suffit de citer :

— « Ayant eu l'avantage d'être l'élève de notre Vénérée
« et regrettée Mère Saint-Georges, j'ai pu apprécier quel
« trésor nous possédions en elle. Combien elle nous édi-
« fiait par sa piété, son recueillement, sa régularité ! Tout
« en elle parlait de Dieu et portait à Dieu. C'était la par-
« faite religieuse nous servant de Mère, de Maîtresse, de
« modèle. »

— « Ces quelques mois pendant lesquels j'ai reçu son
« enseignement, affirme une autre Sœur, m'ont été bons à
« l'égal du « *Troisième an* » de la Compagnie de Jésus :
« j'y ai vraiment complété le travail de mon Noviciat.

— « Sœur Saint-Georges était pour nous, écrit une troi-
« sième, la Mère attentive qui veillait à tous nos besoins,

« les devinait, les prévenait, épargnant à celles dont la
« timidité naturelle réclamait sa charitable intervention le
« soin de les exposer. Ceci se produisait surtout quand la
« santé était en cause. Alors on voyait la vigilante et dé-
« vouée Maîtresse multiplier ses attentions, se priver elle-
« même délicatement pour procurer à une Sœur fatiguée
« tous les adoucissements qu'elle jugeait nécessaires. Elle
« mettait tant de tact, de douce insistance et d'affectueuse
« persuasion pour faire accepter ses gâteries, qu'il était im-
« possible d'y résister. Quelle reconnaissance cette pieuse
« charité éveillait dans nos cœurs ! Quelle édification pour
« nos âmes ! »

— « Il était visible que notre Maîtresse vivait et agissait
« constamment sous le regard de Dieu, dit un autre témoi-
« gnage, et cette pieuse habitude communiquait à sa per-
« sonne, à ses paroles, à ses actes, je ne sais quoi qui ins-
« pirait le respect. Toujours affable, toujours maîtresse
« d'elle-même, elle semblait incapable de se départir de ce
« calme qui lui était devenu comme une seconde nature. J'en
« étais surprise. Un jour que je la savais sous le coup d'une
« peine très vive, j'osai lui demander comment elle pou-
« vait ainsi se garder de toute plainte, de tout retour sur
« elle-même :

— « Je prépare mon âme à l'épreuve dès le matin, » me
« répondit-elle simplement.

— « Parce qu'elle pratiquait ce qu'elle demandait aux
« autres, ses remontrances et ses conseils avaient une gran-
« de efficacité. Elle voulait une soumission entière et elle
« l'obtenait.

« S'apercevait-elle d'une hésitation en face d'un sacrifice,
« elle avait une façon de vous regarder, de vous plaindre,
« qui faisait immédiatement rentrer en soi-même et accep-
« ter sans récrimination le devoir du moment avec ses épi-
« nes et ses exigences.

« Elle savait réprimander aussi. J'en fis l'expérience le
« lendemain du jour où j'avais eu le bonheur de prononcer
« mes Vœux. L'examen étant devancé d'un mois, ordre nous
« avait été donné de nous remettre immédiatement à l'étu-
« de. Dure nécessité ! Pour ma part, il me semblait avoir
« tout oublié : un voile épais enveloppait ma mémoire, plus
« un souvenir de ce que j'avais appris ! Découragée, je
« suppliai qu'on me permît d'attendre à l'année suivante.

« Loin de me consoler, notre Maîtresse me reprit sévère-
« ment, me démontrant que ce découragement ne provenait
« que de la crainte de l'échec et de l'humiliation qui en se-
« rait la conséquence.

« Je n'eus donc d'autre ressource que de refouler mes
« larmes et de redoubler d'efforts pour marcher au succès.
« Notre Maîtresse n'avait elle pas d'ailleurs le secret de
« nous entraîner ? Ne nous donnait-elle pas journellement
« l'exemple du courage et de la constance dans l'effort ? »

Sœur Marie-Julie devait accompagner chaque année la
Mère Générale dans ses visites régulières aux Fondations.
Son absence pouvait se prolonger jusqu'à trois mois. Durant
ce temps, Sœur Saint-Georges se trouvait seule chargée des
Cours (1). Or, elle était trop conciencieuse pour consentir
à se présenter jamais devant ses élèves sans posséder à fond
toute matière d'enseignement. Si elle ne pouvait souffrir
l'à peu près dans le savoir des autres, comment l'aurait-
elle accepté pour son propre compte ? Elle s'astreignait
donc à un travail personnel considérable, principalement
en ce qui concerne la préparation au brevet supérieur dont
le programme lui était moins familier.

Les étudiantes se doutaient-elles du surmenage que s'imposait leur Maîtresse ? Non, sans doute. Il leur suffisait
de savoir qu'elles pouvaient se fier pleinement à sa compétence et marcher ainsi d'un pas assuré vers le succès
final. Elles ne manquaient pas du reste, en s'édifiant de la
façon scrupuleuse dont elle préparait ses cours, de recueillir
pour l'avenir une précieuse leçon : l'exemple de la Maîtresse leur disait éloquemment que c'est un devoir de rigoureuse justice de répondre, par la préparation journalière
et consciencieuse de sa classe, à la confiance des familles
aussi bien qu'à celle des élèves.

Elles trouvaient dans sa parfaite déférence à l'égard de
la titulaire du Cours un autre sujet d'édification. Sœur Marie-Julie possédait des connaissances aussi solides que va-

(1) Dans la suite, on lui donna comme auxiliaire Sœur Joseph-du-Carmel
Le Mée. Née à Lanvollon le 15 avril 1856, Professe le 11 septembre 1877, elle
resta jusqu'à sa mort (20 avril 1893) dans cet emploi du Cours qu'elle remplit
avec intelligence et dévouement. Elle conserva jusqu'à la fin une fraîcheur
d'âme qui ajoutait singulièrement aux charmes de son naturel. « Je vais au
ciel, disait-elle en mourant. Quel dommage que de là on ne puisse écrire à
ses Sœurs en religion. »

riées : elle excellait dans les sciences et la littérature, dans l'histoire et la philosophie ; en un mot, elle justifiait la réputation dont elle jouissait au sein de la Congrégation : c'était « *un puits de science* ».

Or, en raison même de ses brillantes qualités, elle s'adaptait moins au niveau intellectuel des étudiantes. — « Elle avait, dit l'une de celles-ci, trop de confiance dans notre facilité à suivre l'essor de son propre esprit. Ses explications ne pénétraient pas toujours jusqu'au fond de nos intelligences. »

Ces lacunes n'échappaient pas à la collaboratrice. Celle-ci, toujours avec tact, reprenait en sous-œuvre les questions demeurées obscures, les élucidait, variant les procédés, tantôt solutionnant elle-même les difficultés, tantôt nous procurant la satisfaction de les résoudre.

Bref, les principes de pédagogie que nous l'avons vue appliquer à Rostrenen, elle les mettait en pleine vigueur, et les appuyait de conseils qui, dans la suite, devaient nous être précieux. Elle nous prémunissait spécialement contre une manie trop commune parmi les débutantes : — « Ne changez pas livres et méthodes en usage dans la classe dont la direction vous sera confiée, disait-elle : vous indisposeriez parents et élèves. Procédez avec une sage lenteur, sans qu'on s'en aperçoive en quelque sorte, vous souvenant que *le mieux est souvent l'ennemi du bien.* »

On peut donc dire que les Sœurs recevaient, tant par l'exemple que par l'enseignement, une formation pédagogique qui ne le cédait pas à celle des Cours Normaux les plus réputés.

Ajoutons que, dès le début, les deux Maîtresses trouvèrent une collaboration précieuse dans l'entourage de Mgr David, voire même dans les professeurs du Lycée de Saint-Brieuc.

Les étudiantes de cette époque n'ont pas oublié les compositions générales que donnaient tour à tour MM. Frélaut-Ducours, Dubourg et Daniel, le premier vicaire général, les deux autres secrétaires de l'Evêché,

Le vénérable M. Hoffman venait régulièrement du Lycée pour le cours de dessin, tandis qu'un de ses collègues, professeur de sciences et de mathématiques, épluchait sur place les compositions écrites. Dans cette répétition des épreuves de l'examen, il y avait pour toutes un stimulant, en même temps qu'une excellente initiation aux émotions du grand jour. Si *les anciennes*, c'est-à dire les Sœurs qui déjà avaient fait leurs premières armes dans la carrière de l'enseignement, sentaient moins le besoin de cette répétition, elles y trouvaient néanmoins une indication souvent justifiée des chances de l'examen.

Quant à celles qui, sous la livrée des Novices et dans la juvénile ardeur de leurs dix-huit ans, menaient de front la formation religieuse et l'initiation professorale, elles acquéraient par cette méthode une grande souplesse de mémoire et une singulière facilité de travail.

— « Nous avions fort à faire, atteste l'une de ces dernières ; il fallait s'ingénier pour multiplier les ressources de temps et de lieu. Avec l'autorisation de notre Maîtresse, nous empiétions, durant la belle saison, sur le repos de la nuit : le dortoir devenait notre seconde salle d'étude. Dès le petit jour, les livres s'ouvraient sans bruit, afin de laisser les voisines poursuivre leur rêve ; les lèvres demeuraient silencieuses, mais la mémoire fournissait un long effort, grâce au sommeil bienfaisant qui avait précédé.

Au reste, pour prévenir tout surmenage, Sœur Saint-Georges nous procurait aux heures de récréation une détente qui ne le cédait en rien aux meilleurs exercices de sport en vogue aujourd'hui. Il y avait au fond du jardin un épais fourré : nous nous y enfoncions pour jouer *à la biche* comme auraient pu faire les écoliers les plus ingambes. Joyeuses parties dans lesquelles l'heure s'envolait rapide comme l'éclair, emportant les soucis de la matinée et rendant les esprits tout dispos pour les labeurs de l'après-midi.

En hiver et les jours de pluie, c'est dans l'un des corridors de la Maison Saint-Yves que nous marchions au pas avec, comme entraînement, la chanson si populaire de Malborough ou tout autre refrain désopilant. Il n'y avait pas que l'heure de midi pour nous détendre : le matin, avant de monter en classe, Sœur Saint-Georges exigeait trois tours de jardin, et le soir, de sept à huit heures, nous nous réunissions à nouveau autour d'elle, joyeuses et pleines d'entrain. C'est elle, en effet, qui était l'âme des récréations. On la voyait au milieu de notre groupe, nous excitant à la marche ou à la course, proposant le but, et payant d'un *Ave Maria* celle qui remportait le premier prix.

Ces récréations étaient, en même temps que le triomphe de notre printemps radieux, une réelle satisfaction pour notre Maîtresse : avec notre ardeur pour l'étude, rien ne pouvait lui être plus agréable que de nous voir

« Rire comme à cet âge on rit. »

Sous les saillies joyeuses où les spirituelles boutades de l'une ou l'autre d'entre nous, elle riait elle-même de bon cœur, jusqu'aux larmes parfois. Sa gaieté entretenait la nôtre ; de la voir ainsi simple, pleine d'abandon et d'entrain, sans jamais se départir de la dignité et de la modestie religieuse, nous était un sujet d'admiration, non moins que son recueillement et sa gravité à l'heure de la prière.

Elle aura donc le droit de demander dans la suite soit aux Supérieures qui portent la responsabilité plénière, soit aux Sœurs chargées de la surveillance en dehors des classes :

— « Vos enfants jouent-elles avec entrain aux heures de récréation ? Veillez à cela et méfiez-vous de celles qui ne prennent pas part au jeu : c'est souvent l'indice d'une rupture d'équilibre dans la santé physique ou morale. »

Nous avons vu avec quelle maternelle sollicitude elle veillait à la santé du corps ; pouvait-elle ne pas se préoccuper au même degré des besoins de l'âme ?

— « Elle avait remarqué, aux approches de l'Examen,
« dit la Sœur dont nous citons l'intéressant témoignage,
« que je ne me trouvais pas dans une bonne assiette. Crai-
« gnant que cette indisposition morale n'exerçât une in-
« fluence fâcheuse sur mon travail et sur le résultat de
« l'Examen, elle prit un moyen énergique pour m'obliger à
« sortir de ce mauvais pas. Devant les autres aspirantes,
« elle me fit subir un interrogatoire épineux et prolongé. Je
« répondis d'abord avec pleine assurance, mais bientôt la
« subtilité des questions m'embarrassa et l'épreuve se ter-
« mina dans une crise de larmes.

— « A la bonne heure ! Voilà ce que je voulais », dit
« Sœur Saint-Georges d'un air satisfait. Je compris... J'é-
« tais guérie. »

Elle accordait scrupuleusement le temps indiqué par le règlement officiel pour la durée des compositions, pas une minute de plus.

« Un jour, continue la même Sœur, nous avions à four-
« nir pour nos examinateurs bénévoles un devoir d'his-
« toire et de géographie. Faire le tracé des côtes de la Mé-
« diterranée ; justifier le titre de « *lac français* » donné
« à cette fraction de l'Océan ; démontrer l'importance de
« la situation stratégique de l'Ile de Malte ; enfin, résumer
« l'histoire de 1789 à 1801, tel était le texte de la composi-
« tion.

« Deux heures durant, nos plumes avaient eu beau courir
« sur le papier, le travail n'était pas achevé. Désolation
« générale ! Pour ma part, j'exhalais bien haut mon mé-
« contentement, jugeant qu'après tout ce n'était pas notre
« faute si les copies nous revenaient, cette fois encore,
« avec la rubrique : *Travail incomplet* ».

« Cependant, le premier mouvement apaisé, je vis que
« j'avais eu tort et je courus frapper à la porte de Sœur
« Saint-Georges. Elle me fit l'accueil que j'attendais : une
« réprimande sévère conclue par l'obligation de faire des
« excuses à mes Compagnes pour la mauvaise édification
« que je leur avais donnée. La pensée me vint-elle de regim-
« ber ? Non, sans doute, car je savais que notre Maîtresse
« ne revenait jamais sur sa parole : ce qu'elle avait décidé,
« il fallait l'accomplir coûte que coûte. »

Lors même que les torts étaient moins évidents, elle ne
reculait pas devant la difficulté de les démontrer.

« A l'époque d'une retraite, dit une autre, Sœur Saint-
« Georges me fit un reproche que je trouvais sévère et in-
« justifié. Mais plus tard, je compris qu'elle avait vu clair
« et que même le ton sévère du reproche m'était vraiment
« un immense service. Il me semble que c'est la seule fois
« que j'aie encouru sa sévérité, et présentement je trouve
« la réponse à la plupart de mes doutes dans les conseils
« qu'elle m'a donnés. Je ne puis assez bénir le bon Dieu
« pour tout le bien que sa surnaturelle affection, ses en-
« seignements et ses exemples m'ont fait. »

Il n'y avait dans les rapports entre la Maîtresse et les élèves rien de guindé, rien de gêné ; si on la vénérait, on l'aimait surtout ; on allait à elle avec toute confiance.

— « A mon arrivée au Cours, dit une des premières
Sœurs appelées à la Maison-Mère, Sœur Saint-Georges vint
à ma rencontre avec une simplicité et une amabilité char-
mantes. Pendant toute la durée de mes études, je n'ai ja-

mais remarqué en elle une imperfection, une faiblesse, un oubli. Je la vois encore se rendant en classe l'air recueilli, longeant la gauche du corridor, nous enseignant la retenue, le silence, la modestie. Je l'observais, je l'admirais, m'en voulant sincèrement de ne pouvoir l'imiter.

— « Elle entrait, chargée de nos cahiers qu'elle avait soigneusement corrigés et annotés, écrit une autre. Généralement, c'est par un sourire qu'elle répondait à notre salut. Cependant, si dans notre travail quelque chose l'avait péniblement impressionnée, on le sentait à l'expression de son visage. En quelques mots, elle exprimait ou sa satisfaction ou sa déception. Elle abordait ensuite la récitation qu'elle voulait claire, précise, méthodique, assimilée par l'intelligence et non emmagasinée telle quelle dans la mémoire. »

Ce travail d'assimilation, elle l'avait fourni elle-même avant de l'exiger de ses élèves. — « J'ai horreur de l'enseignement *livresque* », aurait-elle pu dire avec un pédagogue célèbre, et elle ne reculait pas devant une tâche gigantesque, celle de refondre l'histoire et la géographie adoptées en un cours écrit presque entièrement de sa main et destiné à faciliter, surtout aux élèves du B. S., l'étude de ces deux matières.

Nous avons sous les yeux un in-folio volumineux dans lequel la courageuse Maîtresse a voulu résumer, en l'adaptant à la manière d'interroger des membres du jury d'examen, toute l'Histoire générale.

Ami de la précision et de la méthode, l'esprit de Mère Saint-Georges se mouvait à l'aise dans les mathématiques et les sciences physiques et naturelles. Cependant l'histoire était son domaine préféré. Non seulement elle la possédait à fond dans chacune de ses phases, mais elle jugeait de haut et de façon très personnelle événements et personnages. — « C'était un charme de l'entendre », attestent les Sœurs qui ont bénéficié de ses leçons (1). La philosophie de l'histoire, elle ne la concevait qu'à la manière de l'auteur du *Discours sur l'Histoire universelle*, et elle la résu-

_____

(1) « J'ai été frappé plusieurs fois de l'étendue et de la sûreté de ses connaissances historiques », dira à son tour Monseigneur Morelle, Evêque de Saint-Brieuc et Supérieur ecclésiastique de la Congrégation, en payant à la mémoire de notre Mère, au cours de la cérémonie des funérailles (3 juin 1916), un tribut de regrets et d'admiration.

mait en ces trois mots lumineux comme un rayon du Saint-Esprit : « *Tout pour le Christ ; le Christ pour l'homme ; l'homme pour Dieu.* »

D'ordinaire, pendant les cours, rien de tendu dans les facultés des élèves, parce que rien de sec dans l'enseignement des Maîtresses. Sœur Saint-Georges en particulier donnait à ses explications, comme à l'exposé de chaque leçon, un tour aimable et familier qui était un repos pour les élèves. Celles-ci ne craignaient donc pas d'interroger. Si, parfois, les interrogations risquaient d'embrouiller la question, au lieu de l'élucider, la Maîtresse coupait court par un mot qui obligeait tout esprit retors ou méticuleux, à sortir de son labyrinthe.

Un souvenir à ce propos. Nous le glanons dans les notes de Sœur Marie-Pélagie. — « Notre première Maîtresse, Sœur Marie-Julie, spécialement chargée des sciences, préparait devant nous une leçon assez abstraite. Elle en fit un exposé lumineux : nous avions saisi. Cependant une voisine proposa certaines difficultés, les tourna et retourna à tel point qu'interrogée à mon tour, je répondis. « Au début, je croyais comprendre, maintenant, je n'y vois plus goutte. » Sœur Saint-Georges qui était occupée à des corrections, me jeta un regard dans lequel je lus un doux reproche. Le lendemain, vint son tour d'expliquer la même leçon ; la Sœur dont les *pourquoi* avaient embrouillé la question voulut interroger encore : — « Restons-en là, interrompit d'un ton calme notre Maîtresse : la leçon hier avait assez duré. » Cette réponse et le ton sur lequel Sœur Saint-Georges la donnait, firent sur moi une impression profonde autant que salutaire. Bien des fois, j'ai eu l'occasion de me rappeler ce fait.

Dans un de mes épanchements avec notre bonne Mère, longtemps après l'heureuse époque où j'étais son élève, je lui disais : — « C'est étrange ; j'ai toujours parmi mes élèves une *exerce-patience.* »

— « Ne vous étonnez pas, me répondit-elle : je n'ai pas enseigné aussi longtemps que vous et j'en ai aussi rencontré... même ici... au Cours. »

Si cet aveu n'était sorti de sa propre bouche, j'aurais pu douter de la vérité du fait ; ne l'avais-je pas toujours vue « posséder son âme dans la patience » ?

Ainsi donc, loin d'être, comme il arrive d'ordinaire, une

cause de trouble et d'agitation pour toute la classe, ces *exerce-patience* fournissaient un aliment à la vertu de la Maîtresse, et aux autres élèves de précieuses occasions de s'édifier.

Au reste, durant ses années de professorat, aussi bien que dans tout le cours de sa carrière religieuse, Mère Saint-Georges fut l'ennemie du trouble et de l'agitation. A la tranquille et constante possession d'elle-même, non moins qu'à la perfection de sa méthode, il convient d'attribuer les succès des Sœurs qu'elle avait préparées aux Examens. Parmi ces dernières, en est-il une seule qui ne fût intimement persuadée que rien n'avait été épargné pour assurer sa réussite ? Pour le B. S. aussi bien que pour le B. E., on avait visé plus haut que le but (1) : sûr moyen de ne pas le manquer.

— « Pour ma part, dit un dernier témoignage, et non le moins autorisé, puisqu'il émane de l'une des Mères du Conseil, je fus ravie de l'enseignement de Mère Saint-Georges : je le trouvais de tous points conforme à celui de ma première Maîtresse de classe (2). Or j'avais une si haute idée du mérite de celle-ci, qu'il me semblait impossible de rencontrer personne pouvant exceller comme elle dans l'emploi de classière. J'ignorais qu'étant Maîtresse à Rostrenen, Sœur Saint-Georges avait tenu à visiter notre école, à s'initier aux procédés de celle qui la dirigeait. »

La pieuse Maîtresse excellait surtout à porter les âmes vers Dieu. N'était-ce pas, après tout, son unique but ?

Une Sœur écrit : — « La réflexion qu'elle fit au début de mon Cours m'a toujours fait du bien : — « Mes Sœurs, dit-

---

(1) Ceci était surtout le fait des examinateurs qui venaient, comme nous l'avons dit, contrôler le travail des étudiantes. L'une de ces dernières, devenue professeur, faisait remarquer un jour à l'un de ces Messieurs que souvent il choisissait ses compositions en dehors du programme. — « C'est vrai, répondit-il, je sortais du programme et je m'en rendais parfaitement compte ; mais je voulais voir jusqu'où s'étendait la science des Maîtresses. Or, je ne crois pas avoir réussi à l'épuiser. »

(2) Il s'agit de Sœur Marie-Anastasie Lécuyer, ancienne supérieure de l'école de Saint-Mathieu de Morlaix, décédée à la Maison Principale le 3 janvier 1907. Parente de Monseigneur Le Breton, mort Évêque du Puy, elle avait, avant d'entrer en religion, perfectionné son instruction sous la direction de son oncle, celui-ci étant Chanoine de la Cathédrale de Saint-Brieuc. L'école de Morlaix, dite du Poan-Ben, qui compta jusqu'à 1.200 élèves, fut longtemps dirigée par Sœur Marie-Anastasie et avec une telle réputation que l'inspecteur Paugam n'hésitait pas à la mettre au rang des écoles primaires supérieures.

elle, nous commençons nos études sous les auspices de la Croix. » C'était le Vendredi Saint. Cette pensée de foi profonde, le ton avec lequel Sœur Saint-Georges l'exprimait, nous inspira une confiance qui ne se démentit pas pendant la durée de nos études et nous fit remporter à l'examen un succès complet. Nous étions huit aspirantes.

— « Ne travaillons pas pour le monde, disait-elle souvent : ce serait insensé d'agir par des vues humaines et de perdre ainsi le fruit de notre travail. — Ces paroles me reviennent fréquemment à la mémoire, atteste l'une des Sœurs qui les ont entendues. »

— Ce qui me frappait le plus en elle, écrit une autre, c'était son attitude devant le Saint-Sacrement. Elle se tenait droite, immobile, comme un ange adorateur. On eût dit qu'elle voyait Notre-Seigneur sur l'autel. Pareille chose se lit dans la vie des Saints, notamment dans celle de saint François de Sales et, plus près de nous, du Bienheureux Curé d'Ars. Quelle dose d'esprit de foi, de mortification des sens intérieurs et extérieurs suppose cette attitude !

Un mot explique tout chez Mère Saint-Georges. c'est son *abnégation*. Elle ne compte pas. Nous l'avons déjà remarqué, et il faudra sans cesse y revenir, puisque c'est la caractéristique de sa vertu, et aussi la leçon qu'elle continua de donner à sa Famille religieuse.

Cette leçon, écho de l'enseignement du divin Maître : « Si quelqu'un veut venir après Moi, qu'il se renonce », Sœur Saint-Georges la pratiqua au Cours comme à Rostrenen et durant son Noviciat.

— Dès son arrivée à la Maison Mère, dit une Sœur employée à la lingerie, elle vint me trouver et me dit : « Quand vous aurez du linge très usagé, donnez-le-moi, je l'utiliserai volontiers. » A l'époque des Retraites, sachant que nous avions peine à caser les Sœurs à cause de l'insuffisance des locaux, elle ne manquait pas de prévenir notre embarras : — « Donnez-moi telle Sœur qu'il vous plaira, insistait-elle ; je partagerai de grand cœur avec elle la cellule et la literie. » Et elle se gardait bien d'indiquer un nom et de marquer une préférence.

⁎

Avant de clore ce chapitre, il convient de dégager et de mettre en pleine lumière les principes sur lesquels la digne

Maîtresse basait sa double mission d'institutrice et d'éducatrice.

Ces principes ne sont autres que ceux exposés par Mgr Dupanloup dans son grand ouvrage *l'Education*, ouvrage pour lequel, nous l'avons dit, Mère Saint-Georges avait une prédilection très justifiée.

Instruire ! Elever ! Ces deux choses, elle le savait, ne vont pas l'une sans l'autre. La même maxime pédagogique les domine et les régit, à savoir : « *Ce que le Maître fait est peu de chose, ce qu'il fait faire est tout.* »

Cette maxime, Mère Saint-Georges ne la perdit jamais de vue, encore qu'elle n'eût pas à redouter l'écueil contre lequel échoue fatalement toute éducation où *le Maître est tout et l'élève rien.*

Sachant que les Sœurs qu'elle instruisait étaient appelées elles-mêmes à la sublime mission *d'élever l'enfance*, et derrière chacune, voyant se dresser des générations de « *petits dieux en fleur* », elle s'attachait à leur inspirer une haute idée de leurs fonctions futures.

Sa classe, on peut l'affirmer, était une *école de dignité et de respect.* Ceci ressort de ce que nous venons de dire dans les pages précédentes. Ce que l'on aura moins remarqué sans doute, ce qui est aussi essentiel que difficile à pratiquer dans l'œuvre de l'éducation, c'est ce juste tempérament, cette « *sobriété de perfection* », dirait le grand Apôtre, sans laquelle les théories les plus belles, les règles les mieux établies manquent de sagesse.

Heureuses ses élèves d'avoir été, par une expérience journalière, amenées à comprendre que « l'indulgence est tou-
« jours plus près de la justice que la sévérité ; que si l'édu-
« cation est une œuvre de fermeté, ceux qui s'y dévouent
« doivent se souvenir que rien n'est plus ferme que ce qui
« est doux, ni rien de plus faible que ce qui est violent ;
« qu'il faut élever chacun pour l'état auquel il est appelé
« et l'amener à contracter des habitudes qui lui en ren-
« dront un jour les devoirs faciles à remplir, et, pour tout
« résumer d'un mot, que l'éducation doit suivre la nature
« et l'aider, jamais la contraindre ni la forcer. »

De là, il s'ensuit, qu'immuable dans ses principes supérieurs, l'éducation peut et doit varier à l'infini ses moyens d'action. Car les âmes ne sont pas moins différentes entre elles que les visages. L'éducation, qui est au service de la nature pour aider la grâce doit, comme celle-ci, subir des transformations diverses, suivant les Sujets, prendre toutes les formes des âmes et trouver dans les trésors de son dévouement de quoi les élever. Prétendre donc jeter toutes les natures dans un moule, les former sur un type commun, est une utopie et une suprême maladresse.

Mais voulez-vous faire de vos élèves des femmes, c'est-à-dire des chrétiennes exemplaires, « il faut, selon le principe très sage de Fénelon, que la joie et la confiance soient leurs dispositions ordinaires », il faut travailler à leur éducation comme la Providence divine elle-même, « avec respect, avec mesure, avec douceur, par un sage tempérament de vigueur au travail et de ménagement pour la faiblesse du jeune âge, un heureux mélange de prudence et d'ardeur, de grave condescendance et de suave austérité. »

Si ce furent bien là les enseignements de Notre Mère, ses élèves peuvent le dire. Heureuses, répétons-le, celles qui entendirent, comprirent et pratiquèrent ! Bonheur aussi pour la Bretagne, notre petite Patrie, à laquelle seule semblaient destinés les fruits du labeur d'une telle éducatrice. Bonheur pour la France ! Bonheur pour les Deux-Mondes, puisque le Saint-Esprit, en y dispersant les élèves de sa pieuse et très digne Fille, a voulu réaliser en quelque manière le vœu de celle qui disait : « Il faudrait une Sœur Saint-Georges dans chacune de nos Maisons ! »

LA MÈRE DES NOVICES

Une seconde fois aussi, l'Esprit-Saint réclame de sa généreuse Fille un témoignage d'amour.

Par huit années de labeur et de surnaturel dévouement, celle-ci va répondre comme le prince des Apôtres : « Seigneur, vous savez que je vous aime. »

Mère Saint-Georges succédait, dans la charge de Maîtresse des Novices, à Mère Emérentienne Chicoineau, laquelle, recueillant l'héritage de Mère Sainte-Thècle, avait, pendant près de dix années, de janvier 1872 à octobre 1881, admis dans la Congrégation 590 Sujets.

Née à Quimperlé le 9 mai 1824, Professe du 26 mars 1845, elle avait annoncé, dès ses débuts dans l'enseignement (1), les qualités réclamées par nos Règles pour la charge de Maîtresse des Novices : pénétration pour discerner dans les jeunes âmes les germes de Vocation ; prudence pour cultiver ces germes et les faire éclore ; heureux mélange de douceur et de fermeté qui assure le succès de cette délicate mission.

D'après ce qui a été dit au chapitre précédent, il y avait parallélisme entre les fonctions de la Maîtresse du Cours et celles de la Maîtresse du Noviciat. Un groupe de

---

(1) Après la Profession, Mère Emérentienne avait exercé à Pordic, dans le voisinage de la Maison Principale, les fonctions de classière. Chaque année, elle présentait au Noviciat l'élite de ses élèves. Le regard perspicace de Mère Marie-Arsène s'était attaché à cette Maîtresse zélée, intelligente, à l'éducation distinguée, qui manifestait aussi des aptitudes spéciales pour le soin des malades. Elle était Supérieure de l'Asile des vieillards, à Poul ar-Bachet, quand elle fut appelée à la Direction du Noviciat.

« Bleues » (1) se mêlant chaque année à celui des Sœurs appelées à la Maison Principale pour se préparer aux examens, Mère Saint-Georges était amenée à suivre de près la formation religieuse des Novices, ses élèves. Non qu'elle eût la pensée d'exercer un contrôle sur la Maîtresse dont elle admirait la vertu et les éminentes qualités ; mais pour, au besoin, la seconder avec un dévouement fait de tact, de prudence et de parfaite discrétion.

On ne s'étonnera donc point de savoir que Mère Saint-Georges fut des premières à s'apercevoir de l'état de fatigue mentale de Mère Emérentienne. Il y avait plus de neuf ans que celle-ci tenait avec vaillance au poste délicat où l'avait appelée la confiance de la Supérieure Générale. La conscience avec laquelle la pieuse et zélée Maîtresse s'acquittait de ses devoirs, le surmenage sans répit qui en était la conséquence produisirent un fléchissement dans les facultés, dans la mémoire en particulier.

Toutefois la réserve que nous lui connaissons empêcha Mère Saint-Georges de faire à ce propos la moindre remarque.

Mère Marie-Arsène finit par voir elle-même qu'il était temps de confier à d'autres mains la direction des Novices. Elle ne chercha ni longtemps ni au loin. Après en avoir conféré avec Monseigneur David, alors Supérieur ecclésiastique de la Congrégation, elle fit signe à la Maîtresse du Cours de passer, de la salle de classe où elle enseignait, à la salle du Noviciat pour enseigner encore, non plus les connaissances propres à former les Institutrices éminentes, mais les vertus qui font les parfaites religieuses.

Dire que ce fut seulement pour Mère Saint-Georges l'affaire de changer d'appartement serait une erreur. Elle souffrit beaucoup de cet avancement sur place, car elle n'envisagea que la pesanteur de la charge sous laquelle l'Obéissance l'invitait à courber les épaules. De la page de nos Règles qui concerne la Maîtresse des Novices, elle retint les premiers mots : « La conservation et le bonheur de la Congrégation dépendent de la direction des Novices, de la manière dont

----

(1) Entre celles-ci, une mention spéciale est due à Mère Marie-Angélina, dont nos lectrices ont reconnu le témoignage à propos de l'Ecole du Poan-Ben de Morlaix et de son intelligente Directrice, Sœur Marie-Anastasie Lécuyer, laquelle fut du nombre des Postulantes recrutées à Pordic par Mère Emérentienne.

elles sont formées. » Cette page, elle ne la perdit jamais de vue ; elle en fit son programme d'action, en quelque sorte, et c'est les yeux fixés sur l'idéal de perfection auquel le Saint-Esprit convie celle de ses Filles qu'Il choisit pour cette mission importante et délicate, qu'elle parcourra ce nouveau stade de sa carrière religieuse, lequel s'étend du mois d'octobre 1881 au mois de mai 1889.

« Ce furent pour la Congrégation les années d'abondance dont parle la Sainte Ecriture », écrira au lendemain de la mort de Mère Saint-Georges, la plume d'une ancienne Novice. Au point de vue du nombre des Sujets admis dans la Congrégation, c'est une erreur. Nous sommes, en effet, à l'époque très sombre de la promulgation des lois scolaires de 1882 : l'épée de Damoclès est suspendue menaçante sur tous les Instituts chargés d'instruire la jeunesse de France.

Le regard fixé sur la question de l'Enseignement, l'Administration de la Congrégation se préoccupait avant tout de recruter des Sujets aptes à maintenir les Ecoles. Or, les brevets étant devenus strictement obligatoires, l'on n'admettait que les Postulantes diplômées. Si ce fut un tort, il trouve son excuse dans la situation faite aux Congrégations par les Pouvoirs publics.

Cependant Mère Saint-Georges, aussi bien que sa devancière au Noviciat, eut à gémir plus d'une fois sur l'évincement de Sujets d'ailleurs bien doués, mais que l'on reconnaissait inaptes à parvenir au degré d'instruction suffisant pour conquérir le brevet. La salle du Noviciat demeura donc trop dépeuplée durant cette période de la direction de Mère Saint-Georges : le nombre des Novices ne dépassa guère la moyenne de 40. Cependant la pieuse Maîtresse ne cessait de prier et de faire prier pour obtenir des Postulantes qui réunissent les conditions exigées. Ses supplications ne furent pas vaines : quand elle confia à Mère Marie-Alvarez sa houlette et ses agneaux, le nombre de ceux-ci avait atteint, ou peu s'en faut, le double de celui qu'elle-même avait reçu des mains de Mère Emérentienne.

Au point de vue chronologique, aucun fait extérieur à signaler durant le mandat exercé par Mère Saint-Georges au Noviciat, si ce n'est son pèlerinage à Lourdes, en mai 1883. C'était au début de ses fonctions. L'ardente dévotion de la bonne Mère envers l'Immaculée Vierge Marie trouva son compte à cette visite à la Grotte miraculeuse dix-huit fois sanctifiée par le contact de la Reine du Ciel. Elle en revint tout embaumée.

Les trente-cinq Novices alors présentes à la Maison-Mère avaient été invitées à exposer par écrit leurs requêtes à Notre-Dame. Toutes rédigèrent des lettres suppliantes où l'enthousiasme dans la confiance se donnait libre carrière. « Comment une prière déposée dans la Grotte de Lourdes ne serait-elle pas exaucée ? » Ainsi se terminaient certaines missives. Or, plusieurs de ces Novices, devenues à leur tour pèlerines de Lourdes, ont pu constater que, sur tous les points de la France et du monde entier, la même pensée de filiale confiance hante *les pèlerins de désir :* le nombre de lettres apportées à la Grotte par chaque pèlerinage français ou étranger ne saurait être évalué, sinon par la céleste Destinataire à qui ce n'est ni embarras ni fatigue de dépouiller ce courrier phénoménal, non plus que d'y répondre.

Disons tout de suite, pour n'avoir pas à y revenir, que, devenue Supérieure Générale, Mère Saint-Georges profitera du Cinquantenaire des Apparitions, en 1908, pour organiser à la Maison Principale une procession renouvelée tous les ans, du 11 février au 7 avril, autant de fois que l'on compte de visites de la Vierge Immaculée à Bernadette. Au chant de l'*Ave Maria* de Lourdes, les Sœurs, les Novices et les Juvénistes se groupent devant la statue offerte à Notre Mère à l'occasion de la guérison de Sœur Justinien en 1904.

De plus, à la Salle de Communauté, une copie tout entière de la main de Mère Saint-Georges, indiquait jour par jour les Apparitions avec les particularités relatives à chacune.

* * *

Simplement, religieusement, comme nous l'avons vue accepter ses autres emplois, Mère Saint-Georges aborda celui de Mère des Novices. Ce titre de Mère a jailli spontanément de ma plume ; il faut le maintenir. Du jour, en effet, où elle fut investie de la mission de former des Sujets pour la Famille du Saint-Esprit, elle fut Mère... « Et quelle Mère ! » dira plus tard la voix autorisée de l'Aumônier de la Maison Principale.

— « Quelle Mère ! » diront tour à tour les 341 Postu-

lantes admises par elle dans la Congrégation. — « Je
n'oublierai jamais ma première entrevue avec Mère Saint-
Georges, écrit l'une d'entre elles : sa gravité douce et aimable, la dignité de toute sa personne me frappèrent de
prime abord ; et, dès ce moment, je compris que le bon
Dieu avait eu pitié de moi. En effet, je n'avais pu obtenir
le consentement de mes parents pour entrer au Noviciat,
et la pensée que je laissais ma mère dans la plus grande
peine me brisait le cœur.

— « Ne pleurez pas, mon Enfant, me dit Mère Saint-Geor-
« ges, le premier soir, en m'introduisant dans ma petite cel-
« lule de Novice : je serai votre Mère et nous prierons en-
« semble pour celle que vous quittez aujourd'hui. Bientôt
« son chagrin sera moins cuisant, et je suis certaine qu'elle
« finira par se trouver heureuse d'avoir donné son unique
« fille au bon Dieu. »

Bien qu'ils soient nombreux, nous ne multiplierons pas
les témoignages de cette nature par la raison que cette bonté maternelle fut, aux regards de celles dont elle a dirigé les
premiers pas dans la vie religieuse, le moindre des mérites
de Mère Saint-Georges. En tout cas, la pieuse Maîtresse ne
remplit jamais son rôle de Mère que dans des vues toutes
surnaturelles ; elle ne conquit les cœurs que pour les porter
à Dieu, et si elle permit à ses Novices de lui témoigner leur
filiale affection, ce fut pour en faire hommage à Notre-
Seigneur Jésus-Christ dont elles aspiraient à devenir les
Epouses.

Aussi ne tardait-on pas à sentir qu'une douce fermeté
servait de doublure à sa bonté. Et nulle ne s'étonnait, au début de son Noviciat, de l'entendre déclarer : « Si vous n'ê-
tes pas disposée dès maintenant à travailler et à souffrir,
votre place n'est pas ici. »

* * *

Il était nécessaire de souligner, en commençant ce chapitre, les deux traits caractéristiques de la direction donnée
aux Novices par Mère Saint-Georges. Cette direction, elle
la basait « sur la pierre ferme », l'amour de Notre-Seigneur
Jésus-Christ. Elle ne cessait d'y ramener la pensée de ses
Novices, soit dans les Instructions qu'elle leur faisait deux

fois la semaine, selon les traditions reçues de ses devanciè-
res (1), soit dans les réponses à leurs lettres après le départ
pour les Fondations. Les commentateurs ont pris plaisir à
compter le nombre de citations du Nom de Notre-Seigneur
Jésus-Christ fait par la plume du Grand Apôtre dans les
quatorze Epîtres. Il serait intéressant aux correspondantes
de Mère Saint-Georges de compter à leur tour combien de
fois la Personne adorable de Notre-Seigneur est nommée
dans les lettres qu'elles ont reçues de leur Maîtresse.

Rien que de naturel, d'ailleurs, dans ces citations : la
plume de Mère Saint-Georges, aussi bien que sa bouche,
parlait de l'abondance du cœur, et en relisant aujourd'hui
ses lettres, celles qui furent ses disciples peuvent se dire,
comme les deux pèlerins d'Emmaüs : « Notre cœur n'était-
il pas tout embrasé quand elle nous parlait de Jésus ? »

La grande pénétration que demande la Règle pour la
Maîtresse des Novices, Mère Saint-Georges la possédait à
un haut degré. Plusieurs étaient persuadées qu'elle lisait
dans leur conscience. A la vérité, elle devinait sans peine
son monde, et rarement elle eut à réformer son premier
jugement sur une Postulante (2). Jamais non plus elle ne
se rebuta des défauts, quels qu'ils fussent, se manifestant

(1) Voici, jusqu'à Mère Saint-Georges, les noms des Maîtresses des Novices
qui, depuis la Révolution, ont signé en cette qualité les procès-verbaux des
cérémonies de Profession :
 Sœur Perrine Keraoult, de Marzan.
  — Jeanne-Mathurine Paturel, de Pordic.
  — Placide Mahé, de Mûr, Assistante (3).
  — Emilie Ferchal, de Pordic (4).
  — Sophie Le May, de Moncontour.
  — Sainte-Thècle de Parcevaux, née au château de Tronjoli,
   en Cléder.
  — Emérentienne Chicoineau, de Quimperlé.
Pour parler plus explicitement des trois dernières, Mère Sophie dirigea le
Noviciat pendant 28 ans, 1830-1858 ; — Mère Sainte-Thècle, pendant 13 ans
1858-1871 ; — Mère Emérentienne, pendant 9 ans, 1872-1881. La première
admit dans la Congrégation 868 Sujets ; la seconde, 742, et la dernière 590.

(2) Nous n'entendons pas affirmer que Mère Saint-Georges ne se trompa
jamais sur le compte des ses Novices : perspicacité ne veut pas dire infailli-
bilité. Il est des natures habiles à donner le change. Au reste, si la Maîtresse
eut parfois à regretter l'admission de certains Sujets, elle eut davantage encore lieu de bénir Dieu de les voir rentrer dans leur famille.

(3) Elle a tout probablement exercé en même temps l'emploi de Maîtresse
des Novices.

(4) Devenue plus tard Supérieure Générale, elle mourut à Quimper en 1855.

dans un Sujet. « Eussiez-vous tous les défauts, si vous êtes simple et ouverte avec vos Supérieures, vous pouvez espérer devenir une bonne religieuse, » dira-t-elle à une Postulante qui, dès les premiers jours, lui avait avoué la crainte de voir les nombreux défauts qu'elle se connaissait mettre obstacle à sa persévérance.

Tel était son principe : avec de la droiture, de la bonne volonté, certaine par ailleurs de l'appel de Dieu sur une Postulante, on peut l'admettre sans crainte. — « Car, mes Sœurs, répétera-t-elle souvent à ses Filles : l'état religieux n'est pas par lui-même un état de perfection ; il suppose seulement dans les personnes qui l'embrassent la volonté sincère de tendre à la perfection. »

D'un autre côté, les maximes de pédagogie sur lesquelles se basait, ainsi qu'il a été dit dans le chapitre précédent, son action près de ses Elèves, elle ne les perdra pas de vue dans la formation de ses Novices. Celles-ci la verront toujours plus indulgente que sévère, attentive à seconder la grâce dans leurs âmes d'après la connaissance qu'elle avait de leur tempérament ; prudente dans le choix des épreuves auxquelles, par devoir, elle devra les soumettre ; condescendante sans jamais se départir de sa douce gravité ; austère selon les circonstances, mais sans oublier alors le nécessaire assaisonnement d'une aimable suavité ; vigilante, sans contention pour elle-même et, par suite, sans contrainte pour ses Novices, afin de les faire contracter, dès le seuil de la vie religieuse, les habitudes qui leur faciliteront pour plus tard la pratique des engagements sacrés de la Profession.

Selon le conseil des Maîtres de la vie spirituelle, Mère Saint-Georges s'attachait tout d'abord à la réforme de l'extérieur. Elle savait qu'il y a en cela une question de charité : nos défauts extérieurs choquent les autres et les font souffrir ; il suffit de le savoir pour entreprendre avec courage un travail d'extermination. Pour les Novices de Mère Saint-Georges, ce travail était d'autant plus fructueux qu'à tout moment, elles sentaient l'œil averti de leur Mère aussi attentif à les suivre que bienveillant pour encourager leurs efforts.

Voyait-elle une Novice s'oublier, revenir au sans-gêne ou à l'insouciance de *la pensionnaire*, alors s'approchant doucement, elle lui disait à voix basse et d'un ton peiné : « Ce n'est pas bien, ce n'est pas bien. » Prise sur le fait, la coupable se sentait terrassée. Combien ensuite elle se tenait sur ses gardes, moins toutefois pour éviter le reproche que pour épargner à sa Mère la peine de lui donner une nouvelle leçon.

Voici, de la part d'une ancienne Novice de Mère Saint-Georges, un témoignage plus explicite : — « La démangeai-
« son de parler m'entraînait souvent, non pas sans doute
« à manquer au silence prescrit par la Règle à certaines
« heures du jour, mais, dans les temps libres, à des intem-
« pérances de langue très nuisibles, je l'ai compris depuis,
« au recueillement et à l'union avec Dieu. Parfois, une
« parole m'échappait avant que j'eusse réfléchi, et il suf-
« fisait du regard de Mère Saint-Georges pour me rappeler
« à l'ordre. Un jour, j'avais failli plus lourdement, et le re-
« proche ne se fit pas attendre. Deux mots de ma Mère
« m'en dirent long, aussi bien que son regard et son attitude.
« — Allez, conclut-elle, et comme pénitence, méditez cette
« parole : « *Une Novice qui ne sait pas garder sa langue*
« *ne sera jamais une religieuse intérieure.* »

De telles leçons exercent sur toute la vie la plus salutaire influence.

Quand le défaut à corriger était moins sérieux, la réprimande prenait parfois un ton plaisant. — « Peu habile en fait de travaux à l'aiguille, j'étais lente à l'ouvrage, écrit une des premières Novices de Mère Saint-Georges. Un jour, mon travail traînait en longueur plus que de coutume ; ma Mère s'en rendit compte et s'adressant à tout son monde :
— « Il y a dans la marine, dit-elle, bien des grades à franchir avant de devenir capitaine. Notre petite Sœur X... n'en est encore qu'à celui de *mousse*, si elle se compare à ses aînées occupées comme elle à tirer l'aiguille. »

Les Novices applaudirent à une leçon si agréablement donnée. Celle à qui elle s'adressait la retint si bien que, dans ces dernières années, sachant faire plaisir à son ancienne Maîtresse, elle l'abordait parfois en disant : — « Ma Mère, voici le petit mousse de 1883. — Il est au moins passé matelot, répondait-elle avec un fin sourire et en fixant sur sa Fille son regard profond et doux. »

— « Mère Saint-Georges avait le secret de faire reconnaître les torts sans humilier ni décourager, écrit une autre. Un jour que je m'acquittais sous ses yeux de mon emploi à la chapelle, elle remarqua que j'y allais avec un empressement déplacé. A la récréation suivante, elle m'appela et me dit : « Savez-vous à qui vous me faites songer quand je vous vois ainsi affairée devant le Saint-Sacrement ? A un sacristain que j'ai connu autrefois à Rostrenen. Faisant comme vous, il disait à qui le lui reprochait : Que voulez-vous ? Je me mets à l'aise avec le bon Dieu. »

« Le ton maternel de cette réprimande fut pour moi la meilleure correction, ajoute la Sœur dont nous citons le témoignage. Je n'ai jamais oublié ce fait. Etant plus tard obligée moi-même de surveiller les enfants à l'église, j'ai eu plus d'une fois occasion de leur citer le sans-gêne du sacristain de Rostrenen. »

Au reste, pour arriver à se composer un extérieur vraiment religieux, il suffisait aux Novices de Mère Saint-Georges de regarder leur Mère. Tout dans sa personne, tenue, démarche, regard, était si parfaitement ordonné, mesuré, harmonisé, si digne, si modeste et en même temps si naturel, que l'on ne pouvait se défendre de dire, où qu'on la regardât, à la salle du Noviciat, à la chapelle, en récréation, en promenade : la Sainte Vierge devait être ainsi. — De fait, quand elle me remit quelque vingt-cinq ans plus tard l'Obédience de Supérieure, témoigne une de ses Filles, elle me dit : « Voici, pour vous aider à remplir votre mission de Supérieure, le portrait de la Sainte Vierge par saint Ambroise : regardez-le souvent, ma Fille, et comportez-vous comme il est dit dans cette page. »

La copie, faite de sa main, de l'extérieur de Marie, portait les traces d'un long usage, et me fut d'autant plus chère, conclut la Sœur.

La Congrégation nous saura gré de reproduire ici la page en question. Les Sœurs ayant connu Mère Saint-Georges, sont à même de faire le rapprochement. Puissions-nous toutes entendre la voix de notre regrettée Mère qui nous dit, du Ciel où nos yeux la cherchent : « *Regardez et faites selon ce modèle.* »

Portrait de Marie :

Marie était Vierge de corps et d'esprit,
Humble de cœur.
Elle parlait peu et toujours à propos,
Etait grave et réservée dans tous ses discours.

Sa voix était douce, sa démarche posée, son geste réglé ;
Elle était pieuse, recueillie, silencieuse,
Recherchait Dieu et non l'homme
Pour guide de ses pensées.
Toujours exacte et régulière,
Très appliquée au travail, jamais oisive,
Amie de l'ordre et de la propreté,
Ne différant jamais l'accomplissement d'un devoir ;
Elle voyait et respectait Dieu en elle et en autrui,
Ne blessant jamais personne,
Voulant du bien à tous
Et leur en faisant selon son pouvoir.
Elle était respectueuse et obéissante envers ses Supérieurs,
Humble avec ses égales,
Douce avec ses inférieurs, charitable avec les faibles,
Aimable et prévenante envers tous.
Rien de dur, de méchant dans son regard,
De blessant dans ses paroles ou ses actes ;
Elle s'inspirait toujours de la droite raison
Pour agir,
Et aimait la vertu.

L'extérieur de Marie était comme le reflet
Et la vivante image de sa sainte âme.

(D'après S. Ambroise.)

A la prière de l'une de ses Novices, résumant en un petit nombre de points ses conseils et ses directions, elle mettra en première ligne : extérieur religieux, maintien, habillement, parler, regards : *Se modeler sur la Sainte Vierge.*

Ces derniers mots mettent en pleine lumière l'idéal de la perfection extérieure à laquelle Mère Saint-Georges pouvait convier ses Novices. Cet idéal, ne l'avait-elle pas elle-même constamment devant les yeux ?

La prudente Mère savait qu'il faut à toute âme choisie de Dieu « pour être conforme à l'image de son Fils », un modèle qui l'attire, qui, à tout moment, stimule ses efforts et sollicite ses énergies, faute de quoi, elle risque « de donner des coups en l'air », comme dit encore le Grand Apôtre, et de n'arriver à aucun résultat sérieux. Le modèle pour la religieuse, c'est évidemment Notre-Seigneur Jésus-Christ. Mais la perfection de l'Homme-Dieu est si haute qu'elle peut déconcerter les âmes timides et même à certains moments les plus enthousiastes. Le Sauveur le savait :

c'est pourquoi Lui-même nous présente sa divine Mère. Copie adoucie de Jésus, Elle est plus près de nous, plus accessible par conséquent.

Qu'on nous pardonne d'insister sur cette question : Mère Saint-Georges la regardait comme capitale. A ses yeux, le laisser-aller, la rusticité ou la maladresse dans les manières, une mauvaise prononciation et tous les défauts de ce genre sont un obstacle à la confiance, à l'estime, au respect dont on a besoin près des enfants et de toutes les personnes qui ne peuvent nous connaître que par des relations tout extérieures. Elle concluait avec raison qu'une Novice qui n'a pas corrigé ses défauts physiques, dompté ses sens extérieurs, qui n'a pas acquis une certaine dignité de maintien, signe infaillible de la possession de soi, une telle Novice n'exercera jamais, devenue religieuse, un apostolat pleinement fécond.

Aussi n'est-ce pas seulement auprès de ses Novices qu'elle insistera pour obtenir la perfection de l'extérieur. Devenue Supérieure Générale, elle appellera sur ce point l'attention de toute la Congrégation, de telle sorte que, dans son éloge funèbre, Monseigneur Morelle pourra dire en toute vérité : « Comme elle avait une très haute idée de la dignité de la « Religieuse, elle la voulait accomplie dans son extérieur ; « elle ne souffrait en elle rien de vulgaire ; elle estimait « que personne ne devait être mieux élevée. »

*
* *

D'après une telle conception de la perfection extérieure, que n'aurons-nous pas à dire du zèle de Mère Saint-Georges pour la formation intérieure de ses Novices. Ici, la Très Sainte Vierge sera encore l'idéal sur lequel sa pieuse sollicitude fixera leur attention.

Marie au Temple, se préparant, qu'Elle eût ou non connaissance de l'avenir, à devenir la Mère de Jésus, quel modèle pour les futures Epouses de Jésus !

Elle en parlait avec un ton pénétré qui portait la conviction dans les esprits et enflammait les cœurs d'un zèle ardent pour se modeler sur la Vierge bénie.

— Ayant eu la faveur d'entrer au Noviciat le 21 novembre, écrit l'une des aînées de Mère Saint-Georges, la première Instruction que j'entendis traita de ce qu'était Marie au Temple pour Dieu, pour Elle-même, pour ses Maîtresses, pour ses Compagnes. Cela était dit de ce ton simple, calme, plein de dignité et de modestie, que n'oublieront jamais les Novices formées par Mère Saint-Georges. Peu ou pas de gestes, les yeux baissés, les mains croisées avec beaucoup de naturel ; une langue sobre, très pure, limpide comme la pensée. On se composait tout naturellement soi-même sur le modèle que l'on avait sous les yeux et l'on avait à cœur de ne rien perdre de ce que l'on entendait.

Tout portait, en effet, dans les Instructions de Mère Saint-Georges. Tout était dit, mais rien que ce qui devait être dit. De là une clarté de langage qui rendait faciles les résumés dont ses Novices ne manquaient pas d'enrichir leurs carnets de poche.

Quelques-uns de ces précieux agendas nous ont été aimablement communiqués. On y voit que la grande préoccupation de la Maîtresse était de former ses Novices selon l'esprit de la Règle, de leur en inspirer une haute estime, de les y attacher si fortement qu'aucune d'entre elles ne fût jamais tentée de chercher la perfection en dehors de ce code très simple sorti du cœur et de la foi de notre pieux Fondateur, et tout imprégné de l'onction du Saint-Esprit.

— « Un seul point de la Règle fidèlement observé, disait-elle, peut conduire très loin dans la vie d'union avec Dieu. Ce point est celui qui nous recommande d'élever nos cœurs vers Dieu à chaque quart d'heure. Soyez-y fidèles, insistait-elle, et vous pourrez prétendre à autant de gloire dans le Ciel, que si vous apparteniez à un Ordre religieux plus austère, celui du Carmel, par exemple. »

Elle voulait que les Exercices de la Règle fussent toujours faits à l'heure marquée, affirmant qu'il y a une bénédiction spéciale pour les religieuses fidèles à répondre à l'appel de Dieu. « Sans doute, ajoutait-elle, il est des cas où la charité et la bienséance imposent une dérogation. A cette dérogation, il faut se prêter de bonne grâce, mais en dehors de là, soyons scrupuleusement fidèles. Dieu, en effet, ne nous demande dans nos Saintes Règles rien de difficile : raison de plus de les garder avec exactitude. Il nous jugera la Règle en main. Faisons en sorte de pouvoir dire alors : Seigneur, j'ai fait peu de chose pour Vous ; mais Vous ne m'aviez pas demandé davantage. »

Sachant qu'au Noviciat l'observation de la Règle ne présente que des facilités, elle ajoutait : « Ici, vous obéissez à l'entraînement, en sorte qu'aucune de vous ne soupçonne qu'il puisse y avoir jamais pour elle péril d'infidélité à sa Règle. Le péril existe pourtant : je manquerais à mon devoir si je négligeais de vous le signaler. Il naîtra : 1° de la multiplicité des occupations qui vous attendent dans la vie de Fondation. Ces occupations seront telles à certains moments que vous serez tentées de ne prêter aucune attention au son de la cloche annonçant un Exercice. A plus forte raison n'entendrez-vous pas alors intérieurement la parole inscrite dans notre Livre de Règles : « *C'est Dieu qui vous appelle par le son de cette cloche.* »

2° Péril d'irrégularité aussi que les rapports trop fréquents avec le monde, avec les parents des enfants, avec les anciennes élèves. Quel danger, sous ce rapport, court la Religieuse qui se laisse aller à sa propre inclination sans tenir compte de la direction de sa Supérieure !

3° Enfin l'affaiblissement de l'esprit de foi est le dernier péril d'irrégularité, celui qui peut résumer tous les autres. Il provient généralement du zèle exagéré que l'on apporte à son emploi. Or, prenez-y garde, insistait la clairvoyante Mère. L'illusion ici est facile : on se persuade que l'emploi doit passer avant tout le reste et l'on prend pour l'amour du devoir ce qui est un véritable manquement au devoir. L'accomplissement de la Règle, ou en d'autres termes, de la volonté de Dieu n'est-il pas, en effet, notre devoir primordial ? » Et elle concluait :

« Dieu ne récompense pas ce zèle mal entendu ; au contraire, Il nous prive des grâces précieuses que nous aurions obtenues si nous avions eu soin de Lui donner le temps que la Règle a marqué dans chacune de nos journées. » En regard de ces écueils, Mère Saint-Georges ne manquait pas de placer les motifs que nous avons d'être fidèles observatrices de nos Règles. Au premier rang de ces motifs, elle mettait la reconnaissance envers Dieu.

« Combien d'actions de grâces ne devons-nous pas à Notre Père du Ciel pour nous avoir appelées à vivre sous une ligne de conduite tracée par sa main divine ! N'est-ce pas assez dire que si nous ne nous en écartons pas, nous arriverons sûrement et directement au Ciel ?

« Le deuxième motif qui doit nous porter à être fidèles

à la Règle, c'est la délicatesse de conscience : craindre de déplaire à Celui qui nous a appelées à l'honneur de devenir ses Epouses ! Lui prouver notre amour en observant notre Règle dans toutes ses minuties. Preuve d'un grand amour, en effet, que cette fidélité aux moindres prescriptions.

« Enfin, la charité envers nos Sœurs est le dernier motif pour lequel nous devons aimer nos Règles et les observer. Nous devons, en effet, édifier nos Sœurs. Or, édifier signifie bâtir, élever. Que bâtissons-nous ? Qu'élevons-nous en observant exactement la sainte Règle ? Nous bâtissons, nous élevons dans le cœur de nos Compagnes l'estime, le respect et l'amour de la volonté divine incarnée dans ce code de perfection. Celles qui nous auront vues régulières, après nous avoir imitées, transmettront à d'autres le bien que nous leur aurons fait. Que de mérites alors ne recueillerons-nous pas ! »

Mère Saint-Georges concluait en énumérant les avantages que procure à la Religieuse la pratique fidèle de sa Règle : « Elle y trouve une source de progrès, une source de mérites et une source de bonheur.

« Pour qu'il y ait progrès, il faut trois choses : 1° la connaissance de soi-même, 2° l'habitude de la mortification, 3° l'esprit de foi. Sans doute, le Saint-Esprit donne à l'âme ses lumières pour lui faire acquérir la connaissance d'elle-même, et ces lumières sont en rapport avec la bonne volonté de chacune comme avec le zèle qu'elle a de sa perfection ; mais la Règle aussi nous fournit dans certains Exercices des sources d'abondantes lumières. Ce sont : l'Examen particulier, les Lectures, l'Examen général, la Direction (1). Que faut-il de notre part pour que ces Exercices nous fassent parvenir à la connaissance de nous-mêmes ? Il faut y porter un esprit discipliné, une imagination réglée, un cœur droit, beaucoup de sérieux, un

(1) Il est nécessaire de faire remarquer que les Instructions de Mère Saint-Georges étaient antérieures à la publication du Décret Pontifical (17 décembre 1890), lequel a fait abroger dans les Règles et Constitutions ce qui a trait à la Direction. Néanmoins nous n'avons pas hésité à publier ce qui, dans les notes des anciennes Novices de Mère Saint-Georges, concerne cette question. Car le Décret ajoute : « Cela n'empêche nullement les sujets d'ouvrir « librement et de plein gré leur âme aux Supérieurs, pour recourir à la « prudence de ceux-ci dans les doutes et angoisses, et recevoir conseil de « direction pour acquérir les vertus et progresser dans la perfection. »

grand esprit de foi et une volonté ferme de plaire à Dieu, toutes choses qui supposent la pratique habituelle de la mortification. »

Entre temps, sachant combien l'ouverture de cœur faite dans un esprit tout surnaturel est profitable, elle disait :

« Nos Supérieures sont les canaux par lesquels Dieu nous communique sa grâce. C'est en elles et en elles seules que nous trouverons la lumière : ne la cherchons pas auprès de nos Compagnes ; celles-ci pourront nous amuser, mais non nous éclairer. Allons donc droit à nos Supérieures ; si nous le faisons, nous recevrons directement la grâce ; si nous n'y allons qu'obliquement, nous ne recevrons la grâce qu'obliquement. Enfin, si nous n'y allons pas du tout, nous ne recevrons aucune grâce, car elles ont des lumières spéciales pour nous conduire, et ces lumières proviennent de leur mission même. Tant que cette mission subsiste, la lumière subsiste. La mission vient-elle à cesser, la lumière cesse également. »

Reprenant ensuite son thème, elle empruntait à la Sainte Écriture cette comparaison : « David dit dans l'un de ses Psaumes que l'homme qui craint Dieu et observe ses Commandements est semblable à un arbre planté sur le bord des eaux. Cet arbre étend au loin ses rameaux ; son feuillage est toujours vert, et il porte des fruits en son temps. Ceci, ajoutait-elle, s'applique également à la Religieuse fidèle observatrice de sa Règle. Non seulement elle est placée comme l'arbre sur le bord des eaux ; mais elle y est plongée ; elle s'y baigne, c'est-à-dire que les grâces qu'elle reçoit sont en telle abondance, qu'elle s'en abreuve constamment, qu'elle en vit. Oui, insistait-elle, si nos Exercices de Règle, chaque jour répétés, sont vivifiés par l'esprit de foi, nous pourrons, à la fin de notre vie, nous trouver devant Dieu aussi riches de mérites que les Martyrs qui ont donné leur vie pour Notre-Seigneur Jésus-Christ. C'est donc avec raison que les Saints Pères comparent la vie religieuse au martyre.

« La pratique de la Règle, source de mérites, est en même temps source de bonheur. Que faut-il pour constituer le bonheur ? Deux choses : la paix de la conscience et le goût de ses devoirs et de son état. » Mère Saint-Georges n'avait pas de peine à prouver que la Religieuse trouve ces choses dans la pratique constante de sa Règle.

« Observons-la donc fidèlement et jusque dans ses moindres prescriptions, concluait-elle ; nous le devons à Dieu
qui nous a appelées, au Noviciat qui nous a formées, à
la Congrégation qui nous a adoptées. »

Ces principes, Mère Saint-Georges les avait puisés soit
dans les Instructions de Mère Sainte-Thècle, soit dans les
Auteurs spirituels. Aussi bien, c'est moins parce qu'elle
les a enseignés à ses Novices que pour sa fidélité personnelle à les pratiquer que nous les rappelons ici. Ne disait-
on pas dans la Congrégation : Mère Saint-Georges, c'est
la Règle vivante. Cet éloge suffirait à établir son mérite à
cet égard.

Elle eut aussi celui d'être l'exemplaire des vertus religieuses auxquelles elle initiait ses Filles. Tout en s'appliquant à leur donner, par l'estime et l'amour pratique de
la Règle, la physionomie des Filles du Saint-Esprit, elle
s'efforçait de leur inculquer, sur les vertus qui font l'objet des trois Vœux, des principes directeurs propres à les
faire prendre figure de religieuses. A ces vertus, il faut
un fondement solide. Ce fondement n'est autre que l'humilité. L'enseignement que, sous ce rapport, durant sa
propre formation, elle avait reçu à l'école de Mère Sainte-
Thècle, Mère Saint-Georges le répétait à ses Novices. A
l'exemple de sa sainte Maîtresse, elle définissait l'humilité
« *l'amour pratique de l'oubli, de la peine et du mépris comme choses dues à notre néant et à nos péchés.* »

Avec quelle inlassable patience et en même temps quelle
sagesse, quelle prudence, elle secondait dans les âmes les
opérations de la grâce ! — « *Nous travaillerons cela* »,
répondait-elle à une Postulante qui, dès le premier entretien spirituel, lui exprimait son désir d'attaquer sans
retard l'orgueil dans lequel elle reconnaissait le principal
ennemi de sa formation. Or, c'est la Règle en main qu'elle
travaillait cela.

Cette page de nos Règles intitulée « *De l'humilité et de
la douceur* » dans laquelle, comme du reste dans toutes
les autres, brillent la sagesse et l'onction du Saint-Esprit,
combien Mère Saint-Georges aimait à la méditer, à la com-
menter, à la faire pratiquer, la pratiquant elle-même en
chacun des points indiqués par notre saint Fondateur.
Nous aurons sans doute, dans la suite, occasion de revenir
sur ce sujet ; bornons-nous à souligner ici l'insistance

avec laquelle la pieuse Mère signalait à ses Novices un danger qu'inévitablement elles rencontreraient dans la vie de Fondation.

« Mettez-vous en garde, mes Sœurs, répétait-elle souvent, contre le désir de *vous faire un nom* dans la Communauté, dans la paroisse où vous appellera l'Obéissance. » Grave péril, en effet, pour l'humilité que le désir de se faire un nom. Est-il besoin de faire remarquer que la prudente Mère sut, pour son propre compte, échapper à ce péril ? Si elle se fit un nom à Rostrenen, à la Maison-Mère et dans toute la Congrégation, ce fut uniquement par l'ascendant de sa vertu. Celles qui ont eu l'avantage de l'approcher de près savent combien profond était son mépris d'elle-même. Ainsi, l'humilité de son âme la rendait singulièrement apte à enseigner une vertu qui à elle seule résume tout l'enseignement du divin Maître : « *Apprenez de Moi que je suis doux et humble de cœur.* »

Sous sa forme la plus aimable, la plus accessible et, j'ose dire, la plus populaire, l'humilité s'appelle la simplicité. Mère Saint-Georges ne cessait d'y exhorter ses Novices. Celles-ci, séduites bientôt par les charmes d'une vertu qui n'a rien d'austère et ne semble pas demander à la nature des efforts trop pénibles, s'y essayaient volontiers. Tel le petit enfant à qui l'on présente à distance une friandise, ne fait point difficulté d'affermir pour l'atteindre, ses pas encore mal assurés.

L'ennemi de la simplicité religieuse, l'amour-propre, était, sous chacune de ses manifestations, poursuivi sans relâche par la vigilante Mère. Là même où les regards inexpérimentés de ses Filles ne pouvaient l'apercevoir, son œil averti savait le dépister. Elle le signalait aussitôt, encourageait les efforts, obligeait même avec douceur et avec force chacune à porter à l'adversaire des coups décisifs, puis à recommencer toujours, sans faiblesse ni découragement, le rude mais très méritoire combat.

Est-il besoin de dire que, ne se contentant pas de stimuler les efforts, elle prenait elle-même à la lutte la part la plus active ? Il le fallait bien, car si elle trouvait de la bonne volonté dans les âmes, elle rencontrait souvent dans les têtes, à haute dose parfois, du granit breton. Cette constatation ne l'alarmait ni pour son propre compte ni pour le compte de celles qu'elle dirigeait. Etait-ce de sa part présomption ou insouciance ? Qui oserait le supposer ? Pour obtenir la victoire, la pieuse Mère comptait sur la grâce de Dieu et non sur les ressources qu'il ne lui était pas défendu de sentir en elle-même : je veux dire sa persévérante énergie, son inlassable bonté, et par dessus tout son inflexible volonté. Car elle aussi était

« De cette race aux longs cheveux
« Que rien ne peut dompter quand elle a dit : Je veux ! »

Mais laissons parler une de ses Novices :

« Mère Saint-Georges ne tarda pas à reconnaître que j'étais fort entêtée. Un certain acte de simplicité me coûtait tellement qu'impossible de me faire céder sur ce point : c'était de chanter seule ; toutes mes Maîtresses de classe avaient échoué sur ce point. J'aimais beaucoup mieux écouter les solos que les exécuter. Quelques semaines après mon entrée au Noviciat, la Maîtresse du chant voulut me faire donner seule le refrain d'un cantique qu'elle exerçait. Surprise, intimidée, je ne pus me résoudre à obéir. De retour à la salle du Noviciat, j'allai avouer à ma Mère la fausse honte qui m'avait tenu la bouche fermée pendant la répétition : — C'est bien mal, me répondit Mère Saint-Georges. Demain, j'irai vous conduire au chant. »

A la récréation suivante, après avoir annoncé l'Elévation de cœur, elle dit aux Novices : « Il y a parmi vous une Novice qui a refusé de faire un acte de simplicité aujourd'hui à la répétition de chant. Mais demain matin, elle donnera un solo dans chacune des classes du Noviciat et ensuite dans les deux classes du Cours. »

« Je fus atterrée. La nuit, pensant à ces cinq terribles stations, je ne dormis guère. Et me voilà, le lendemain, obligée de suivre docilement ma Mère dans chacune des classes mentionnées, moi « portant bas l'oreille » ; elle, rayonnante comme chaque fois que l'une ou l'autre d'entre nous produisait un acte généreux de cette aimable simplicité qui, disait-elle, doit distinguer toute vraie Fille du Saint-Esprit. »

Ce témoignage suffit sans doute à prouver combien ferme était la direction de Mère Saint-Georges. Appuyée toujours sur nos saintes Règles, elle faisait bonne guerre à l'affectation dans le langage, la tenue, la démarche, les manières. Ne perdant pas de vue ses Novices lorsqu'elles avaient quitté la Maison-Mère, elle savait à l'occasion leur rappeler ses enseignements et mieux encore les divins exemples de Notre-Seigneur.

En écrivant ce chapitre, j'ai sous les yeux une image de Jésus adolescent qu'elle avait adressée à l'une de ses aînées (1) particulièrement appliquée, en Fondation, à cultiver la simplicité. Au bas de l'image, la pieuse Mère avait écrit de sa main : « Il a été obéissant et simple. »

* * *

Ne quittons pas ce terrain fondamental de la vie spirituelle sans rappeler un principe que Mère Saint-Georges rappelait fréquemment elle-même aux Novices de sa formation : — « Nous sommes chrétiennes avant d'être religieuses, mes Sœurs ; ne l'oublions pas. Cultivons donc tout d'abord les vertus théologales, fondement de la vie chrétienne, puis les vertus cardinales, lesquelles, unies aux précédentes, forment cette chaîne aux sept anneaux englobant en quelque sorte les dons du Saint-Esprit et communiquant à l'âme toutes les énergies dont elle a besoin pour produire les actes surnaturels, éléments constitutifs de la vie chrétienne. »

Guidée elle-même par ces principes, elle donnait l'exemple d'un respect profond dans l'accomplissement des devoirs les plus élémentaires de la vie chrétienne. Le signe de la Croix, par exemple, n'était jamais pour la pieuse Mère un geste vide de sens. Aussi avait-elle autorité pour reprendre toute Novice qu'elle voyait tracer à la légère le signe sacré de notre Rédemption.

Il est dit de Bernadette devenue Religieuse qu'on la reconnaissait à la manière dont elle faisait le signe de la Croix en entrant à la chapelle. Depuis qu'elle avait eu la faveur d'être instruite sous ce rapport par la Très Sainte Vierge en personne, l'heureuse voyante ne pouvait plus accomplir qu'avec une extrême distinction ce signe qui fait reconnaître en tous lieux les disciples de Jésus-Christ.

Mère Saint-Georges avait-elle présentes à la mémoire les Apparitions de Notre-Dame de Lourdes, lesquelles avaient

(1) La Sœur en question rejoignait Mère Saint-Georges dans l'éternité le 21 février 1919, après avoir, durant trente-cinq années fécondes, mis en pratique les leçons qu'elle avait pieusement recueillies durant le Noviciat.

eu lieu l'année même de son entrée au Noviciat, ou se souvenait-elle simplement de son ancienne Maîtresse, Mère Sainte-Thècle, qui sous ce rapport, comme d'ailleurs sous tant d'autres, est restée un exemple dans notre Congrégation ? Toujours est-il que, sans la moindre prétention de se poser en modèle, mais avec conviction, avec piété, intimement pénétrée de la grandeur d'un tel acte, Mère Saint-Georges aussi se serait fait reconnaître à la noblesse de son signe de Croix.

.　.
.

Dans le travail de la formation à la vie religieuse aussi bien que dans l'ensemble de la perfection, tout s'enchaîne : — « Corriger un défaut, disent les Maîtres de la vie spirituelle, c'est du même coup corriger tous les autres. »

Enseigner l'humilité à ses Novices équivalait donc aussi, pour Mère Saint-Georges, à leur enseigner la Pauvreté religieuse, comme la Chasteté et l'Obéissance. C'est le regard toujours fixé sur la Règle et en s'inspirant de la substantielle doctrine de Rodriguez qu'elle poursuivait sa sublime mission et initiait son monde aux vertus qui font l'objet des trois Vœux. En cette matière, le *Traité de la Perfection chrétienne* a été admirablement résumé par le P. Cotel dans son *Catéchisme des Vœux*. Le commentaire de Mère Saint-Georges sur chaque leçon rigoureusement apprise par cœur, était des plus lumineux en même temps que des plus méthodiques.

« — Combien nous aimions ces quarante minutes qui, le dimanche, séparent la Psalmodie de l'Office et la récitation du chapelet du chant des Vêpres, témoigne une Novice. Durant cette explication, plus encore peut-être que pendant les Instructions du mardi et du vendredi, il nous semblait que nous communiions à l'âme de notre pieuse Mère. La forme même de l'enseignement catéchistique nous la montrait plus vivante, plus familière, plus près de nous. Par suite, ses enseignements se gravaient plus facilement dans la mémoire et faisaient sur chacune de nous une impression plus profonde.

Il n'est pas à propos de faire ici de larges citations des notes recueillies par les Novices, du moins en ce qui concerne les Vertus religieuses dans leur essence. Nous avons pensé jeter sur le sujet un intérêt plus puissant et le rendre plus profitable en prenant dans les Instructions de Mère Saint-Georges ce qui en l'espèce constitue le caractère propre de notre Famille religieuse, car c'est encore la Règle en main que la digne Maîtresse expliquait à ses Novices leurs obligations à l'égard de la Pauvreté, de la Chasteté et de l'Obéissance.

— « Notre Règle est très large sous le rapport de la Pauvreté, disait-elle. Ne soyez pas de celles qui s'en scandalisent. (Je parle des personnes étrangères à notre Congrégation, car je n'en connais pas parmi nous.)

Vous serez dans le vrai si vous croyez que la Pauvreté *de dépendance* fidèlement observée n'est pas moins méritoire que la Pauvreté *de dépouillement*. Par celle-ci, on se débarrasse d'un coup de tout ce à quoi l'on avait droit dans le monde et on se réduit à l'incapacité de rien posséder en propre. Or, cela se fait avec assez de facilité dans un élan de ferveur, le jour de la Profession. Sans rien enlever au mérite d'un tel dépouillement puisqu'il constitue la perfection du Vœu de Pauvreté, je vous invite, à mesure que vous avancerez dans la vie, à comparer à ce mérite celui de la sujétion en vertu de laquelle, chaque jour et pour chaque occasion, vous aurez à demander la permission de disposer des objets dont la Règle vous laisse la possession ou la jouissance. N'y a-t-il pas là de quoi justifier l'affirmation de notre Règle : « *La Pauvreté religieuse crucifie l'âme ?* »

Cette Pauvreté dépendante, ajoutait-elle, achemine l'âme peu à peu, à la Pauvreté *souffrante*. Que ce mot ne vous effraye pas. La Pauvreté souffrante se réduit en somme, pour nous, à mettre en pratique le passage de notre Règle qui nous engage à n'être pas « trop soigneuses de nous mettre à l'abri des privations dans les choses à l'usage de la vie ».

Pour ce qui concerne le second Vœu, Mère Saint-Georges pouvait encore et à bon droit se référer à la sage direction donnée par la Règle. Tout est là, tout est dit en ces termes sobres, concis, lumineux, féconds, qui respirent, — nous ne saurions trop le faire remarquer, — la sagesse et l'onction du divin Esprit.

Dans ses Instructions sur ce sujet, la Maîtresse se laissait aller à un saint enthousiasme. — « Quelle sublime profession que la nôtre, mes Sœurs ! s'écriait-elle. Les Anges sont les vierges du Ciel et les vierges sont les anges de la terre. Les Anges sont uniquement occupés à servir Dieu dans le ciel ; de même, les religieuses sont uniquement occupées au service de Dieu sur la terre. Aimons notre saint état qui nous fait mener ici-bas la vie des Anges. Mais n'oublions pas, comme le veut notre Règle, que si la Chasteté a une sublimité angélique, elle est extrêmement fragile : on ne la conserve que par des combats continuels et les plus sévères précautions. Le moindre souffle en ternit l'éclat, le plus petit choc la brise.

« Le jour de la Profession, ajoutait-elle, Notre-Seigneur dresse son trône dans le cœur de celle qu'Il élève à la dignité de son épouse ; mais Il ne veut que le sien. Si la religieuse en dressait un autre, il y aurait à craindre que Jésus ne l'abandonne. Et que deviendrait-elle sans Lui ? »

Après avoir mis ses Novices en garde contre la vanité, la flatterie, les paroles élogieuses, l'immortification des sens intérieurs et extérieurs qui sont les sources principales du vice contraire à la Chasteté ; après les avoir exhortées avec force à la vigilance, à la prière, à la mortification des sens, à une grande ouverture de cœur à l'égard de ceux qui ont mission de conduire nos âmes, Mère Saint-Georges résumait, dans l'amour de Notre-Seigneur basé sur une vraie et solide dévotion envers la Très Sainte Vierge, les moyens de conserver dans toute sa fraîcheur le lis de la belle Vertu.

Puis, elle concluait : « Donnez donc votre cœur à Jésus et à Jésus seul : qu'Il le possède tout entier, sans partage, afin que, de son côté, Il ait la liberté de se donner tout entier à vous. »

Quand elle traitait de l'Obéissance religieuse, la pieuse Mère se montrait plus enthousiaste encore. Cela se conçoit : « l'Obéissance, disait-elle, constitue à elle seule l'Etat religieux ? Les deux autres Vœux ne sont pas essentiels ; ils peuvent être omis, comme cela se pratique dans certains Ordres, et la vie religieuse subsiste encore ; mais impossible de supprimer le Vœu de l'Obéissance. » Elle définissait ce Vœu « l'immolation de notre volonté, par amour pour Dieu, entre les mains de nos Supérieurs ». En conséquence, elle voulait que chacune des Novices devînt entre les mains de ses Supérieurs comme l'instrument entre les mains de l'ouvrier.

« Si l'instrument ne se prête pas à tout ce que l'ouvrier voudra faire de lui, disait-elle, il ne sera bon qu'à être brisé ou jeté au feu, eût-il d'ailleurs toute la perfection désirable, fût-il fait de l'or le plus pur.

« De même si chacune de vous, mes Sœurs, n'est entre les mains de sa Supérieure un instrument souple et maniable, elle ne sera bonne à rien, fût-elle douée des qualités les plus remarquables. »

Ce disant, avec son incomparable sûreté de main, sa logique rigoureuse, son énergie de volonté indéfectible, elle acheminait son monde vers la perfection de l'Obéissance, à savoir l'*Obéissance de Jugement,* par laquelle la volonté tout entière est immolée à Dieu.

« Il en coûte, avouait-elle, de soumettre son jugement. On croit aisément qu'il est meilleur que celui des Supérieures. Tentation ! Tentation ! Repoussez-la promptement. A chaque fois que votre petite sagesse voudra vous persuader que telle façon d'agir eût été meilleure que celle indiquée par l'Autorité, dites : « Voilà de l'orgueil. Non, ce n'est pas mon point de vue le meilleur. Il n'y a que ce qu'on me commande qui soit bien, puisque c'est Dieu même qui parle par la bouche de ceux qui ont autorité sur moi. »

Poursuivant son ascension vers les sommets où réside la véritable Obéissance elle ajoutait :

« De même que l'Obéissance d'exécution doit être prompte et entière, l'Obéissance de volonté, joyeuse et pleine de courage, l'Obéissance de jugement doit être accompagnée d'une grande foi, et, selon le vœu de notre Règle, animée d'un esprit gai et content. »

S'inspirant du langage des Maîtres de la vie spirituelle, la pieuse Mère parlait à ses Novices du sacrement de l'Obéissance, lequel est un mystère de foi, comme l'Eucharistie où les Espèces sacramentelles cachent Jésus-Christ réellement présent.

« Que l'hostie soit faite de pur froment ou de farine grossière, disait-elle, du moment qu'elle est consacrée, ce n'est plus du pain, mais Notre-Seigneur Jésus-Christ Lui-même... Que votre Supérieure ait des défauts, qu'elle soit peu instruite, d'un caractère difficile, du moment qu'elle est votre Supérieure, vous ne devez voir en elle que Jésus-Christ. Dites-vous souvent, surtout dans les moments où l'Obéissance vous deviendra pénible : *J'ai mis le Christ sur ma Supérieure* (1). »

(1) Ayant puisé dans ces principes de solides convictions sur le mérite de l'Obéissance, les Novices de Mère Saint-Georges s'excitaient mutuellement à faire de cette vertu le principal objectif de leurs efforts.

L'une des premières admises à cette époque, Sœur Louis-de-Jésus Gran-

Pour faciliter à ses Novices la pratique de l'Obéissance et en même temps leur inculquer à haute dose le respect de l'Autorité, Mère Saint-Georges aimait à leur proposer comme modèle le divin Enfant Jésus.

« Voyez-Le entre les mains de sa sainte Mère, disait-elle. Comme Il se laisse faire ! C'est la dépendance la plus absolue. Il semble n'avoir pas de volonté. Voyez-Le plus tard à Nazareth. Quels chefs-d'œuvre n'aurait-Il pas pu produire par Lui-même, puisqu'Il était le Maître des arts et le génie incréé. Il ne se départira pas de la dépendance de ses toutes premières années ; il ne sortira pas, en fait, de l'état d'enfance. Et c'est ainsi qu'il glorifiera parfaitement son Père céleste.

« Quelle gloire vous donnerez vous-mêmes à Dieu, mes Sœurs, si, devenues Filles du Saint-Esprit, vous restez constamment et pleinement dépendantes de vos Supérieurs, souples entre leurs mains, soumises à toutes leurs directions, petites à vos propres yeux. Tendez à cela, en méditant fréquemment ces paroles du saint Evangile : « Si vous ne devenez comme les petits enfants, vous n'entrerez point dans le royaume des Cieux. »

De cette parole, faisons le dernier mot de ce chapitre. Aussi bien, en la donnant elle-même comme dernier mot de son Instruction sur l'Enfance spirituelle, Mère Saint-Georges affirmait sa prédilection pour cet esprit d'enfance dont Benoît XV devait dire plus tard : « *Là est le secret de la sainteté* (1). »

---

giens, terminait prématurément sa carrière en répétant à ses derniers moments : « Comme il est doux de mourir après avoir été toujours obéissante ! »

(1) Discours de Sa Sainteté Benoît XV sur l'héroïcité des vertus de la Bienheureuse Thérèse de l'Enfant-Jésus (14 août 1921).

Nos Sœurs qui ont été témoins de ses derniers jours, savent quelle était l'admiration de Mère Saint-Georges pour la *Petite Thérèse*. L'image qui représente la vie intérieure de la Servante de Dieu, lui était particulièrement chère. Elle voulut la fixer à son lit afin de l'avoir constamment sous les yeux. Dans le secret de son cœur, elle bénissait le Saint-Esprit d'avoir suscité au sein de l'Eglise une sainteté si aimable et si accessible à tous, surtout aux âmes religieuses.

LA VISITEUSE ET L'ASSISTANTE

*Pour moi, M. F., je n'estime pas être au
terme, mais oubliant les choses que j'ai laissées
en arrière et m'étendant vers celles qui sont
devant moi, je presse le pas vers le but pour
cueillir la palme de la Vocation céleste de
Dieu dans le Christ Jésus.*

(Philipp. III-13).

Après une telle formation, les Novices de Mère Saint-
Georges pouvaient s'élancer dans la carrière, et selon la
doctrine du grand Apôtre, courir non point au hasard, mais
droit au but ; combattre, non en donnant des coups en
l'air, mais en châtiant la nature rebelle pour la réduire en
servitude, et en même temps se dévouer, comme le veulent
nos Constitutions, aux pauvres, aux malades et à l'enfance
chrétienne. La pieuse Mère qui, durant les sept années de
sa charge, n'avait cessé, à mesure qu'elles quittaient *le cénacle*, de soutenir de ses conseils sages, éclairés, pratiques,
ses Filles dans les débuts de leur apostolat, va maintenant
les voir à l'œuvre, les encourager, les reprendre au besoin,
et ainsi participer en quelque sorte à leurs labeurs.

L'épuisement de sa santé nécessitait d'ailleurs, sinon le
repos complet, au moins un changement d'emploi. Mère
Marie-Arsène espérait qu'une vie moins sédentaire et moins
chargée de soucis et de responsabilités favoriserait le retour
à un état satisfaisant. Elle ne se trompait pas : la fièvre qui
depuis longtemps minait les forces de Mère Saint-Georges,
disparut assez rapidement dans les fonctions de Visiteuse,
et s'il y eut récidive, ce fut à chaque séjour trop prolongé
à la Maison Principale.

Toutefois ce n'est pas sans une peine profonde que la
vaillante Mère dit adieu au Noviciat. Il n'avait pas fallu sept
ans à son cœur généreux pour s'attacher à des fonctions
pour lesquelles on eût dit qu'elle était née. Car, ne craignons
pas de l'affirmer, entre toutes les charges qui lui furent
confiées, celle de Maîtresse des Novices semble avoir été
particulièrement conforme et à ses aptitudes naturelles,

et au tempérament moral greffé par la divine grâce sur son être physique.

On était au 21 mai 1889. En dépit de l'âge, Mère Marie-Arsène portait toujours avec vaillance et dignité le fardeau du Généralat. Après avoir annoncé à Mère Saint-Georges la décision prise en Conseil à son sujet, elle la pria de préparer à recevoir le coup terrible de sa nomination, celle qui devait la remplacer comme Maîtresse des Novices. Toujours redoutable, en effet, à cause des graves responsabilités qu'elle assume, a paru aux Filles du Saint-Esprit, la charge de former à la vie religieuse celles sur qui doit reposer l'avenir de la Congrégation. Le souvenir de ce qu'elle avait souffert quand elle fut elle-même investie de cette fonction, était encore vivant dans la mémoire de Mère Saint-Georges. Elle ne put se résigner à parler ouvertement, mais ce matin-là, Mère Marie-Alvarez trouva sur sa table de travail un mot imité de la Sainte Ecriture : « *Soyez forte et courageuse : le Seigneur sera avec vous.* »

Le lendemain, la voiture de la Maison-Mère emportait vers la gare la nouvelle Visiteuse. Le domestique qui conduisait était consterné. — « Je ne puis pas dire assez combien je regrette Mère Saint-Georges, répétait-il. Il me semble que personne ne peut être plus parfait sur la terre. »

C'est à la Charité de Quimper que la voyageuse s'arrêta. Cette Communauté, l'une de celles qui furent fondées à l'origine de la Congrégation, a conservé un esprit des plus fervents en même temps que le cachet de simplicité, de dévouement et de charité qui caractérisaient nos Mères Fondatrices. Mère Saint-Georges s'y sentit de suite à l'aise ; mais ayant cru remarquer que quelques-unes des Sœurs manifestaient devant elle une sorte de crainte révérentielle, elle résolut à tout prix de les en guérir.

Elle inventa donc mille expédients pour combler le fossé et ouvrir les âmes à une parfaite confiance, se montrant pleine d'entrain aux heures de récréation, et semblant vouloir retrouver quelque chose de l'exubérance de ses années d'enfance.

Fidèle à ce programme durant toute la durée de son mandat de Visiteuse, elle réussit à tel point que les Sœurs formées par elle s'en montrèrent, dans plus d'un cas, agréablement surprises.

— « Je ne connaissais pas ma Mère ainsi, avouait ingénûment l'une d'elles. Au Noviciat je la trouvais très bonne, mais pas au point où je la vois maintenant. Quelle aimable déférence à l'égard des Anciennes de la Maison ! Quelle maternelle condescendance envers toutes ! »

De fait, à la Charité, les natures les plus craintives ne tardèrent pas à être conquises, et cette première Visite ne laissa de part et d'autre que des souvenirs embaumés.

Hâtons-nous de dire que, dans la manière de procéder de Mère Saint-Georges, il n'y avait nulle complaisance pour les abus ; au contraire, elle les signalait et en réclamait la réforme avec autant de liberté que d'énergie, ne s'arrêtant que devant les obstacles reconnus insurmontables, si elle constatait qu'il n'y avait en l'espèce ni offense de Dieu, ni grave péril pour la Règle et la discipline religieuse.

Dans les examens qu'elle faisait subir aux Elèves, on retrouvait la Maîtresse compétente, expérimentée, rompue aux méthodes, dont nous avons parlé dans un des chapitres précédents. Elle captivait les intelligences et gagnait les cœurs, moins par ses aptitudes natives à l'Enseignement, que par la pratique de cette modestie religieuse, sollicitée, selon la prescription de notre sainte Règle, dans un fervent appel à l'Esprit saint, à toutes fois qu'il s'agit de prendre contact avec les Elèves.

Cependant les fonctions de Visiteuse restèrent pénibles pour Mère Saint-Georges. Naturellement timide et réservée, (elle employait un terme plus fort et s'attribuait un tempérament « *sauvage* ») il lui répugnait extrêmement de se répandre ainsi à travers nos campagnes bretonnes, de changer sans cesse de milieu, de s'adapter à toute ambiance, de vivre d'une certaine façon dans les autres, en un mot de « se faire toute à tous ». Bien que ce fût, dans l'esprit du grand Apôtre, « pour les gagner tous à Jésus-Christ, » la chose, certes, lui était pénible.

Pour les Mères déjà en fonction aussi bien que pour Mère Saint-Georges, c'était d'ailleurs la période d'initiation. En effet, sauf dans ses dernières années, où l'âge et les infirmités avaient obligé Mère Marie-Arsène à se décharger sur les Assistantes, — au moins pour les centres éloignés de Saint-Brieuc, — la Visite des Maisons avait été faite exclusivement par la Supérieure générale. Les doyennes de la Congrégation n'ont pas oublié dans quel modeste équipage elles voyaient arriver leur vénérable Mère, alors que les voies ferrées n'existaient pas ; l'état des chemins répondait, sur bien des points de la Bretagne, à la description qu'en a faite La Fontaine dans une fable connue.

La carriole de la Maison Principale, conduite par *Pierre l'ancien* ou par son successeur, *Pierre le jeune*, ne subit jamais le sort du char dont parle la Fable (1) ; mais l'une des modestes croix du cimetière a rappelé longtemps aux Filles du Saint-Esprit que leur Mère, Emilie Ferchal, succomba à Quimper, le 26 juin 1855. Elle visitait cette Maison de la Charité où Mère Saint-Georges a inauguré son mandat de Visiteuse, ainsi que nous venons de le dire.

Dans des conditions de transport améliorées sans doute, mais qui laissaient aux voyageurs une part encore lourde de malaises, d'ennuis et de fatigues, Mère Saint-Georges poursuivait sa mission et en acceptait avec l'énergie que nous lui connaissons le côté pénible, ne cherchant pas à l'atténuer par des diversions agréables, comme par exemple, la visite des sites pittoresques ou des curiosités des pays qu'elle parcourait.

— « Rappelez-vous que vous n'êtes pas des touristes », dira-t-elle plus tard, en investissant deux de ses Filles du mandat de Visiteuses. Touriste, elle ne le fut jamais et se refusa même sous ce rapport toute satisfaction qui, aux yeux d'une autre, eût semblé très légitime.

Etant à Carnac, dans le voisinage de son île natale, c'est

---

(1) Ces vieux serviteurs étaient le type de la fidélité bretonne. Il nous est agréable de payer ici à leur mémoire un tribut de reconnaissance. Nous remplirons le même devoir envers leurs successeurs : Yves Ollivier qui, ayant à sa charge la tenue du cimetière, en fit, pendant 27 ans, un Paradis. Jean-Louis et Hervé Baron, deux frères à la foi robuste. Le dernier était encore à son poste quand la mort le frappa par un coup imprévu. L'autre, spirituel et jovial, aimait à taquiner en breton, sa langue maternelle, les autres domestiques, et il signait plaisamment : Jean-Louis *Baron du Saint-Esprit*. Avant eux, Gilles Le Jolu — 23 ans de service — avait conquis une popularité restée légendaire.

Rappelons aussi les noms des femmes de service qui ont fourni à la Maison Principale de belles années de dévouement pendant la carrière de Mère Saint-Georges ; Marie Le Lay, Mathurine Rault et Françoise Tréhorel mortes toutes trois à la tâche. — « Je veux mourir *chez nous !* De grâce, emmenez-moi *chez nous*, suppliait Mathurine qui avait été transportée à la Clinique du Légué pour une intervention chirurgicale. Son désir fut exaucé : elle mourut « chez nous », assistée comme ses compagnes, des prières de la Communauté.

Non moins admirables, le dévouement et la fidélité de Marie-Louise Carfantan. La cécité l'obligea à se retirer dans sa famille qu'elle embauma par sa patience et sa piété jusqu'au jour où Dieu l'appela à l'éternelle récompense.

à grand'peine qu'elle autorisait les membres de sa famille à venir jusqu'à elle. Lorsque leurs instances avaient fini par triompher, elle les accueillait avec cordialité, sans doute, mais ne souffrait pas qu'à cette occasion aucun Exercice de Communauté fût différé ou abrégé.

« — Eh quoi ! répondit-elle, en présence d'une parente venue de Belle-Isle, à la Sœur qui lui demandait d'abréger la lecture de table, est-ce quand le bon Dieu nous donne la consolation de voir nos parents qu'il faut le laisser de côté, Lui, et l'oublier ? » Et se tournant vers la lectrice : « Continuez et achevez les dix minutes comme à l'ordinaire. »

Quelques mois après son entrée en fonction de Visiteuse, un deuil douloureux vint frapper la Congrégation : Mère Marie-Arsène mourut le 22 mars 1890. Elle venait d'achever sa 75e année. Depuis la mort de Mère Emilie, en 1855, elle était à la tête de la Congrégation, et la dirigeait avec prudence, sagesse et grande piété. Ses qualités excellentes d'esprit et de cœur, la distinction de ses manières et, par dessus tout, le sens surnaturel avec lequel elle envisageait la vie religieuse, son ardeur et son zèle à en poursuivre la perfection pour elle-même et pour ses Filles, faisaient de Mère Marie-Arsène une Supérieure Générale hors pair.

Sa mémoire demeure en vénération au sein de notre Famille religieuse, et c'est de tous nos vœux que nous appelons la réalisation du projet conçu par notre regretté Père, Mgr Morelle, de faire revivre cette grande figure dans une biographie dont, avant son élévation à l'épiscopat, il avait lui-même réuni les éléments.

Mgr Fallières, en annonçant officiellement à la Congrégation la perte douloureuse qu'elle venait de faire, désignait le 3 mai suivant, fête de l'Invention de la Sainte Croix, comme date de l'élection d'une nouvelle Supérieure Générale.

Les suffrages se réunirent sur le nom de Mère Ildefonse qui choisit immédiatement Mère Marie-Odith comme première Assistante, lui associant Mère Saint-Georges, avec la charge, pour celle-ci, de continuer à exercer son mandat de Visiteuse.

En cette circonstance, croyant que, à mesure qu'elle montait ainsi vers les sommets de la Congrégation, Mère Saint-Georges s'éloignait d'autant du petit troupeau qu'elle avait formé à la vie religieuse, l'une de ses Novices lui dit naïvement : « — Ma Mère, vos Filles ne se réjouissent pas tant que cela de vous voir Assistante. — Ni moi non plus, ma pauvre Enfant », répondit sur le même ton la nouvelle dignitaire.

Trois ans après, en septembre 1893, survint la mort de Mère Marie-Odith, Assistante Générale. Femme éminente, douée d'une énergie de volonté peu commune, ayant acquis un sens rare des affaires, elle imposait à tous, même aux esprits les plus malveillants, l'ascendant de son autorité (1).

— « Quelle est donc cette femme ? » demandait avec dépit un magistrat sectaire, qui n'avait pu la vaincre après une longue discussion. Il se croyait le fort ; elle était le droit.

En 1880, lorsque se produisit contre les Ordres religieux cette formidable levée de boucliers qui devait aboutir à la violente exécution des Décrets Ferry, l'énergique Mère exprimait bien haut le regret que sa qualité ne lui permît pas de défendre à la Chambre, devant les Représentants du Pays, la cause de la Justice et des opprimés.

Dans l'intimité, personne n'avait le commerce plus agréable. Aux jours de fête, elle excellait à mettre de l'entrain dans les récréations et y prenait en même temps une part si active que Sœurs et Novices en étaient surprises et ravies.

Atteinte en 1882 d'une pleurésie très grave, elle s'était remise, grâce aux soins intelligents du Docteur Grosvalet, médecin de la Maison Principale. Mais l'organisme, profondément atteint, se défendait mal d'année en année contre le retour offensif de la maladie. Une saison aux Eaux du Mont Dore fut conseillée. Mère Marie-Odith en profita pour satisfaire un désir de sa piété : elle fit le pèlerinage de Paray-le-Monial et rentra à la Maison Mère plus consolée en son âme par la prière aux lieux sanctifiés par les Apparitions miséricordieuses du Christ, divin ami de la France, que fortifiée en son corps par les sources thermales et minérales vers lesquelles la Faculté l'avait envoyée (2).

Peu après son retour, une crise cardiaque amena le brusque dénouement. La Maison-Mère fut atterrée. Unie par une

____

(1) Voir plus haut, p. 49.

(2) A cette occasion aussi, elle rendit visite à Mgr Dubourg récemment promu au Siège épiscopal de Moulins. Cette visite fit grand plaisir au vénéré Prélat et lui donna comme une vision de la petite Patrie dont il venait de s'éloigner.

tendre affection à la vénérée disparue, Mère Saint-Georges souffrit plus que toute autre d'un coup auquel son âme n'était pas préparée. D'autre part, elle mesura la perte immense que faisait la Congrégation, et, ne voyant pas en ce moment comment l'Esprit-Saint y remédierait, elle fut pendant un certain temps en proie à une douleur qui faisait mal à voir.

La nature a de ces soubresauts contre lesquels ne sauraient réagir les âmes même les mieux trempées. Sa nomination à la charge de première Assistante ne fit qu'intensifier ses regrets et son chagrin : elle se voyait si loin d'égaler les aptitudes de celle qu'elle remplaçait ! Ou plutôt, elle s'estimait *zéro* en comparaison, et son unique ambition comme l'unique moyen, pensait-elle, de combler le vide fait par la mort dans le gouvernement de la Congrégation, fut de prier avec toute l'ardeur de sa foi afin que le Seigneur daignât y pourvoir.

Au reste, elle devait continuer à exercer jusqu'à la fin de sa carrière cette mission féconde de Visiteuse à laquelle sa foi s'attacha de plus en plus comme à un puissant moyen d'apostolat. Devenue Supérieure Générale, elle aimera à reprendre, à chaque fois que les circonstances s'y prêteront, ce rôle qui convenait à son œil averti, à sa pénétration, à son esprit pratique, en un mot à l'ensemble de ses qualités naturelles ou acquises.

Nous avons sous les yeux le rapport qu'elle fit à la suite de l'une de ses Visites. Nos Sœurs aimeront à voir la manière succincte, claire, complète en même temps, avec laquelle étaient rédigées ses notes.

« Je suis très satisfaite des constatations que j'ai eu occasion de faire au cours de ma visite à X... L'esprit de la Communauté est bon et bien religieux. Les relations des Sœurs entre elles sont faciles, simples et empreintes de cordialité ; celles des Sœurs avec leur Supérieure, très faciles et très bonnes aussi. Les emplois, tous fatigants, sont remplis avec une abnégation et un dévouement qui ne se démentent pas, grâce sans doute au zèle courageux des Sœurs, mais grâce surtout à la vigilance, à la sollicitude et à la bonté de la Supérieure, qualités qui entraînent tout son personnel et facilitent le travail, parfois très dur.

« La maison est bien dirigée : l'ordre et une économie bien

comprise président à tout ; ce qui a permis à la bonne Supérieure de faire face à de lourdes obligations contractées avant son arrivée à X..., obligations dont elle s'est à peu près libérée par une gestion aussi sage que prudente. L'Etablissement, dont l'esprit s'est notablement amélioré, compte 70 internes.

« Les notes particulières à chacune des classes sont consignées sur des feuilles données aux maîtresses, qui devront faire leur possible pour en tenir compte. Les classes vont bien, du reste, et témoignent du dévouement des Sœurs qui en sont chargées .»

A ce témoignage non moins véridique que bienveillant, nous ajouterons celui par lequel Mgr Morelle a résumé luimême chez Mère Saint-Georges, le rôle de la Visiteuse :

« Dans cet emploi encore, elle fut éminente : elle y ap-
« portait beaucoup de sagesse, de tact, de prudence ; ses
« Visites étaient désirées : elle savait arranger des situa-
« tions parfois aigries ; derrière elle, c'est la paix qu'elle
« laissait. Dieu l'acheminait ainsi vers le gouvernement
« général de la Congrégation (1). »

(1) Mgr Morelle. Eloge funèbre prononcé à la cérémonie des obsèques de Mère Saint-Georges, le 3 Juin 1916.

LA MÈRE GÉNÉRALE

« On n'allume pas une lampe pour la mettre sous le
« boisseau, mais sur un chandelier, afin qu'elle éclaire
« tous ceux qui sont dans la Maison.
« Ainsi, que votre lumière luise devant les hommes,
« afin qu'ils voient vos bonnes œuvres et qu'ils glori-
« fient votre Père, qui est dans les Cieux. »

Matt. V, 15-16.

La charge d'Assistante, qu'elle avait exercée, comme celle de Visiteuse, en toute perfection, désignait Mère Saint-Georges pour le gouvernement général de la Congrégation. Disons mieux : l'Esprit Saint en personne avait, par degrés, préparé cette religieuse selon son Cœur et l'avait prédestinée pour être, au sein de sa Famille spirituelle, ce qu'Il est Lui-même au sein de l'adorable Trinité : *Lumière et Amour*.

Lumière et amour, intelligence et cœur, Mère Saint-Georges fut cela excellemment. « Cependant, remarque à juste titre Mgr Morelle, ce n'est pas elle qui eût choisi le chandelier, mais le boisseau. » Son humilité souffrit de l'honneur qui lui échut le 3 mai 1899, quand, après le dépouillement des votes, le Supérieur Ecclésiastique, ratifiant le choix des Sœurs vocales, remit entre ses mains les destinées de la Congrégation.

Qu'allait devenir ce besoin d'effacement qui la pressait jusqu'à lui être une torture ? Mais sa vertu était dès lors trop parfaite pour n'être pas *simple*. La simplicité évangélique, tant recommandée par Notre-Seigneur, est ce qui rapproche le plus l'âme de la perfection de Dieu. Mère Saint-Georges le savait. Elle accepta le fardeau du Généralat sans chercher à s'en dissimuler à elle-même la pesanteur et en même temps sans donner la moindre prise au découragement. Ce qu'elle demande à ses Filles en cette heure douloureuse et solennelle, c'est « leur filiale commisération et leur fervente prière ».

Se souvint-elle en ce moment de la profession exercée par son père ? Il est permis de le croire quand on lit la

Lettre-Circulaire qu'elle adressait à la Congrégation au lendemain du jour où les suffrages de ses Sœurs l'avaient proclamée *Pilote de la Barque du Saint-Esprit*. Le souffle d'En-Haut anime ces accents échappés à la plume de la digne Mère. Le bon vent de l'Esprit divin enflera toujours sa voile sur laquelle on pourrait lire le mot d'ordre rappelé par Mgr Morelle au jour des funérailles : « *Mon Dieu ! Mon devoir !* »

Le compte fait des ressources que la grâce divine avait mises en elle : dévouement absolu à tous les intérêts qui lui étaient confiés ; énergie intense de volonté pour faire face à toutes les situations ; amour profond de sa Famille religieuse et de chacun des membres qui la composent ; appui qu'elle trouverait dans la personne de l'éminent Supérieur qui, depuis six années déjà, présidait au gouvernement général de l'Institut ; collaboration intelligente et dévouée des Mères du Conseil ; parfaite assurance que ses Filles se montreraient soumises à ses directions : tout cela suffit à réconforter l'humble Mère. « *A Dieu vat !* » répéta-t-elle, le cœur en haut et l'œil fixé sans trouble sur les nuages amoncelés à l'horizon.

L'un de ses portraits les plus expressifs la représente debout ; la tête est relevée avec dignité ; le regard profond et scrutateur semble se porter jusqu'aux rives du Nouveau-Monde. L'attitude est celle du pilote à bord du navire qui porte toutes ses espérances. Songe-t-il à lui, cet homme ? Nullement. Sa personnalité a disparu pour passer tout entière en chacune des vies humaines dont il répond. *Observer, diriger,* c'est sa mission : il y applique toutes les ressources de son intelligence, toutes les énergies de sa volonté, toute la puissance d'aimer de son cœur.

Telle fut Mère Saint-Georges au cours de son Généralat.

Les circonstances ne tardèrent pas à montrer que l'Esprit-Saint était bien l'Auteur de son élection : la tempête se déchaîna avec une violence inouïe, menaçant la barque fragile dans laquelle s'abritait, avec le dévouement et la charité de ses Filles, l'innocence de 40.000 enfants.

La loi de laïcisation imposée au pays en 1886 n'atteignait pas le but que s'étaient proposé ses promoteurs, car, aux coups qu'elle portait à l'enseignement Congréganiste, répondait, partout où les catholiques trouvaient les ressources suffisantes, la création d'une Ecole libre. Pour as-

surer la victoire, un moyen restait aux détenteurs du **Pouvoir** : élaborer une autre loi qui exigerait la *reconnaissance légale* pour les Congrégations enseignantes et pour chacun de leurs Etablissements. Cette loi, dite *des Associations*, fut promulguée le 1er juillet 1901 (1). A ceux qu'elle visait, les législateurs conseillaient de formuler une demande d'autorisation. C'était un piège. La Congrégation le comprit (2) : forte de son droit, estimant que le Décret d'autorisation du 13 novembre 1810 lui conférait une existence légale indéniable, elle résista à toutes les instances ministérielles et préfectorales (3) et attendit les événements.

L'attente dura quelques mois : en prévision des Elections législatives qui devaient avoir lieu en mai 1902, il importait aux gouvernants de ménager l'opinion et, par suite, de différer le recours aux mesures vexatoires.

L'effervescence causée dans le pays par la période électorale n'était pas calmée quand se produisit la première escarmouche. Le décret du 27 juin 1902 ordonnait la fermeture de 120 Ecoles ouvertes postérieurement à la loi du 1er juillet 1901. Cinq de nos Ecoles se trouvèrent atteintes : Lanvollon, Saint-Maudez, Trébédan, Missiriac et Juan-les-Pins.

Ici, l'expulsion fut brutale : une heure seulement fut accordée aux Sœurs pour quitter leur Maison, et ce fut entre deux haies de policiers qu'elles durent sortir avec leurs orphelins. Elles furent immédiatement dirigées sur Saint-

(1) Dès l'ouverture des débats sur cette loi à la Tribune parlementaire, Janvier 1901, des prières publiques en faveur des Congrégations furent faites dans plusieurs diocèses. A Saint-Brieuc, le sanctuaire de Notre-Dame d'Espérance fut choisi pour un Triduum solennel devant le Saint-Sacrement exposé. Mère Saint-Georges y envoya durant ces trois Jours (4, 5 et 6 février), une députation de la Maison Principale, sous la direction de M. l'abbé Cherdel, aumônier. Le Pensionnat Saint-Pierre et l'Ecole de la Croix Mathias firent de même. On implora avec ferveur la miséricorde du Cœur de Jésus par l'entremise de la Très Sainte Vierge.

(2) Le Pays comprit à son tour lorsqu'il vit le rejet en bloc des demandes d'autorisation déposées au Ministère.

(3) Le 12 Février 1902, la Supérieure Générale recevait une lettre du Préfet des Côtes-du-Nord, l'invitant à solliciter l'autorisation pour les Maisons ouvertes depuis le 1er Juillet 1901 où à rappeler les Sœurs.

Trois jours après, un employé de la Préfecture communiquait une lettre de M. Dumay au Préfet, réclamant d'urgence les dossiers des demandes d'autorisation.

Pendant un mois entier, les instances se réitérèrent dans le même sens ; preuve qu'en haut lieu on avait l'œil ouvert sur la Congrégation.

Brieuc pourvues de billets d'indigence, parquées dans un compartiment de dernière classe et signalées aux gendarmes dans toutes les gares, comme des repris de justice.

On devine ce que dans sa fierté de Française et sa dignité de religieuse Mère Saint-Georges dut souffrir devant de tels procédés.

Toutefois, ce n'était là qu'un prélude. Le 9 juillet parut la fameuse Circulaire du Président du Conseil, Combes, ordonnant la fermeture de 2.500 Ecoles. Sur ce nombre, la Congrégation en comptait 121. Les 625 Filles du Saint-Esprit qui enseignaient dans ces Ecoles avaient ordre de réintégrer la Maison-Mère dans un délai de huit jours.

Quelle fut dans cette douloureuse circonstance l'attitude de Mère Saint-Georges ? — « Voyez s'il bat plus fort », aurait-elle pu dire en posant sur son cœur les mains tremblantes de ses Filles qui accouraient lui demander conseil. Et le conseil qu'elle donnait à toutes, c'était de rester au poste et d'attendre les événements.

La résistance s'imposait. Nos Seigneurs les Evêques la conseillaient ; les populations l'adoptaient partout autour des Ecoles menacées. Les Décrets de fermeture des Ecoles et d'expulsion des religieuses ne devaient pas tarder à recevoir leur exécution : ils portaient comme date d'application le 1er août. Dès le 5, les exploits commencèrent, et ce fut la Salle d'asile de Ploërmel qui eut l'honneur de tenir la tête du cortège des *expulsées*. *Dix-huit* brigades de Gendarmerie, soit 90 opérants, avaient été mobilisées pour jeter sur la rue les trois Sœurs qui enseignaient l'alphabet aux petits enfants.

Le lendemain, un coup plus violent était porté et les Ecoles Sainte-Anne et Saint-Mathieu de Quimper, d'Ergué-Gabéric et de Kerfeunteun en étaient les victimes.

Le 7, la sinistre besogne se perpétrait à Saint-Julien de Landerneau avant le jour, à 4 heures du matin, puis à Saint-Guyomard et à Missiriac (Morbihan). Dans cette dernière localité, pour expulser une seule religieuse, 60 gendarmes avaient été mobilisés ;

Le 8, ce fut le tour des Ecoles de Sizun, Huelgoat, Plogonnec, Saint-Nic, Saint-Yvi, Guilvinec, Cast, Trefflagat ;

Le 11, expulsion à Saint-Jean-la-Poterie, Rieux, Férel, Morlaix (les trois Maisons), Plouézoc'h, Ploujean, Saint-Jean-du-Doigt, Crozon, Gouézec ;

Le 12, à Roscoff, Carantec, Brasparts ;

Le 13, à Concarneau, Beuzec-Conq, Ploumoguer, Plougon-velin, Surzur.

Cependant des dépêches comminatoires arrivant du Ministère, rendaient la Mère Générale responsable de l'attitude hostile des populations : des rumeurs commençaient à circuler au sujet de la dissolution possible de la Congrégation. Le 8 août, la menace éclata au grand jour : le Couseil des Ministres venait de décider la mort de la Congrégation si les Sœurs des diverses Ecoles non encore expulsées ne réintégraient immédiatement le siège de la Société. Communication de cette décision fut faite au Préfet des Côtes-du-Nord, à charge d'en informer Mgr Fallières, Evêque de Saint-Brieuc, lequel, à son tour la transmettrait à la Supérieure Générale.

Un des représentants des populations bretonnes au Parlement se rendit aussitôt à Paris, afin d'exposer nettement la situation au Président du Conseil. L'entrevue fut pénible. Comment, en effet, arriver à convaincre un politicien tel que Combes du bien-fondé des revendications des braves gens, désireux de conserver les religieuses pour instruire leurs enfants selon les principes chrétiens dont eux-mêmes avaient été nourris ?

Le 14 août vit se lever pour la Congrégation l'heure la plus sombre et la plus angoissante : toutes les feuilles publiques annonçaient que ce jour-là serait signé le Décret de dissolution.

Ainsi qu'il est dit aux *Actes des Apôtres*, « le soleil ni les étoiles ne paraissaient plus ». Le Saint-Esprit, Soleil divin, Hôte habituel de la blanche Nef, semblait retiré dans les profondeurs des cieux. Voilée sous les nuages amoncelés, la douce Etoile de la Mer ne projetait plus sur les voiles lacérées sa bienfaisante lumière. Alors, du cœur de Mère Saint-Georges, un cri jaillit plein de foi, le cri du pilote quand il voit son navire sur le point de s'abîmer dans les flots : — « Sainte Anne ! Sainte Anne des Bretons ! »

Et sainte Anne entendit. Certaines considérations avaient impressionné le Président du Conseil : il comprit que la dissolution de la Congrégation entraînerait des conséqueuces fâcheuses pour les intérêts mêmes de sa politique. Peut-être avait-il lu dans l'un des grands journaux de Paris les lignes suivantes, écrites à cette date du 14 août : « Si le « Président de la République signait la dissolution de la

« Congrégation du Saint-Esprit, savez-vous quelle en serait
« la conséquence ? Il y a dans le seul département du Fi-
« nistère, 70 Ecoles Communales dirigées par les Sœurs
« du Saint-Esprit, c'est dire que si le Ministre Combes fai-
« sait prononcer la dissolution de la Congrégation, il lui
« faudrait fermer ces 70 Ecoles. Et que deviendrait le mal-
« heureux Préfet du Finistère ? Déjà, il court le Départe-
« ment sous prétexte qu'il y a 4 Ecoles à fermer, que
« serait-ce s'il y en avait 70 ? Avec son inconscience habi-
« tuelle, Combes n'a pas songé à tout cela ? »

Ses amis, probablement, l'y firent songer. En tout cas,
l'épée de Damoclès ne s'abattit pas sur la Congrégation et
Mère Saint-Georges, délivrée de ses angoisses, pouvait redire à ses Filles en larmes les paroles du Grand Apôtre à
ses Compagnons de voyage : « Ayez bon courage, car nul
d'entre vous ne périra. »

Prompte comme l'avait été le secours, la reconnaissance
envers l'auguste Patronne de la Bretagne se manifesta par
un *Vœu* que formula Mère Saint-Georges de concert avec
les Membres de son Conseil.

En voici la teneur, d'après le registre des « Délibérations » :

Nous soussignées, composant le Conseil d'administration
de la Congrégation des Filles du Saint-Esprit ;

Considérant que notre Congrégation a été tout récemment
menacée de dissolution et que cet immense danger est encore à redouter pour l'avenir ;

Considérant que 44 Ecoles ont été fermées en exécution
des décrets Combes ; qu'un grand nombre d'autres Ecoles,
atteintes par les Circulaires préfectorales, ne pourront
peut-être d'ici longtemps être dirigées par des Religieuses ;

Considérant en outre que le gouvernement de la Congrégation se trouve aux prises avec des difficultés, des entra-
ves, des perplexités de toutes sortes et que l'avenir est
plein d'obscurités et de périls, la Supérieure Générale et
les Sœurs formant le Conseil de la Congrégation ont résolu
de confier à la bonne Mère Sainte Anne, la puissante Patronne de la Bretagne, l'existence, les œuvres et tous les
intérêts de la Congrégation ; elles la supplient très humblement d'intervenir en leur faveur auprès du Sacré-Cœur,
leur suprême espoir, du Saint Esprit, leur Père, et de la
Vierge Immaculée.

Le Conseil de la Congrégation fait le vœu suivant et exprime très expressément le désir que ce vœu soit fidèlement gardé aussi longtemps qu'existera la Congrégation des Filles du Saint-Esprit : « Si l'existence et les œuvres de notre Congrégation sont maintenues, malgré la haine d'un gouvernement oppresseur et persécuteur :

I. Chaque année, dans le courant du mois de juillet, deux Sœurs du Conseil feront un pèlerinage au sanctuaire de Sainte-Anne d'Auray, y feront célébrer deux Messes et brûler un cierge de cinq francs en actions de grâces ;

II. Les Novices feront une Communion générale le premier mardi de chaque mois pour honorer et remercier la Bienheureuse Sainte Anne. »

Fait à Saint-Brieuc, en l'octave de l'Assomption de la Sainte Vierge, ce 22 août 1902.

Néanmoins les expulseurs ne désarmèrent pas : le 16 août, ils exécutèrent les Ecoles de Pont-Croix, Audierne, Douarnenez, Ploaré, Pluguffan. Le 18, ils terminaient leurs exploits, non sans peine, à Saint-Méen, Ploudaniel et le Folgoat.

Chez Mère Saint-Georges, les courriers se succédaient rapides comme jadis auprès du saint Homme Job, et chacun avait un nouveau malheur à lui annoncer ; l'Esprit de Force maintenait son âme à la hauteur de l'épreuve, en sorte que si les larmes perlaient à ses paupières, dans l'intime de son être, elle aussi redisait : « *Que le nom du Seigneur soit béni !* »

Aussi bien, l'attitude des populations bretonnes se levant en masse sur tous les points pour défendre la foi et l'innocence de leurs enfants en même temps que les pieux asiles qui les abritaient, procura à la digne Mère une immense consolation.

Jour et nuit, les hommes, les femmes, les jeunes filles, les enfants même montèrent la garde autour des Ecoles menacées.Ce fut un spectacle digne des plus beaux jours du christianisme ; car ces croyants ne venaient pas là pour une vaine parade mais pour obéir à leurs convictions religieuses. Pas un qui ne fût résolu à payer de sa vie l'existence de ces Ecoles où grandissait la foi des jeunes générations.

Voici que nous tombe sous la main une lettre adressée à

la Mère Générale par une femme du peuple, veuve et mère de six enfants en bas âge. Elle aussi n'avait pas craint d'exposer sa vie pour garder l'Ecole Saint-Julien de Landerneau ouverte aux 600 enfants qui la peuplaient. La brave femme craignait qu'après avoir été victimes de la traîtreuse expulsion du 13 septembre, qui sanctionnait cruellement celle du 7 août précédent, les Sœurs ne fussent rappelées à la Maison-Mère. C'est pourquoi elle voulut écrire sans retard à la Supérieure Générale.

« — Les parents tiennent à l'égard de leurs enfants la place de Dieu, disait-elle ; après les avoir mis au monde, ils doivent les rendre dignes du ciel. Je viens donc, mère chrétienne, vous prier, ma Révérende Mère, de vouloir bien nous laisser ces bonnes religieuses que nous avons voulu défendre au prix de notre vie (1).

Oui, j'aurais de bon cœur versé mon sang jusqu'à la dernière goutte pour pouvoir conserver ces Anges qui se donnent tant de peine pour instruire nos enfants.

Et quel serait le malheur des parents qui n'auraient mis des enfants au monde que pour donner des réprouvés à l'enfer. Cependant, n'est-ce pas là ce que nous avons à craindre ? Si nos Religieuses s'en vont, il n'y a pour la classe ouvrière d'autre ressource que les Ecoles sans Dieu.

C'est pour cela, Révérende Mère, que nous avons veillé et prié pendant vingt jours autour du Couvent de Saint-Julien pour défendre nos Religieuses. Si la force brutale nous a obligés de capituler, elle ne nous a pas découragées. Nous sommes toujours prêtes à donner notre vie, s'il le faut, pour conserver nos Sœurs Blanches. Puissent les angoisses d'une mère et les pleurs de mes petits enfants toucher votre cœur si clément et si généreux ! »

La Mère Générale n'avait pas songé à enlever à l'enfance chrétienne de Landerneau (ni d'ailleurs) les Sœurs chargées de l'enseignement ; mais les paroles de cette mère de famille l'émurent profondément. Elle lui répondit à la date du 1er octobre une lettre touchante que nous regrettons de ne pouvoir reproduire.

(1) En prévision de ce qui pouvait arriver, si, comme on le craignait, l'Infanterie Coloniale de Brest était requise pour cette seconde expulsion, la généreuse mère avait appelé sa sœur pour lui confier ses enfants et lui recommander de les élever dans la crainte et l'amour de Dieu.

Au reste, pendant ce mois de septembre 1902, toutes les mères chrétiennes du Léon s'étaient levées à l'appel de leurs Prêtres, entraînant leurs petits enfants au sanctuaire de Notre-Dame du Folgoat. Ce lieu de pèlerinage, très fréquenté depuis le xive siècle, est situé dans la région où la résistance avait été la plus vive en ces jours de douleur et de honte. La Vierge que l'on y invoque porte dans ses bras le divin Enfant qu'Elle sauva, un jour, de la brutale agression d'Hérode. N'est-ce pas Elle, « *terrible au* démon *comme une armée rangée en bataille* », qui soufflait au cœur des populations bretonnes cet héroïsme les portant à défendre jusqu'à la mort la foi de leurs enfants ? Là même, à quelques pas du sanctuaire, l'Ecole des Sœurs Blanches avait été assiégée le 18 août, comme il a été marqué plus haut. La troupe avait eu fort à faire contre les paysans énergiques et vigoureux qui en défendaient l'accès. Un moment, ayant réussi à désarmer plusieurs soldats, les défenseurs triomphèrent : l'effusion du sang était imminente. Le sénateur Pichon, qui représentait au Parlement cette région virile, intervint et il n'y eut pas de morts ; mais que de larmes furent répandues aux pieds de la Vierge miraculeuse !

Et quel touchant spectacle que ce pèlerinage d'enfants implorant la bonté et la puissance de la Mère de Jésus !

L'église se trouva trop étroite pour la circonstance : la grand'messe fut célébrée en plein air, sur l'immense place où, le 8 septembre 1888, la statue de la Vierge avait reçu les honneurs du couronnement.

Là, les petits enfants de la Bretagne celtisante mêlèrent leurs supplications à la divine immolation du Christ, Ami des enfants. Ils élevèrent, comme le Prêtre à l'Autel, leurs mains innocentes vers le ciel. Les mères soutenaient dans cette attitude touchante les petits bras qui ne pouvaient s'élever d'eux-mêmes.

Beaucoup d'étrangers accourus pour contempler ce spectacle de foi, mêlèrent leurs larmes à celles de l'assistance en prière.

Cette journée bénie consola le cœur de Mère Saint-Georges que brisaient sans cesse les coups de la persécution. Son âme cependant vivait dans une région plus haute que les vicissitudes et les orages de ce monde.

Toujours calme et pleine de confiance, elle attendait,

sachant que la Providence ne délaisse pas ceux qui se con-
fient en sa Bonté.

La voyant à ce point maîtresse d'elle-même, ses Filles,
à mesure que la vague orageuse les ramenait dans ses bras,
ne tardaient pas à retrouver la paix de leurs âmes.

La belle attitude de la Mère Générale lui avait attiré les
sympathies et l'admiration de la Bretagne (1) et même de
la France tout entière. Le nom de la Congrégation du Saint-
Esprit de Saint-Brieuc était prononcé avec respect dans
toutes les parties du monde où l'on suivait les événements
qui se passaient alors en France. A Rome, au Vatican, tel
pèlerin Breton fut acclamé parce qu'il venait « du Pays
où l'on se bat pour les Religieuses ».

Mais si le vent d'orage n'avait point abattu la vaillante
Mère, celui de la louange ne l'éleva en aucune façon : toujours égale à elle-même, elle continua de tenir d'une main
ferme et douce le gouvernail de sa pieuse nacelle, se montrant, à l'exemple de la Vierge du Calvaire, *supérieure à
toute adversité*. Elle fut supérieure aussi à ces inégalités
du chemin où les plus forts font des faux-pas, parfois des
chutes humiliantes. Jamais un mot, jamais un geste, jamais
une attitude qui déflorât le prestige de l'autorité dont elle
était la mandataire. Si c'est là une chose merveilleuse dans
une situation qui la mettait, selon le mot de saint Paul,
« en spectacle à Dieu, aux hommes et aux Anges », il faut
dire que chez Mère Saint-Georges, c'était l'effet d'une vertu
éminente.

Néanmoins, durant cette période où « un vent de folie
passait sur la France, elle souffrit beaucoup, remarque
Mgr Morelle. Elle souffrit parce qu'elle était humiliée dans
son honneur de Française ; elle souffrit parce qu'elle sentait en péril les intérêts de Dieu ; elle souffrit parce que
celles dont elle était la Mère souffraient. Quand, de toutes
les Maisons fermées, ses Filles arrivaient demander un
asile à la Maison-Mère, ses bras maternels s'ouvraient très
grands pour les recevoir sur son cœur déchiré. Quand elle
les voyait partir pour exercer au loin leur zèle et appren-

(1) Les femmes du peuple et les dames de la société qui s'étaient constituées gardiennes des Ecoles, demandèrent comme une faveur de porter
ostensiblement la *Colombe d'argent* des religieuses. Plusieurs y firent graver
la date de l'expulsion, afin d'en conserver la mémoire au sein de leur
famille.

dre à des enfants qui n'étaient pas ceux de la Bretagne-Armorique, à connaître et à aimer Jésus-Christ, elle les suivait de son regard plein de larmes. » (1)

« — Si l'on vous persécute dans une ville, fuyez dans une autre », avait dit Notre-Seigneur à ceux qui devaient continuer sa mission apostolique. L'heure était venue de suivre ce conseil du divin Maître. Déjà, en 1901, lorsque le projet de loi sur les Associations vint porter le trouble dans le Pays, le Conseil de la Congrégation s'était préoccupé de préparer au-delà des frontières un champ d'apostolat dans lequel se continueraient les Œuvres de l'Institut. Après avoir mûrement réfléchi, après avoir beaucoup prié, les Supérieurs agirent. La colonie de Belgique se forma en s ptembre 1901 avec Rongy comme noyau d'origine.

L'action de la Providence paraît visiblement dans la création de ce premier poste de la Congrégation hors de France. A l'occasion des fêtes du couronnement de Notre-Dame de Brebières, à Albert, une de nos Sœurs, Supérieure de la Communauté de Juilly, avait rencontré en chemin de fer la Supérieure Générale des Oblates de l'Assomption. Celle-ci avait confié à la Sœur Blanche l'embarras de sa Famille religieuse, sollicitée par Mgr Walravens, Evêque de Tournai, et M. l'abbé Damay, curé de Rongy, d'accepter la direction d'une Ecole Gardienne qui devait s'ouvrir incessamment dans cette paroisse. Les circonstances lui rendant l'acceptation difficile, la Supérieure Générale des Oblates résolut de proposer à Mgr de Tournai et à M. le Curé de Rongy, des Filles du Saint-Esprit pour la nouvelle Ecole. A partir de ce jour, des correspondances s'échangèrent entre les Oblates de l'Assomption et Mère Saint-Georges d'une part, entre l'abbé Damay et le chanoine Morelle, Archidiacre de Saint-Brieuc et Supérieur des Filles du Saint-Esprit d'autre part, en sorte que le 30 août 1901, Mgr Walravens rendait une ordonnance en vertu de laquelle la Congrégation était autorisée à ouvrir à Rongy une Ecole d'externes.

Quelques mois plus tard, en mars 1902, la colonie d'Angleterre s'inaugurait à High-Wycombe.

« Depuis longtemps, lisons-nous dans le Bulletin de la

(1) Eloge funèbre prononcé aux obsèques de la Révérende Mère le 3 Juin 1916.

Congrégation, numéro de juillet 1902, notre Père Supérieur désirait nous assurer un pied-à-terre en Angleterre. Il avait fait dans ce but plusieurs démarches auprès de certains Evêques Anglais, notamment auprès de Mgr de Plymouth.

Sa Grandeur, Mgr Riddell, Evêque de Northampton, répondit le premier, en proposant une Fondation à High-Wycombe, dans le comté de Buckingham. L'offre fut aussitôt acceptée et le mardi, 11 mars 1902, le premier essaim de Sœurs Blanches posait le pied sur le sol Anglais. Cet exode au-delà des mers devait être pour les Sœurs l'occasion d'un dur sacrifice : Mère Saint-Georges le comprit ; aussi quelle ne fut pas sa consolation quand elle vit le Supérieur ecclésiastique prendre en personne la direction de la pieuse caravane. Dès le 12 mars, M. l'Archidiacre Morelle était à Northampton pour présenter à Mgr Riddell ses Filles exilées et lui exprimer leur gratitude et la sienne. Le Prélat, aussi bien que son secrétaire, M. l'abbé Carton de Viart, témoigna aux Filles du Saint-Esprit une telle bienveillance que les Fondations se multiplièrent rapidement dans cet Evêché, le plus vaste de la Grande-Bretagne.

C'est pourquoi, dès que la tourmente fut apaisée et que les Œuvres restées debout eurent repris en France leur fonctionnement normal, Mère Saint-Georges n'hésita pas à s'embarquer elle-même pour apporter à ses Filles d'Angleterre la grande joie de sa présence et semer dans leur sillon à peine ouvert les prières de sa foi et les bénédictions de son cœur maternel.

— « Quelle joie lorsque, en octobre 1903, Notre Mère Saint-Georges, accompagnant notre vénéré Père Supérieur, arrivait dans notre Communauté, écrivait l'une des Sœurs du Mon...... Quels saints encouragements elle nous donna ! Quelle douce paix elle laissa dans nos âmes et dans notre Maison ! »

La pieuse Mère trouva elle-même en cette circonstance comme, du reste, en toute sa vie, sa paix et sa joie à faire du bien à ses Filles, à ouvrir leurs cœurs à la confiance en la Providence qui nourrit les oiseaux du ciel et habille les lis des champs, à les exciter au sacrifice, à les pousser dans la voie de l'abnégation que Notre-Seigneur Jésus-Christ a voulu nous frayer, y marchant Lui-même le premier et se réservant d'enrichir de son amour les âmes généreuses qui voudraient y entrer après Lui.

Mère Saint-Georges goûtait trop, dans l'intime de l'âme, cette joie toute sainte pour ne pas vouloir la partager avec celles dont l'Esprit Saint l'avait constituée la Mère.

Songea-t-elle, durant ses pieuses pérégrinations à travers la Grande-Bretagne à la Réformatrice du Carmel parcourant l'Espagne pour établir partout la stricte Observance de son Ordre ? La chose ne semble pas douteuse, car elle écrivait tôt après son passage à la Supérieure de l'une des Maisons qu'elle avait visitées :

« — J'ai prié sainte Thérèse de vous donner l'esprit d'Oraison et son grand amour pour Notre-Seigneur. Je l'ai priée de faire du petit nid du Saint-Esprit placé à M... quelque chose qui rappelle un des nombreux essaims déposés par elle-même sur le sol d'Espagne, c'est-à-dire une Communauté fervente, zélée, laborieuse et où règnent l'union, la paix en Notre-Seigneur... Faut-il vous redire, ajoutait-elle en terminant, que je suis heureuse de vous avoir vue chez vous, à l'œuvre, entourée de vos chères Compagnes ? Oui, je vous le redis avec bonheur : j'ai emporté de votre Maison une impression très bonne, très consolante ; j'ai la conviction que l'œuvre du bon Dieu s'y fera... »

Ce témoignage, la Révérende Mère pouvait le rendre de chacun des Couvents qu'elle avait eu la joie de visiter sur le sol britannique. Lorsqu'elle dut le quitter, ce n'est pas vers la France que son cœur maternel voulait la ramener : il l'emportait plutôt au-delà du vaste océan, vers cette colonie d'Amérique plus nombreuse encore, où deux cents de ses Filles lui tendaient les bras. De fait, après les hécatombes d'août-septembre 1902, c'est jusqu'aux rives du Nouveau-Monde que le souffle du Saint Esprit avait emporté ses blanches Colombes.

Le Supérieur ecclésiastique n'avait pas attendu la fin de la tourmente pour frapper à la porte des diocèses des États-Unis. Ayant été, à Saint-Sulpice, le condisciple et l'ami de deux Séminaristes Américains élevés depuis à la dignité épiscopale, Mgr Tierney, Evêque de Hartfort, et Mgr Harkins, Evêque de Providence, il avait sollicité près d'eux un refuge pour ses Filles proscrites.

Mgr Tierney mit dans sa réponse le même empressement que Mgr Riddell, Evêque de Northampton, dont nous avons parlé précédemment, en sorte que, dès le 25 novembre 1902, les six premières Filles du Saint-Esprit appelées à reprendre au Nouveau-Monde l'apostolat du second Fondateur de la Congrégation (1), s'embarquaient au Légué sur le *Saint-Brieuc*, à destination du Hâvre. Là, elles prirent place à bord du transatlantique *La Lorraine* qui devait les transporter à New-York.

Quiconque a connu Mère Saint-Georges se figure aisément quelles angoisses elle éprouva durant cette traversée — et tant d'autres qui devaient suivre ! — A chaque instant, elle fixait les yeux sur la carte marine qu'elle gardait sur son bureau et suivait anxieusement la marche du paquebot. La nuit, durant ses longues insomnies, elle priait ; en un mot, elle ne respira librement qu'à la réception du cablogramme annonçant le débarquement à New-York de ses chères *Missionnaires*. C'était le 5 décembre : la joie de la bonne Mère fut telle qu'elle voulut, de sa propre main, noter sur le Journal de la Maison Principale, l'arrivée du message télégraphique.

A Hartford où elles arrivèrent au soir du 8 décembre, seconde fête patronale de la Congrégation, Mgr Tierney leur fit l'accueil le plus paternel : « — Mes Enfants, mes Enfants, ne vous alarmez point ; ayez confiance ! » Tel fut le souhait de bienvenue du Prélat vénéré dont, pas un instant, la bienveillance ne se démentit à l'égard des Filles du Saint-Esprit.

Combien Mère Saint-Georges aurait désiré aller en personne exprimer au digne Evêque sa profonde gratitude et en même temps consoler les larmes de ses Filles exilées, partager leurs épreuves, encourager leurs espérances !

La Providence lui ménagea du moins des auxiliaires sur le dévouement desquels elle put se reposer en toute confiance. Ce fut d'abord Mlle de Poulpiquet en qui les émigrantes avaient retrouvé, au port de débarquement, la France, la Bretagne et même un peu la Famille religieuse, la noble demoiselle étant la parente de trois anciennes Filles du Saint-Esprit (2). Après Mgr Tierney et Mgr Har-

(1) On se souvient que M. Allenou de la Ville-Angevin avait accompagné au Canada Mgr de Pontbriand. Il y mourut en 1753, étant évêque nommé de Québec.

(2) Sœur Marie-Xavier, Sœur Marie-Dominique et Sœur Marie-de-Liguori de Poulpiquet de Brescanvel décédées, étant Supérieures, la première à l'Hospice de Quimper, en 1857 ; la seconde, à Fouesnant, en 1859, et la troisième à Lannilis, en 1893. Toutes trois ont laissé dans la Congrégation une réputation de haute vertu.

kins, il faudrait mentionner les Evêques des différents diocèses où la Congrégation s'établit dans la suite, et enfin chacun des Pasteurs qui confièrent aux Filles du Saint-Esprit la direction de leurs Ecoles paroissiales.

Toutefois, Mère Saint-Georges ne fut pleinement rassurée que le jour où elle députa vers la lointaine colonie une autre elle-même dans la personne de Mère Marie-Alvarez.

En France, l'orage continuait de gronder. Les persécuteurs avaient simplement changé de tactique. Dans la persuasion que leurs victimes seraient moins braves au Prétoire, ils firent succéder aux expulsions brutales les comparutions devant les Tribunaux (1).

« — Frappez à la tête », avait ordonné aux Parquets le chef du Gouvernement. On vit donc la Mère Générale inculpée partout où le flair des Juges d'Instruction arrivait à découvrir les prétendus délits. En d'autres termes, partout où s'exerçait la charité évangélique, il devint facile de trouver matière à condamnation.

Et les condamnations pleuvant de toutes parts, chargèrent à plaisir le casier judiciaire de « Madame Bamdé Marie-Séraphine », tandis que de son côté et dans les mêmes proportions, l'Ange Gardien accumulait à l'actif de la Mère Générale les passe-ports pour le ciel ou les décrets de béatification en matière de persécution pour la justice. Quel en est le chiffre exact ? Il serait intéressant de le savoir. Ce qui est certain, c'est qu'un jour ses Filles citées avec elle, comptèrent au dossier de Mère Saint-Georges vingt-et-une condamnations.

Par un rapprochement qu'il faut signaler, le Tribunal (2)

(1) Interpellé à la rentrée des Chambres sur l'illégalité des Décrets de fermeture des Ecoles dont il était l'auteur, Combes avait répondu que désormais ce serait, non plus administrativement, c'est-à-dire par la voie Préfectorale, mais judiciairement que se règleraient les délits d'Enseignement. En conséquence, on promulgua la loi du 4 Décembre 1902, condamnant les délinquants à l'amende et à la prison.

Or, ni l'amende, ni la prison n'effrayèrent les Filles du Saint-Esprit. L'une d'elles se vit, un matin, pour refus de payer l'amende, brutalement saisie au sortir de l'église et jetée dans une auto qui la transporta à la prison de Lorient. Elle devait y passer 40 jours ; mais au soir du troisième, l'ordre vint de Paris de libérer sur-le-champ la prisonnière. La Providence veillait sur elle : un gîte lui fut offert pour la nuit par un brave journaliste. Et le lendemain dans la matinée, la population de Penquesten faisait à Sœur Saint-Valentinien une chaleureuse ovation.

(2) C'était celui de Châteaulin.

relevait à la même audience, sur le casier d'un criminel jugé ce jour-là, un chiffre identique de délits déshonorants. Jésus et Barrabas se retrouvaient en face l'un de l'autre ; mais cette fois, plus équitable que celle de Pilate, la sentence des Juges sut condamner le coupable et acquitter l'innocence.

A la suite de leur Mère, les Sœurs se présentaient sans peur, parce qu'elles étaient sans reproche, devant les Juges de tout ressort et témoignaient à la face du pays de leur attachement inviolable à Notre-Seigneur Jésus-Christ, l'Epoux divin qui les avait choisies, et de leur fidélité absolue aux Œuvres de leur Institut, aussi bien qu'à la robe blanche qui les distingue comme un signe d'honneur et de loyauté. Cette robe, d'ailleurs, n'est-elle pas une liberté ? (1)

La montée au Prétoire durait encore lorsque la guerre éclata terrifiante, obligeant magistrats et gouvernants à cesser leur odieuse besogne et à tourner leurs armes contre les véritables ennemis de la France.

Entre temps, le ciel avait pris soin de consoler la généreuse Mère : trois fois, la Vierge de Lourdes avait daigné sourire à la prière toute de confiance par laquelle la Congrégation sollicitait l'approbation de la conduite qu'elle tenait à la face du Pays depuis 1902 : trois guérisons merveilleuses et inespérées disaient à Mère Saint-Georges : Vous avez fait votre devoir : le Seigneur est glorifié ! (2).

Une autre consolation non moins appréciée lui vint à l'occasion du deuxième centenaire de la Congrégation, 8 décembre 1906. Les circonstances ne permirent pas de donner à la fête toute la solennité que l'on avait rêvée ; mais la pieuse intimité de la réunion ne s'harmonisa que mieux avec les goûts de simplicité de la digne Mère. Elle voulait que les âmes seules fussent à la joie : ce résultat

(1) Parce qu'elle est cela, les *prévenues* se refusaient à déclarer d'autre nom que celui sous lequel la Congrégation les avait adoptées. Elles savaient, du reste, qu'aucune loi n'existe obligeant un citoyen Français quel qu'il soit, à livrer son état civil ; et elles n'avaient cure des menaces par lesquelles Juges et Présidents des Tribunaux s'efforçaient de les intimider. Ce qu'elles demandaient à ceux-ci, c'est simplement d'être logiques : poursuivies parce que religieuses, n'avaient-elles pas le droit d'exiger que toute sentence fût prononcée sous leurs noms de religion ?

(2) Le Bulletin de la Congrégation ayant relaté ces faits en détail, il est inutile d'y insister ici.

obtenu, elle se montra pleinement satisfaite et on la vit, au soir de ce grand jour, presser avec émotion sur son cœur celles de ses Filles qui avaient le plus efficacement contribué à réaliser son projet de tout ramener, en la circonstance, à l'humilité de l'origine de notre Institut et à la ferveur de la reconnaissance devant Dieu (1).

Gardant l'ordre chronologique des faits, ajoutons que le Ciel donna au cœur des Filles de Mère Saint-Georges plutôt qu'à elle-même une nouvelle occasion de se réjouir saintement. A la date du 4 octobre 1909, il y avait 50 ans qu'elle avait pris rang dans la Famille du Saint-Esprit. Certes, l'action de grâces montait ardente du cœur de la vénérée Jubilaire ; mais elle aurait aimé à demeurer dans l'ombre, afin d'exhaler plus à l'aise dans le Cœur de l'Epoux divin le chant de sa reconnaissance et la flamme brûlante de son amour. Elle avait un moment caressé cet espoir, car depuis dix-huit mois, elle avait déposé le fardeau du Généralat, « non par la volonté de ses Filles, écrivait le 7 mai 1908 Mgr Morelle, mais par celle des Constitutions. »

A l'approche du 4 octobre, elle-même écrivait : « Je cé-« lébrerai bientôt le Jubilé de ma Profession religieuse ; « mais ce sera, je l'espère fermement, dans la société de « mes Compagnes, les Professes de 1859. Comme je suis « la plus jeune, je tiendrai la dernière place. Oh ! la bonne « chose ! »

Ainsi ne l'entendirent pas les Supérieurs de la Congrégation : Mgr Morelle et la Révérende Mère Marie-Alvarez disposèrent tout pour que la cérémonie eût lieu au jour même du 4 octobre en faveur de Mère Saint-Georges seule, les autres Jubilaires ayant, d'après la coutume désormais établie, célébré leur Cinquantenaire de Profession le jour de la clôture de la Retraite, au mois d'août précédent.

Si ce fut une épreuve pour l'humilité de Mère Saint-Georges, inutile de le dire, mais son esprit de renoncement la fit se prêter avec une bonne grâce parfaite à chacune des parties du programme de la journée. On la vit calme, digne, toute recueillie en Dieu occuper pendant la cérémonie religieuse le prie-Dieu qui avait été préparé devant l'Autel ; écouter avec humilité l'éloge délicat que prononça l'Evêque du diocèse en résumant ces 50 années de vie re-

<hr>

(1) Voir pour cette Journée solennelle *la Colombe* du 1ᵉʳ Janvier 1907.

ligieuse si saintement fécondes tant pour la Jubilaire que pour l'Institut tout entier. Dans l'après-midi, elle prit un bienveillant intérêt à une représentation toute de piété donnée par les Enfants du Juvénat et elle ne fut pas la der- nière à applaudir *Pierrone de Bretagne, la servante de Jeanne d'Arc* (1), pièce dramatique en 4 tableaux, composée pour la circonstance par l'une de ses anciennes Novices.

— « Je me sens leste comme un chevreuil depuis que j'ai déposé la lourde croix que j'ai portée pendant neuf longues années, avait-elle écrit au lendemain du 3 mai 1908. Bénissez le bon Dieu avec moi de m'en avoir déchar- gée... J'ai au cœur grande pitié de notre bonne Mère. Je prie beaucoup pour elle et lui aide de mon petit mieux. »

Après avoir goûté, durant la période d'interruption que demande la Règle, la parole de Notre-Seigneur : « *Venez à l'écart, et reposez-vous un peu* », la généreuse Mère en- tendit la même voix du Maître lui redire : « *Levez-vous, allons !* » Avec toujours la confiance au cœur, quoique les yeux pleins de larmes, vaillante comme la première fois, elle s'inclina, reprit sa croix et suivit Jésus.

Cette dernière ascension vers le Calvaire durait depuis cinq ans lorsque le divin Epoux de nouveau fit entendre son appel : « L'hiver est passé, disait la voix divine ; voici que s'éloignent les jours mauvais pendant lesquels ton âme humble et soumise, patiente et généreuse, a, pour mon amour, bravé toutes les tourmentes, savouré l'amertume de mon calice et gravi la rude montée du Calvaire ; l'hiver est passé, les pluies ont cessé ; lève-toi, ma bien-aimée, et viens ! »

A cette invitation pleine d'amour, Mère Saint-Georges aurait pu répondre avec la même aimable familiarité que la séraphique Thérèse : « — Je viens, Seigneur : il est bien temps de nous voir. »

C'était le 23 mars, au lendemain de l'anniversaire du Baptême de la pieuse Mère. Or, Il vint en personne, le Maître adoré ; Il vint par les Sacrements des mourants, apporter à cette âme toute à Lui, les grâces suprêmes qui purifient et préparent à l'éternelle union. Avec une foi in- tense, une piété touchante, la pieuse malade présentait ses

(1) On se souvient qu'en cette année 1909 avait lieu la béatification de Jeanne d'Arc.

mains, lourdes de mérites surnaturels, aux purifiantes onctions ; elle s'unissait aux prières liturgiques, y répondait avec une pieuse exactitude, donnant à ses Filles qui l'entouraient éplorées, une nouvelle et grande leçon de calme, d'abandon filial entre les mains de Dieu.

Avant la cérémonie, les Mères Assistantes lui avaient demandé de bénir la Congrégation. — « Tout à l'heure, répondit-elle, quand j'aurai le bonheur d'être unie à Notre-Seigneur par la sainte Communion. » A ce moment solennel, la prière lui ayant été renouvelée, l'humble Mère leva la main et recueillant dans sa pensée comme dans son cœur où vivait Jésus toutes les âmes confiées à sa maternelle sollicitude elle dit : « — Je vous bénis !... Que Notre-Sei« gneur vous accorde toutes les grâces nécessaires à l'ac« complissement de vos fonctions, ajouta-t-elle en s'adres« sant aux Mères du Conseil. Que vous soyez toutes, pour « la Congrégation, des sujets d'édification mieux que je « ne l'ai été moi-même ! » Puis, apercevant un groupe de Sœurs agenouillées sur le palier, en face de sa chambre, elle leur fit signe d'approcher, leur prit affectueusement la main : « Vous porterez cette étreinte à celles qui ne sont pas là », dit-elle avec un sourire de bonté.

Cependant toute la Famille du Saint-Esprit se mit en prières pour obtenir la prolongation d'une existence si précieuse et si chère. A la Maison-Mère, on invoqua avec ardeur Notre-Dame d'Espérance, la Vierge Briochine ; dans les Maisons lointaines on fit des pèlerinages aux sanctuaires les plus célèbres de la Bretagne, entre autres à Sainte-Anne d'Auray. Mère Saint-Georges avait une si tendre confiance envers l'auguste Patronne des Bretons ! A Lourdes, à Montmartre, le saint Sacrifice de la Messe fut plusieurs fois célébré à l'effet d'arracher au Ciel une faveur miraculeuse, car on sentait bien que le cas de la bonne Mère ne relevait plus de la science médicale. Le Docteur n'avait-il pas déclaré, après l'hémorragie du 23 mars, que la malade pouvait mourir au bout de quelques heures ? Les ardentes prières de la Congrégation eurent pour résultat la prolongation inespérée des jours de la pieuse mourante. Ainsi les Religieuses d'Amérique purent-elles se préparer au sacrifice, et le faire avec mérite en union avec leur Mère vénérée. Car celle-ci ne se fit jamais illusion sur la gravité de son état : ne voulant pas alarmer ses Filles bien-aimées dont elle devinait les angoisses intimes, elle évitait de parler de sa fin. D'ailleurs, elle était prête. Avec son grand calme elle avait mis ordre à ses affaires et attendait dans la confiance l'arrivée de l'Epoux. Que dis-je ? L'Epoux était là. Il n'avait pas quitté, depuis la pieuse entrevue du 23 mars, cette âme séraphique dont l'amour si pur, si ardent, si généreux s'identifiait à tout moment avec ses divins vouloirs ; mais désirant montrer à la Famille de la bonne Mère qu'Il agréait ses filiales supplications, Il avait attendu jusqu'au soir du 31 mai. A l'heure où sa Mère Immaculée s'avançait souriante à travers les rues de la ville de Saint-Brieuc, précédée, accompagnée et suivie d'un cortège immense de pèlerins, Jésus donna congé à l'ange de la mort de porter le coup de grâce. C'est au cœur que ce coup fut frappé. « — J'eus la sensation qu'un vaisseau se brisait dans la région du cœur », déclare la Sœur Infirmière. La douleur fit pousser à la mourante un cri qui transperça l'âme des Sœurs présentes à ce moment. Nous songeâmes au grand cri que Notre-Seigneur voulut jeter sur la Croix, disent-elles, et nous comprîmes que c'était la fin. Immédiatement les Mères Assistantes, les autres Mères du Conseil et les Sœurs accoururent pour assister à cette précieuse mort. « — Lorsque j'entrai, témoigne l'une de ces dernières, la vénérée Mère respirait encore : la tête légèrement inclinée sur le côté ; les yeux complètement fermés semblaient indiquer déjà le repos de l'âme en Dieu. Des lèvres entr'ouvertes s'échappait un souffle léger, à peine perceptible. Je songeai à l'une des vierges de la primitive Eglise, Agnès ou Cécile, venant de recevoir la blessure mortelle.

M. l'Aumônier, prévenu en toute hâte, accourait. En pénétrant dans la chambre, il prononça la formule de l'Absolution sacramentelle, puis s'approchant et se penchant vers la mourante : « Ma bonne Mère, dit-il. »... L'émotion l'empêcha de continuer. Une seconde fois, il leva la main pour le pardon suprême. Au même instant l'âme bien-aimée s'envolait, laissant sur les traits du visage une douce paix. Il était exactement 10 heures vingt-huit.

Le grand triomphe de la Très Sainte Vierge, Notre-Dame d'Espérance, battait son plein : le carillon des cloches plus nettement perçu à cette heure avancée, égrenait sur la cité ses notes pures et joyeuses : la pieuse harmonie, semblable à un concert de voix angéliques fêtait l'entrée d'une sainte religieuse dans la vie bienheureuse et éternelle.

« Cette mort, écrit Monseigneur Morelle, cette mort qui
« se produit à la clôture du Mois de Marie, à l'ouverture
« du Mois du Sacré-Cœur et sous les auspices de cette fête
« triomphale (l'Ascension) qui nous ouvre le Ciel, porte
« avec elle le signe de la prédestination. »

Le Prélat continue : « Trois jours après, le 3 juin, eurent
« lieu les obsèques ; le nombre considérable des Sœurs
« (trois à quatre cents), la large représentation de la ville
« de Saint-Brieuc, une délégation spontanée des autorités
« civiles et militaires et des services de santé ; la présence
« des glorieux blessés hospitalisés à la Maison-Mère ; des
« députations des différentes Congrégations religieuses du
« diocèse ; des prêtres nombreux, parmi lesquels des di-
« gnitaires ecclésiastiques appartenant aux différents dio-
« cèses bretons, notamment à ceux de Saint-Brieuc et de
« Quimper, firent de ces funérailles un triomphe. Ce fut
« le triomphe de l'humilité, de la vertu aussi. On sentait
« dans le recueillement de cette grande assemblée, autour
« du cercueil d'une humble religieuse, l'ascendant de la
« sainteté. »

« De la blanche chapelle, la dépouille de la Révérende
Mère, mouillée des larmes de ses Filles, fut portée au milieu
d'un grand recueillement, au silencieux cimetière. Elle y
dort son dernier sommeil à l'ombre du grand Calvaire. Son
âme est au Ciel — la sainteté de sa vie nous permet cette
espérance — et veille de Là-Haut sur les destinées de la
Congrégation dont elle fut, en son vivant, l'honneur, l'édification, la lumière et l'appui.

L'esprit et les vertus de Mère Saint-Georges

————————*————————

Avoir retracé les phases de l'existence de Mère Saint-Georges, avoir indiqué en même temps — parfois avec insistance — les vertus dont elle a embaumé la Congrégation, n'est pas suffisant au gré de la piété filiale des Sœurs qui l'ont connue : elles attendent autre chose.

— « Pour ma part, a déclaré l'une des Mères du Conseil, « ce que je cherche, c'est moins la biographie de Mère « Saint-Georges que son esprit, ses sentiments sur les vertus religieuses en général, sur celles qui nous conviennent « à nous, Filles du Saint-Esprit, en particulier ; son estime, « son amour, son attachement pour notre Règle : il est si « évident qu'en cela, Mère Saint-Georges a trouvé le secret « de sa sanctification ! »

Remarque très juste : il faut essayer d'y faire droit. Avec les lumières du Saint-Esprit, que sollicite si charitablement la Congrégation attentive à notre travail, reprenons la plume, certaine d'ailleurs qu'une indulgence fraternelle excusera les répétitions inévitables comme elle a excusé tous les défauts des pages précédentes, au fur et à mesure que ces pages lui ont été présentées sur les ailes de *la Colombe*.

Au reste, n'est-ce pas Mère Saint-Georges elle-même qui, avec la netteté de sa décision, nous dit intérieurement : « Allez-y, ma Fille, vous souvenant que bien écrire importe peu ; ce qui importe, c'est d'éclairer les âmes, de les édifier, de les exciter à glorifier Dieu en se sanctifiant. »

Ce nouveau travail devra reposer sur la pratique de notre sainte Règle ; la méthode en est donc toute tracée. Nous suivrons page par page ce Code de perfection, et montrerons comment Mère Saint-Georges a compris et pratiqué les enseignements qu'il renferme.

SON ESTIME POUR LA RÈGLE

A toute Novice qui, trois mois après son entrée, allait la prier de lui remettre le Livre des Constitutions et des

Règles, Mère Saint-Georges ne manquait pas de rappeler la parole du Pape qui promettait de canoniser immédiatement, sans exiger d'autres miracles, tout religieux dont on pourrait dire : il a parfaitement observé la Règle.

Cette parole, elle l'avait retenue depuis l'époque de sa formation personnelle, et la pratique ayant, d'année en année, fortifié sa conviction, elle était devenue la *Règle vivante*. Cependant sa santé exigeait des ménagements qui rendaient parfois impossibles, par exemple le lever à 5 heures du matin et certaines autres prescriptions. Elle en souffrait à tel point que, dans les dernières années, elle suppliait fréquemment Monseigneur Morelle de la décharger du Généralat : « Ne pouvant suivre tous les points de la Règle, disait-elle, je suis dans la Communauté un sujet de mauvaise édification. Je vous en prie, mon Père, faites-moi remplacer. » Le Supérieur ecclésiastique écoutait, s'édifiait et ne prononçait pas le mot libérateur, en sorte que la pauvre Mère devait se résigner à subir la souffrance morale qui dura jusqu'à sa mort : souffrance méritoire, certes, et de nature non seulement à compenser aux yeux de Dieu des infractions qui n'étaient que matérielles, mais encore à accréditer devant la Congrégation les conseils de Mère Saint-Georges sur la Régularité.

Nous avons vu quels enseignements elle donnait sous ce rapport quand elle était Maîtresse des Novices, prêtons l'oreille à ceux que, Supérieure Générale, elle adressait à toute la Congrégation. Elle écrivait dans sa Lettre circulaire du 15 décembre 1907 :

« *Votre Règle est pour vous l'expression détaillée de la Volonté du bon Dieu* », nous disait le Prédicateur de notre retraite de novembre. Et M. l'Aumônier (1), dans l'une de ses très intéressantes homélies hebdomadaires à la Communauté : « Votre Règle parle, ordonne, prescrit au nom de Dieu ; l'esprit de cette Règle est donc l'esprit de l'Evangile. C'est la pensée de Notre-Seigneur, c'est son âme qui anime, qui vivifie chacun des chapitres, chacune des pages, chacune des lignes, chacun des mots de votre Règle. On a dit de l'Evangile que les paroles qui le composent sont comme un signe sensible, une sorte de sacrement qui nous communique la grâce. Toute proportion gardée, ne peut-on pas le dire de votre Règle par rapport à vous ? »

(1) Le Chanoine Digard.

« Le Père Guilloré, traitant le même sujet, s'exprime ainsi : « La perfection et la sanctification des âmes religieuses dépendent de la pratique exacte et constante de la Règle, parce que les Règles sont les canaux des grâces que Dieu a attachées à leur pratique, et qui ne seront communiquées que par eux ; parce que encore, cette observation fidèle de la Règle renferme l'exercice de toutes les vertus, notamment de la vertu de force, de patience, de douceur, de renoncement à la volonté propre, de pénitence et de recueillement. » Donc, mes chères Filles, nous l'avons compris, les différents points de notre Règle sont les canaux des grâces que Dieu nous communique, si nous sommes fidèles à les pratiquer ; de plus, ils sont comme un levier qui soulève nos âmes et les rend capables des vertus solides.

« Pour jouir de ces avantages inappréciables, il faut de la générosité et de la fermeté. Générosité pour les sacrifices qu'exige le parfait accomplissement de notre Règle, fermeté contre les prétextes et les circonstances qui ne manqueront pas de se produire. Il est sans doute des cas qui autorisent, qui imposent même des dérogations passagères ; mais ils doivent être rares et constituer de véritables exceptions. Ce qu'il faut éviter à tout prix, c'est une dérogation habituelle qui fait que la Règle est mise au second plan, qu'elle se trouve assujettie à une volonté qui devrait lui être soumise et lui soumettre celle de la Communauté. Ces habitudes d'irrégularité sont un grand malheur pour les Maisons religieuses.

« Certes, la situation de beaucoup de nos maisons est très précaire actuellement. Faut-il s'en autoriser pour faire céder l'observation de la Règle devant les exigences de la vie ? Non, mes chères Filles, non. Je sais que parfois, ceci est rare, grâce à Dieu, tout est sacrifié à un labeur incessant : travaux à l'aiguille, leçons particulières, etc. C'est une erreur. Le vrai moyen d'avoir le nécessaire nous est enseigné par Celui qui est la Vérité même : « *Cherchez d'abord le Royaume de Dieu et sa justice ; le reste vous sera donné par surcroît.* »

« Le Royaume de Dieu et sa justice se trouvent pour nous dans l'accomplissement exact et constant de notre Règle : dans nos exercices de piété faits avec ferveur, dans le dévouement surnaturel aux œuvres qui intéressent la gloire de Dieu et le bien des âmes, dans notre travail journalier accompli selon la Règle. Et c'est ainsi que nous aurons le surcroît promis par Notre-Seigneur.

« Je veux attirer votre attention sur un autre point. Il nous arrive souvent de chercher dans les livres de spiritualité une direction pour notre vie. Rien de blâmable en cela assurément. Mais avons-nous jamais pensé que nous trouvons dans ce petit livre, qui est notre code religieux, notre mémorial, la Règle enfin, la direction extérieure et intérieure qui nous est propre comme Filles du Saint-Esprit ? Direction pour le lever, le coucher, les repas, la prière, le silence, le travail. Direction pour la pratique des vertus de modestie, d'humilité, de douceur, de charité, etc. Direction pour les récréations, les conversations, les visites, les voyages. Direction pour ce qui se rapporte aux Vœux, à nos emplois et à la manière de les remplir. Direction enfin et prescriptions détaillées pour le costume. Tout se trouve déterminé à cet égard au Chap. X de nos Constitutions ; rien n'y est laissé à l'arbitraire et au goût de chacune ; toutes doivent s'y conformer en esprit de dépendance et de soumission, et se tenir en garde contre toute apparence de mondanité.

« Apprécions de plus en plus, mes bien chères Filles, le bonheur de vivre sous une Règle qui ordonne notre vie dans ses moindres actes, qui les rend méritoires et les sanctifie : « Quel concert de louanges ferait monter vers Dieu, à chaque instant du jour, votre Congrégation, nous disait le P. Blino, si tous ses membres étaient fidèles à l'élévation de cœur prescrite tous les quarts d'heure par votre Règle ! » Ce qui est vrai de ce point l'est de tous ; car nos actes, même les moindres, faits avec des vues de foi, forment un concert ininterrompu de louanges à la gloire de Dieu. Tenons notre attention en éveil pour être fidèles à la Règle en tous ses détails. Je vous engage à la lire, non seulement une fois l'an à la hâte, mais plusieurs fois l'année, notamment la deuxième partie ou Règles générales. Les Supérieures feront bien d'imposer à la Communauté, lors de la réunion de *chaque quinzaine*, la lecture de quelques chapitres, trois ou quatre, selon leur étendue. On arrivera ainsi à lire successivement les trois parties de la Règle en quelques mois, par suite à la lire en entier plusieurs fois l'an. »

Précédemment et dans une circonstance analogue, elle avait dit : « Ce qui distingue la religieuse de la séculière, c'est, le mot l'indique, la Règle. Une religieuse qui ne pratiquerait par la Règle, aurait beau étaler les dehors de la vie religieuse, elle ne serait, au fond, qu'une profane et Dieu ne la bénirait pas.

« Vous ne serez donc vraiment religieuses que dans la mesure où vous observerez les prescriptions de votre Règle, *toutes* ses prescriptions. Il ne faut point distinguer entre les points de la Règle, opposer les moins importants aux plus importants : ce serait distinguer entre les désirs et les volontés de Dieu. Quelle âme religieuse oserait se livrer à ce calcul injurieux pour Dieu ?

« Je n'ignore pas qu'il y a des circonstances où le conflit des emplois rend difficile, peut-être impossible, l'accomplissement de certains Exercices aux heures strictement réglementaires. Il faut dans ces cas, et tout en prenant garde de se faire illusion en créant des impossibilités chimériques, déterminer soi-même des heures convenables auxquelles seront invariablement fixés ces Exercices, tels que la Lecture spirituelle, les Chapelets, l'Office de la Sainte Vierge. Ne vous laissez pas prendre aux prétextes qui vous porteraient à enfreindre certains points, comme ceux du lever, du coucher, des repas, du silence, etc. La sujétion courageuse et fidèle à tous les points de la Règle glorifie Dieu, donne à la vie religieuse sa forme et son mérite, et à la Communauté *son charme familial et sa joie sainte* dans la fusion des cœurs.

« Je puis donc dire en toute vérité que l'accomplissement des vœux que je forme pour votre bonheur est entre vos mains : Soyez *régulières* et vous serez heureuses. »

Ces enseignements donnés à la Congrégation, Mère Saint-Georges les répétait dans sa correspondance, dans l'intimité des entretiens particuliers avec ses Filles, notamment avec les Supérieures, leur rappelant qu'elles étaient dans leurs Communautés les Gardiennes de la Règle et par suite de l'esprit de l'Institut. Mieux encore que ses enseignements, ses exemples attestent qu'elle fut vraiment la religieuse que la Règle a sanctifiée.

« — Jusqu'à la fin, disent les notes recueillies après sa mort, Notre bonne Mère a voulu accomplir ses Exercices de Règle, et cela, sans tenir compte de son état d'extrême faiblesse. Elle n'omettait aucune Elévation de cœur, et quand sonnait l'heure du chapelet, elle en commençait immédiatement la récitation. Cependant, par esprit d'obéissance, car M. l'Aumônier lui avait conseillé de s'interrompre, elle mettait quelque intervalle entre chaque dizaine.

Elle tenait aussi à entendre la Lecture spirituelle. La Sœur qui lui donnait ses soins aurait voulu lui épargner cette fatigue : — « Comment ! lui disait la malade : vous ne voulez donc soigner que mon corps ? De grâce, donnez aussi à mon âme son aliment. »

Il arrivait parfois à la lectrice de se tromper, attentive qu'elle était à l'état douloureux de la bonne Mère ; mais celle-ci la reprenait aussitôt. Et le lendemain, elle devait reprendre à l'endroit précis où elle s'était arrêtée, sous peine de s'entendre dire : — « Nous n'étions pas rendues là ; nous avions terminé sur telle pensée. »

C'est à ce point, notons-le en passant, que Mère Saint-Georges avait acquis la maîtrise d'elle-même : ni la souffrance, ni la faiblesse ne pouvaient la détacher de sa Règle ni même la distraire durant les Exercices : les habitudes de vie régulière et surnaturelle lui étaient devenues une seconde nature.

SON AMOUR POUR LA CONGRÉGATION

Avant d'entrer dans de plus amples détails, il convient de dire que l'attachement de Mère Saint-Georges pour la Règle avait sa source dans l'amour qu'elle portait à la Congrégation. De cet amour, la vie entière de la bonne Mère a été une continuelle manifestation, en sorte qu'à ses derniers jours, elle pouvait dire au Prêtre confident des secrets de son âme : « J'aime toutes mes Filles. » Le Prêtre, de son côté, déclarait n'avoir jamais rencontré un cœur plus maternel.

On a pu voir dans les chapitres précédents quelle affection surnaturelle elle avait portée aux Sœurs du Cours, à ses Novices, au personnel des Fondations visitées par elle ; mais c'est surtout pendant son Généralat que la bonne Mère manifesta à la Congrégation les trésors d'affection dont le Ciel l'avait enrichie.

A l'égard de nos Fondateurs, son amour devenait de l'admiration, une admiration vraie, profonde, qui se traduit, dans certaines Lettres circulaires, non par un enthousiasme stérile, mais par des remarques pratiques dont le but est évidemment d'amener ses Filles à l'imitation des humbles et fortes vertus sur lesquelles s'est fondé notre Institut.

Le 8 décembre 1905, en annonçant le deuxième Centenaire de la Congrégation, elle écrivait :

« Tout Fondateur approuvé par l'Autorité ecclésiastique
« a reçu une grâce spéciale, qui est, il me semble, à la
« grâce commune de la Profession religieuse, ce qu'est la
« grâce sacramentelle par rapport à la grâce sanctifiante.
« Cette grâce spéciale a pour effet de fournir aux *Membres*
« d'une Congrégation déterminée des moyens de perfection
« selon le milieu auquel cette Congrégation est destinée et
« les Œuvres qu'elle embrasse ; de leur prescrire, par
« suite, quelques vertus spéciales qui leur seront plus né-
« cessaires, qui formeront les éléments principaux de leur
« sanctification et serviront à caractériser leur vie. »

Elle pose ensuite nettement cette question : « Quel est l'esprit de notre Congrégation ? » Et elle répond : « Ce qui en fait le fond, c'est la simplicité de vie, la sagesse, la probité, le désintéressement, le goût du sérieux. » Pour compléter l'énumération, elle ajoute : « Nous devons porter toujours cet air d'affabilité, d'amabilité, qui vient de l'oubli complet de soi-même et qui est si nécessaire dans les relations sociales. »

— « Cet esprit, conclut-elle, est juste l'opposé de l'esprit du monde à toutes les époques, mais plus encore aux tendances de notre temps. » Puis, son regard se portant vers la portion très chère de ses Filles exilées : « Cet esprit est l'opposé aussi, selon ce que m'écrit notre chère Provinciale d'Amérique, des habitudes du Nouveau-Monde. » Consciente du péril que l'esprit propre de la Congrégation devait courir dans un milieu si différent de celui où elle s'est développée et dans un tel éloignement du foyer natal, la vigilante Mère laisse déborder son cœur dans une émouvante adjuration :

« O mes chères Filles des régions lointaines, où que
« vous soyez, mon cœur s'incline vers vous avec une ten-
« dresse privilégiée. Est-ce parce que la distance fait de

« vous ces membres absents du foyer de famille dont on
« parle plus aux jours de réunion ou de fête ; que chacun :
« père, mère, frères et sœurs, veut plus aimer parce qu'ils
« sont plus éloignés ? Sans doute, mes Filles particulière-
« ment chères, quand je réfléchis que, selon toute vrai-
« semblance, il est dans les desseins de Dieu qu'à un grand
« nombre d'entre nous, vous devrez ouvrir vos rangs...,
« comment ne pas vous regarder comme les gardiennes du
« feu sacré, je veux dire de l'esprit de notre Congrégation ?
« De toute nécessité, vous exercerez une irrésistible in-
« fluence sur les nouvelles Fondations. Fasse l'Esprit-Saint
« que plus tard, non plus qu'aujourd'hui, nos colonies suc-
« cessives n'aient pas la douleur des Enfants d'Israël, les
« derniers à partir pour les rives de l'Euphrate, quand ils
« constataient que leurs frères avaient abandonné les cou-
« tumes anciennes, celles de leurs Pères. »

Son dernier mot est l'invocation inscrite en tête de la
Notice du Chanoine Lemercier (1) : « *Seigneur, renouvelez-
nous dans la ferveur des premiers jours.* », et elle la propose à toutes comme bouquet spirituel de l'année Jubilaire.

On le voit, l'amour de Mère Saint-Georges pour la Congrégation était prévoyant, plein de sollicitude à l'égard de
l'avenir : elle savait qu'à l'instar des Nations, les Familles
religieuses qui mentent à leurs origines sont tôt ou tard
vouées à la destruction.

Une autre Circulaire, celle du 8 décembre 1901, met dans
un relief plus puissant encore l'esprit de la Congrégation,
montrant en même temps qu'avant de s'entretenir avec ses
Filles, la pieuse Mère méditait devant son Dieu les enseignements pratiques qu'elle voulait faire pénétrer dans les
esprits et dans les cœurs.

Nous lisons dans cette Circulaire : « Il y a aujourd'hui
cent quatre-vingt-quinze ans, le 8 décembre, nos premières
Mères en émettant leurs Vœux de religion, se consacraient

_____

(1) Mère Saint-Georges aimait à citer cette Notice publiée en 1888. Plus que
personne, elle avait souffert des lacunes constatées dans nos Archives sur
les débuts de la Congrégation. Mais comme l'Auteur n'avait pas cru devoir
relever certains faits transmis par la tradition, elle ne manquait pas chaque
année, étant Maîtresse du Noviciat, de porter ces faits à la connaissance de
ses Filles.

C'était d'ailleurs un besoin de sa foi d'admettre comme véridiques les détails écartés pour scrupule de conscience professionnelle par notre premier
historien.

pour toujours à Dieu et fondaient notre chère Congrégation. Nous imaginons-nous la ferveur, l'ardeur et le dévouement du cœur apportés par Elles dans leur Consécration à Dieu, sous les auspices de la Vierge Marie !

« Cette pensée m'a vivement impressionnée ce matin dans la rénovation des Vœux de ma Profession religieuse. Votre pensée à vous-mêmes, mes chères Filles, s'est reportée au 8 décembre 1706, et, avec moi, vous avez remercié le bon Dieu d'avoir fait naître notre Congrégation au jour béni de l'Immaculée Conception.

« Très humbles, très obscurs, me disais-je, furent les débuts de notre fondation : c'était le grain de sénevé. Il fallait que ce grain fût d'abord enfoui sous terre, qu'il y mourût, pour produire ensuite l'arbre aux nombreux rameaux sous l'ombrage duquel viendraient s'ébattre les oiseaux du ciel.

« C'est certainement dans cette vie obscure et cachée de Plérin que nos vénérables Mères se formèrent aux vertus solides qui les ont caractérisées et qu'elles ont désiré nous transmettre comme un héritage de famille. La simplicité, l'humilité, une foi forte et robuste d'où découlaient, comme de leur source, le dévouement généreux au service de Dieu et du prochain : voilà les vertus qu'elles pratiquèrent sans ostentation et aussi sans préjudice pour la pratique de celles qui faisaient l'objet de leurs Vœux de religion. »

Songeant aux faits rejetés par l'Auteur de la *Notice* sur la Congrégation parce que non suffisamment établis et accrédités, Mère Saint-Georges ajoutait :

« Des traditions très respectables nous ont conservé quelques traits qui nous montrent avec quelle entière abnégation d'elles-mêmes elles pratiquèrent la Pauvreté, l'Obéissance et la Chasteté.

« Faisons un retour sérieux sur nous-mêmes, dit-elle en terminant, et voyons si nous avons conservé intact notre héritage de famille. Tout en nous et autour de nous respire-t-il cette bonne simplicité, modeste et digne à la fois ; cette humilité douce et patiente que donne le bon esprit religieux ; cette foi robuste qui rend généreux et dévoué dans l'accomplissement de la Volonté de Dieu, qui fait accepter les sacrifices, les peines, avec soumission et amour ; cet amour du prochain qui se traduit par le zèle et par l'oubli de soi quand il s'agit de faire du bien aux âmes ?

« Que Dieu garde ou renouvelle dans la Congrégation
l'esprit qu'elle a reçu de ses Fondateurs ! Qu'Il le renouvelle en chacune de nous, mes chères Filles ! C'est là un
souhait bien ardent de mon cœur !

Ces citations suffisent sans doute à mettre en pleine lumière l'amour de Mère Saint-Georges à l'égard de sa Famille religieuse aussi bien que son zèle pour en conserver
l'esprit. Nous reviendrons sur la part, également privilégiée, qu'elle accordait dans son affection aux Membres souffrants de la Congrégation. Il est temps d'examiner attentivement, l'un après l'autre, dans le Livre des Règles, les
divers paragraphes dont la digne Mère a été la vivante
copie.

Voici tout d'abord la page qui traite *du Costume* (1). En
quelle estime le tenait-elle ? C'est encore sa plume qui va
nous le dire. « Par sa forme et sa couleur, il est pour nous
« tout un enseignement. Nos Fondatrices conservèrent la
« forme de leur habit du monde, de leur habit d'artisanes,
« nous indiquant ainsi que notre vie devra être simple
« comme à la campagne, frugale, ennemie du luxe et de
« la recherche ; que nos manières devront être sans pré-
« tention, nos journées laborieuses ; que nous devrons nous
« appliquer à juger de tout et à tout pratiquer avec cette
« droiture, ce bon sens qui distinguent les meilleures parmi
« les femmes du peuple ; que nous devrons nous efforcer
« d'acquérir ce savoir-faire qui permet de suffire sans in-
« quiétude ni précipitation à tous nos emplois et à toutes
« nos situations.

« Par la couleur blanche, cet habit, emblème surtout de la
« pureté que nous avons vouée à Dieu, nous prêche aussi
« sans cesse de donner à nos occupations communes, à
« nos qualités naturelles, l'éclat, la bonté, la perfection des
« choses du ciel (2). »

La Règle ne traite pas seulement de la couleur et de la
forme du costume, mais aussi de la manière de le porter.
Attentive à chacun de ces détails, scrupuleuse à les observer pour son propre compte, Mère Saint-Georges veillait
à ce que les Sœurs fussent elles-mêmes soigneuses, tout en
évitant les excès blâmables : recherche ou négligence. Etant

(1) *Constitutions et Règles*. Chapitre x.
(2) Circulaire du 8 Décembre 1905.

Maîtresse du Cours, c'est jusque-là qu'elle étendait sa vigilance.

« — Il n'était pas rare, atteste l'une de ses anciennes élèves de cette époque, de la voir passer entre les bancs. Remarquait-elle que l'une d'entre nous avait à sa coiffe des lacets plus longs que la coutume ne les autorise, immédiatement un coup de ses ciseaux ramenait à la mesure commune à toutes. Et si les plis de l'*entendement* révélaient un arrangement calculé, elle y passait le doigt, les brouillait bel et bien, en sorte que personne n'était plus tentée de s'y laisser prendre.

« — Mes Sœurs, disait-elle à ce propos, soyez de celles dont on ne puisse pas critiquer l'arrangement extérieur ; n'affichez, dans la manière de vous vêtir, ni négligence ni recherche ; aucun de ces défauts ne convient à la dignité de la religieuse. »

Rien n'est laissé au goût ou au caprice dans les Règles des Instituts religieux. Dans ce même chapitre, il est dit à l'article 49 : « Les bandes de la coiffe doivent retomber pendantes par devant et vers le haut de la poitrine. » Or, Mère Saint-Georges avait remarqué que cet article en général n'était pas assez observé, soit que la conformation de la tête s'y prêtât mal, soit pour toute autre cause. Elle conseillait, voyant que la chose lui réussissait à elle-même, de mettre les épingles assez bas pour permettre aux bandes de la coiffe de prendre le mouvement indiqué.

L'article 56 porte six centimètres pour la largeur des ourlets de la jupe et du tablier.

« Un jour, témoigne l'une des Sous-Maîtresses du Noviciat, elle remarqua dans l'un des ourlets que j'étais en train de bâtir une légère différence avec la mesure indiquée ; aussitôt elle donna l'ordre de défaire le travail. »

— « Elle nous indiquait même le nombre de plis à former dans le mouchoir, dit une ancienne Novice, et nous savions que rester fidèles à cette prescription, c'était en effet garder la mesure et éviter les défauts contre lesquels la vigilante Mère ne cessait de nous mettre en garde. »

Pour Mère Saint-Georges, il y avait dans le costume religieux, aussi bien que chez les personnes du monde, une question de convenance à observer relativement aux diverses saisons.

« Etant allée en novembre à la Maison Principale, atteste

une Sœur, Notre Mère remarqua que j'avais un tablier de coton. Elle me demanda la raison de ce choix. — Je n'y ai pas pris garde, répondis-je. — Allez à la Lingerie, ma Fille, et demandez de ma part un tablier qui soit de saison. »

Les emblèmes religieux, qui sont le complément de notre costume, étaient aussi l'objet de la vénération de Mère Saint-Georges :

— « Ne les employez jamais à des usages profanes, mes Sœurs, disait-elle à ses Novices ; ne vous servez jamais du Crucifix de votre Profession en guise de règle pour tracer des lignes, ni de la Colombe d'argent pour ouvrir une lettre ou découper les feuillets d'un livre. Quand vous la passez au cou, chaque matin, invoquez le Saint Esprit, et la baisant pieusement, dites : Esprit de lumière, éclairez-moi ; Esprit de force, soutenez-moi ; Esprit de conseil, dirigez-moi (1).

Ce qu'elle recommandait, la digne Mère le faisait elle-même, et pas une de ses Filles, Novice ou Professe, à aucune époque, qui ait remarqué la moindre négligence dans la manière de se vêtir ou de porter les emblèmes de sa Profession, en quoi l'observation constante des règles de la modestie religieuse la secondait merveilleusement.

SA MODESTIE

La dignité de son maintien était remarquable. Se modelant, ainsi qu'il a été dit précédemment, sur l'extérieur de la Très Sainte Vierge, elle était simple, sans recherche ni affectation dans ses paroles, honnête à l'égard de tout le monde, répondant avec bonté à qui l'interrogeait. Quoiqu'il fût pénétrant et observateur, son regard, naturel et non étudié, ainsi que le veut la Règle, n'accusait ni hardiesse ni fierté.

Elle évitait en marchant une trop grande lenteur aussi bien que la précipitation (2) ; à peine remarquait-on dans

(1) Quant au saint Rosaire, la plus grande pénitence extérieure que Mère Saint-Georges pût infliger à une Novice, c'était de le lui faire rendre pendant un certain temps.

(2) *Constitutions et Règles.* Chapitre XVII, Article II.

sa démarche un léger balancement, caractéristique des familles de marins.

Que l'on dise, après cela, si Mère Saint-Georges avait le droit de se montrer sévère à l'égard de celles qui oubliaient parfois les règles de la modestie religieuse.

« Un jour, racontent les Sœurs du Secrétariat, c'était peu après l'installation de l'appareil téléphonique, nous passions en coup de vent dans le corridor voisin de sa chambre de travail, ne songeant qu'à la diligence avec laquelle nous nous croyions obligées de répondre à la sonnerie électrique. Notre Mère songeait à autre chose. Quand nous repassâmes près de la porte, elle était là, debout, avec son air le plus grave. Nous faisant signe d'entrer et de nous mettre à genoux : « Récitez, nous dit-elle, un *Ave Maria* les bras en croix. » Ce fut tout, et c'en fut assez. Nous avions compris.

Quelquefois, la leçon était donnée de façon plus agréable, mais avec non moins d'autorité.

« Je descendais l'escalier quatre à quatre, témoigne une jeune Sœur, admirant combien j'étais leste, et me disant intérieurement : bien maligne celle qui pourrait lutter avec une telle agilité. Mon bel élan n'alla pas jusqu'au bout : j'aperçus Mère Saint-Georges qui m'attendait au bas de l'escalier.

— « O ma petite, dit-elle, avec un fin sourire, votre bon Ange ne pourra pas vous suivre. »

A une autre qu'elle remarquait regardant de tous côtés comme quelqu'un de très affairé, elle demanda d'un ton malicieux mais sans se départir de sa dignité naturelle : « D'où vient le vent aujourd'hui, ma Fille ? »

Ainsi que nous l'avons marqué dans l'un des chapitres de la biographie, c'est surtout pour le défaut de modestie dans le Lieu Saint que la pieuse Mère se montrait sévère. Ayant remarqué une Novice fort distraite à propos d'un Prêtre étranger qui célébrait la Messe à l'heure des Exercices de la Communauté, elle ne manqua pas, dans la réunion suivante à la salle du Noviciat, d'interpeller la coupable : « — Sœur X... demanda-t-elle, quelle était la taille du Prêtre qui a célébré ce matin la Messe à la chapelle ? Quelle était la nuance de ses cheveux..., le timbre de sa voix ? etc. » La Novice, qui semblait ne pas se douter de la leçon, répondit très exactement. — Comment ! reprit

Mère Saint-Georges, en présence de Notre-Seigneur, pendant que s'accomplit sur l'Autel le plus auguste des Mystères, vous osez vous permettre une telle dissipation, si peu de retenue dans vos regards, donner à votre entourage un exemple si peu édifiant ! » Et elle infligea à la coupable une pénitence exemplaire.

Ce n'est pas seulement à la jeunesse que Mère Saint-Georges donnait ces leçons pratiques et utiles : à tout âge, on s'oublie, à tout âge on a besoin d'être rappelé à l'ordre. D'ailleurs, pour la digne Mère, le devoir était là : aucune considération ne l'aurait empêchée de le remplir.

Sœur Arsène-Marie (1) aimait à raconter à nos Sœurs de l'Infirmerie que, placée à Plourhan, elle avait assez fréquemment l'occasion de revenir à la Maison-Mère. — « C'était mon bonheur, dit-elle. J'aimais tant nos Mères, toutes Nos Mères ! surtout Mère Marie-Arsène qui m'avait donné son nom et Mère Saint-Georges.

En arrivant près d'elles, je sentais le besoin d'exprimer de toutes façons la joie que j'éprouvais. Mais je ne tardais pas à recevoir les observations de Mère Saint-Georges. « — Pas si fort, ma bonne Sœur Arsène, me disait-elle ; pas si fort !... » Et si les paroles ne suffisaient pas, si je ne calmais pas suffisamment le ton de ma voix et mon exubérance, d'un geste plein de grâce, elle m'invitait à retourner sur mes pas, à redescendre l'escalier pour le remonter plus lentement... En un mot, par d'aimables petites malices, qui loin de nuire à ma joie, l'assaisonnaient agréablement, elle me rappelait le mot de notre Règle qui dit, à propos de la Modestie : « Cette vertu règle les paroles, les actions, les regards, les postures, les démarches, l'habillement, tout l'extérieur. »

Peu de temps avant la mort de Mère Saint-Georges, la même Sœur se trouvant à la Pharmacie en conversation avec une Sœur venue des Fondations, avait oublié la recommandation de parler à voix basse dans cet appartement voisin de la chapelle. — « Notre Mère vint à passer, raconte la Sœur Infirmière, témoin du fait. Entendant le bruit des voix et les rires joyeux, elle entre, interroge pour connaître la coupable. Sœur Arsène s'accuse, reçoit l'ordre de

____

(1) Décédée à la Maison Principale le 16 Septembre 1923, après un séjour de plusieurs années à l'Infirmerie.

se mettre à genoux pour réciter un *Pater* et un *Ave Maria,* s'exécute sur le champ et se relève en riant de se voir ainsi prise sur le fait. » A noter : la vénérable Sœur était pour lors plus que septuagénaire. La manière délicate et maternelle dont la leçon avait été donnée, aussi bien que la simplicité toute filiale avec laquelle elle avait été reçue, fit sur toutes les Sœurs qui en avaient été témoins la plus salutaire impression.

Chez Mère Saint-Georges, la modestie extérieure était l'indice de la modestie intérieure, c'est-à-dire de cette disposition habituelle qui tient l'âme en la présence de Dieu.

Elle-même affirme cette vérité dans sa Lettre Circulaire du 8 décembre 1915. Ce devait être la dernière ; on peut donc y voir son Testament spirituel, son legs suprême à la Congrégation. Recueillons religieusement ces paroles : elles empruntent au voisinage de l'éternité dans laquelle la pieuse Mère allait entrer quelque chose de solennel et de sacré.

« Pour que la Modestie règle tout l'homme *extérieur* d'une manière constante et méritoire, il est nécessaire qu'elle ait au dedans un principe qui l'inspire, la vivifie et lui donne un caractère surnaturel. Ce principe n'est autre que la foi, qui montre à l'âme Dieu présent jusqu'au plus intime de son être et témoin fidèle de toutes ses opérations. Cette foi vive rend l'âme attentive à Dieu et crée en elle, avec la crainte filiale, un respect profond de la Majesté infinie. »

L'attention continuelle à la présence de Dieu, la crainte de lui déplaire, le respect de sa souveraine grandeur : voilà à quels sommets Mère Saint-Georges était parvenue pour avoir été toute sa vie constamment fidèle aux Règles de la Modestie, à ces détails auxquels les âmes moins attentives à la grâce de leur Vocation ne prennent pas garde ; voilà les hauteurs où, sur le point de s'unir pour toujours à son Dieu, de passer des ombres salutaires et sanctifiantes de cette vie de foi aux splendeurs de la vision béatifique, elle conviait la Famille religieuse dont elle avait été la lumière et l'exemple.

Ecoutons encore ses maternels enseignements dans la Circulaire que nous citons. Ecrite pendant l'Avent, elle rappelle le grand Mystère de notre salut :

« L'Incarnation du Verbe nous a mérité cette grâce de

marcher devant le Seigneur, dans la sainteté et la justice, tous les jours de notre vie.

« Marcher devant Dieu, voilà bien le secret de la modestie chrétienne et religieuse. Quelle est l'âme qui, convaincue de ce regard de Dieu l'enveloppant et la pénétrant, ne veille sans cesse pour tout régler, tout maintenir en équilibre en elle et hors d'elle ? Les divagations de l'esprit, les pensées étrangères au devoir du moment, les écarts et les rêveries de l'imagination, les vains souvenirs de la mémoire, les tendances de la volonté vers un bien sensible, etc...

« Les passions, elles aussi, subissent la bienfaisante influence de la Modestie, car l'âme, sentinelle vigilante, découvre et réprime, avec l'aide de la grâce, ce qu'il y a de naturel et de désordonné dans les impressions de tristesse ou de joie, d'attraits ou d'aversion, de curiosité, de désir de tout voir et de tout entendre ; et ainsi, sous l'empire du frein de la modestie intérieure, tout est redressé, modéré, ramené à la mesure.

Telle est, burinée par sa propre plume, la physionomie morale de la digne Mère. Certes, elle avait autorité pour enseigner à ses Filles la doctrine du Grand Apôtre. Elle résume donc en ce conseil de saint Paul : « *Que notre modestie soit connue de tous !* » les conseils qu'elle leur avait donnés durant sa féconde carrière.

Mais ce n'est pas tout : sachant que, dans le travail de la perfection, il faut ne pas perdre de vue l'idéal divin, elle continue :

« Pour nous soutenir dans l'effort qu'exige la pratique de cette aimable vertu, étudions Jésus, l'adorable Modèle de la perfection à laquelle nous devons aspirer.

« Ah ! mes bien chères Filles, quel Modèle que Notre-Seigneur !... En combien de pages de l'Evangile nous pourrions relever les exemples de sa Modestie toute divine ! Que sont ces trente années d'obscurité, de silence, de travail, *d'ensevelissement* pour tout dire, passées à Nazareth, sinon un acte divinement prolongé de modestie ? Et quand il fallut bien sortir de cette obscurité pour faire briller aux yeux des foules la divine Lumière qui était en Lui, qui était Lui, il est si vrai que le bon Maître eut à se faire violence qu'aussitôt accompli le premier acte de sa Vie publique, son Baptême, Il se précipite de nouveau dans la retraite et y demeure quarante jours, ayant à cœur, semble-t-il, de faire oublier le prodige que son Père Céleste et le Saint Esprit avaient opéré en Le présentant à la terre.

« Ceux qui L'écoutent sont dans le ravissement et s'écrient : Jamais homme n'a parlé comme cet homme ! Et Lui, devant même ses pires ennemis, déclare modestement : *« Ma Doctrine n'est pas de moi. »* On veut L'enlever et Le faire Roi ; Il se dérobe et s'enfuit seul sur la montagne.

« Je pourrais citer encore ; mais il faut se borner. Etudions Notre-Seigneur, mes bien chères Filles ; méditons-Le, et surtout, imitons son admirable Modestie. Cette vertu qui *compose* notre être extérieur, a de plus la puissance de l'adapter à notre divin Modèle, suivant ce que dit saint Paul : « Vous tous qui avez été baptisés, vous avez revêtu Notre-Seigneur Jésus-Christ. »

« Si cela était vrai des premiers chrétiens, cela doit être vrai, à plus forte raison, des Epouses de Jésus-Christ et j'ajoute : des Filles du Saint-Esprit. Que votre Modestie se manifeste donc à tous, « car, conclut saint Paul, le Seigneur est proche. »

« Dieu est toujours proche de la Religieuse qui pratique la modestie ; elle vit de Dieu ; elle vit devant Dieu à la façon de son Ange Gardien. »

Ecrivant au jour de l'Immaculée Conception, Mère Saint-Georges pouvait-elle terminer autrement que par une exhortation à imiter, en même temps que Jésus, la divine Mère de Jésus ?

« On ne saurait se représenter la Très Sainte Vierge que modeste et recueillie. D'où nous devons conclure que la modestie naît du respect de Dieu. »

Elle dit en finissant : « Je supplie Notre divine et Immaculée Mère de vouloir, chaque jour... vous inviter à la pratique de la Modestie. Lorsque saint Paul voulait tout obtenir des Fidèles, il leur disait : « Moi, Paul, je vous en conjure par la mansuétude et la modestie du Christ ! »

« Daigne la voix maternelle de Marie vous murmurer tous les matins, à votre réveil : « Moi, votre Mère, je vous en conjure, mes Filles bien-aimées, imitez aujourd'hui la modestie de Jésus, car c'est la forme extérieure de l'humilité de son divin Cœur. »

On voit en quelle estime Mère Saint-Georges tenait cette vertu dont elle avait fait son objectif comme étant, elle vient de nous le déclarer, *« la forme extérieure de l'humilité du divin Cœur »*.

SON HUMILITÉ

C'est le moment de révéler à la Congrégation l'ardeur avec laquelle, durant toute sa vie, elle avait lutté pour la conquête de l'humilité, vertu maîtresse du Dieu fait homme. Nous avons rappelé les enseignements que, sous ce rapport, elle donnait à ses Novices. C'était toujours la Règle en main qu'elle commentait la leçon de Notre-Seigneur disant : « Apprenez de Moi que je suis doux et humble de Cœur. » Elle insistait avec énergie sur les recommandations indiquées dans l'Article III qui traite « *de l'humilité et de la douceur* ».

— « Entendez-vous, mes Sœurs, ce que dit la Règle : « Ces vertus sont indispensables aux Filles du Saint-Esprit... Sans ces vertus, elles courraient grand risque de voir leurs travaux frappés de stérilité. Sans ces vertus, elles ne seraient propres qu'à porter le trouble dans les Maisons où elles se trouveraient. »

« Etre des porte-trouble dans la Communauté, concevez-vous rôle semblable ? Voilà pourtant celui de la Fille du Saint-Esprit qui ne lutte pas contre son orgueil, qui ne travaille pas à imiter l'humilité du divin Cœur de Notre-Seigneur. »

Elle y travaillait, quant à elle, avec énergie et persévérance. Ses notes intimes l'attestent de page en page. Lisons : « Humilité dans les pensées... dans les paroles... Ne rien dire pour m'attirer l'approbation, l'estime ; m'oublier et tendre à me faire oublier. Que suis-je pour vouloir l'estime, l'affection, la considération de qui que ce soit ?

« Agir en esprit d'humilité, n'exigeant rien des autres, me comptant pour rien, acceptant d'être considérée comme telle par les autres. »

Ce programme est de sa part l'objet d'un examen scrupuleux, fréquemment renouvelé, surtout à l'occasion de la Retraite annuelle, de la Retraite du mois, des fêtes patronales de la Congrégation.

Voici comment elle se juge, après l'un de ces examens, en la fête de la Pentecôte, 20 mai 1888 :

« Esprit Saint, mon bon Père, vous le voyez : je ne suis que l'ombre d'une religieuse, un fantôme, une chimère. Sans esprit de foi, sans amour, sans régularité, sans charité, sans humilité, sans bonté, sans zèle, sans douceur, sans piété, je suis dans une nudité effrayante. Non seulement mon âme est nue de vertu, mais elle est toute couverte d'ulcères, toute malade, toute languissante par suite des blessures que lui font chaque jour mes fautes et mes défauts : orgueil, vanité, sensualité, paresse, etc... »

Inondée de la Lumière de l'Esprit divin, l'humble Mère, on le voit, parlait le langage des saints : de saint Bernard se proclamant la *chimère* de son siècle, de cet autre saint qui s'appelait « *le pécheur* », et plus près de nous, de la Bienheureuse Mère Barat dont les contemporaines racontent qu'ayant remarqué, à Grenoble, une épitaphe placée près d'un égoût : « — Ah ! s'écria-t-elle, que je voudrais être placée de cette manière après ma mort ! » Nous verrons plus bas que Mère Saint-Georges s'assimilait elle-même à un égoût.

Cependant elle ne gémissait sur sa misère que devant son Dieu, car ce même Dieu lui disait, par l'organe de sa Règle : « Elles ne parleront point d'elles-mêmes en mal et sous prétexte de s'humilier. Ce serait un orgueil raffiné. »

Or, l'humilité chez Mère Saint-Georges était sincère autant que profonde.

Nous tenons du R. P. Jean-Baptiste, aumônier de la Maison Principale à l'époque où Mère Saint-Georges était Maîtresse des Novices, le trait suivant : « Un jour, sans beaucoup de raison, mais avec vivacité, je lui avais dit : Oh, Mère Saint-Georges, que vous avez été maladroite ! Elle me répondit avec un accent de sincérité que ne trompe pas : « J'en ai fait bien d'autres, M. l'Aumônier. »

Elle continuait ainsi sur la page de ce carnet intime, échappé par une permission providentielle à la destruction qu'elle avait exigé que l'on fît sous ses yeux, aux derniers jours de sa vie, de tous ses écrits spirituels :

« O Esprit Saint, mon bon Père, vous êtes l'Esprit Créateur, vous avez la puissance de renouveler toute chose : exercez sur ma pauvre âme cette puissance créatrice ; créez en moi un cœur nouveau, et renouvelez jusqu'au fond de mon âme l'esprit de droiture. Vous avez plus à faire en moi que dans les Apôtres. Ce *plus*, vous pouvez le faire et le ferez, n'est-ce pas, ô mon Père !

« Ayez pitié de moi ; jetez sur moi, malgré mes infidélités sans nombre, un regard de miséricorde qui fasse de moi une créature nouvelle : ce sera votre gloire, ô mon Dieu, et elle sera toute vôtre. Comment mon orgueil oserait-il revendiquer une part à ce changement ou plutôt à cette création ? Oh ! dites-moi bien ce que vous voulez de moi ; changez-moi et dirigez-moi. »

Dans une autre page, faisant allusion à sa charge de Maîtresse des Novices, et sous l'empire du même sentiment d'humilité, elle écrivait :

« Oublié-je donc que je suis, pour ainsi dire, le canal par où Dieu veut arriver à toutes ces âmes qu'il m'a confiées ? Quel canal, grand Dieu ! *Quel égoût !*

« Comment vos grâces y tomberont-elles ? Et comment y passeront-elles à vos Enfants ? O Dieu ! miséricorde pour votre chétive créature ! Convertissez-moi ! Ayez pitié de moi ! »

Elle termine par un nouvel élan de l'âme vers le Père du Ciel : « Esprit de sagesse, possédez-moi ! Conduisez-moi en tout, partout et toujours ! Esprit intérieur, esprit qui voit Dieu en tout, qui fait tout pour Lui plaire, qui accepte tout comme venant de Lui, établissez-vous dans mon âme misérable ! »

Ainsi fondée dans l'humilité, elle pourra l'enseigner à ses Filles. Elle écrit à l'une d'entre elles : « Nous sommes dans le vrai quand nous reconnaissons notre faiblesse, laquelle, en réalité, est encore plus grande que ce que nous en voyons dans la Lumière de Dieu. Il n'en reste pas moins que cette mesure où il nous est donné de la voir est une grande grâce et peut devenir le point de départ d'une marche sérieuse en avant. Lancez-vous donc, forte de cette parole de saint Paul : « *Je puis tout en Celui qui me fortifie.* »

« Défiez-vous de vous-même ; abandonnez-vous à Dieu dont vous êtes la chose. Humiliez-vous de tout et ne vous découragez de rien », lisons-nous encore sous sa plume. « Humilité d'où sortiront sagesse et prudence pour remplir très religieusement vos fonctions d'Institutrice.

« Je vous répéterai ce que maintes fois j'ai eu occasion de vous dire : — Ne nous étonnons de rien de ce que nous constatons en nous en fait de mauvaises tendances. Que nous serions donc fières si nous ne voyions en nous que des tendances nobles et généreuses !... Mais par suite, que d'orgueil ! que de complaisance en nous-mêmes ! que de vanité, d'immondices de toutes sortes en notre pauvre âme !

« Comme conclusion, je vous conseille de lire beaucoup le *Combat spirituel :* vous y trouverez une doctrine solide, l'ordre à suivre dans la lutte, et les encouragements qui adoucissent pour nous cette lutte nécessaire.

A une autre correspondante, elle écrit :

« — Que vos entretiens avec notre chère Mère Visiteuse aient pour résultat de donner à votre âme un grand désir d'être humble, petite, simple, oublieuse de vous-même et charitable ! L'humilité vous donnera tout cela. Cherchez-la donc, et n'oubliez pas que vous ne l'acquerrez qu'à la sueur de votre front, sueur spirituelle, plus difficile à produire que l'autre.

« Vous vous faciliterez beaucoup l'acquisition de cette vertu si vous considérez souvent Notre-Seigneur, soit dans ses trente années passées à Nazareth, soit dans sa Vie publique, soit dans sa Passion. Faites de cette considération l'objet fréquent de vos Méditations ; exercez-vous-y d'abord pendant une semaine, plus longtemps si votre cœur vous y porte ; revenez aux Méditations ordinaires, tout en y faisant intervenir le sujet en question, puis reprenez encore ces considérations, et ainsi jusqu'à ce que votre volonté se détermine tout de bon à entreprendre le travail sur ce point.

« Creusez bien avant dans la connaissance de vous-même, ce qui vous établira dans la défiance de vous ; creusez parallèlement dans la connaissance de la bonté et de la miséricorde du bon Dieu, ce qui vous établira dans la confiance en Lui : vous vous donnerez ainsi un double appui qui vous fera marcher.

« Savez-vous pourquoi nous recevons mal une observation ; pourquoi on ne peut nous marcher sur le petit bout du pied sans nous blesser fort ; pourquoi nous ne convenons jamais avoir mal fait, avoir mal pris nos mesures, avoir manqué d'idée, de tact et le reste ; pourquoi nous restons tristes, mornes, des journées entières, même après avoir communié ? C'est que nous ne sommes pas humbles.

« C'est que nous avons grande et bonne opinion de notre savoir-faire, de nos qualités, de tout ce qui est en nous. Oh ! que nous avons besoin de descendre de cet échafaudage !

« Lisez attentivement, dans la *Perfection chrétienne* de Rodriguez, la partie qui traite de l'humilité : vous y trouverez lumière, force et aliment pour votre âme. »

— « Vous voulez être vraiment religieuse, et vous le deviendrez, je l'espère bien, écrit-elle encore ; mais ce ne sera qu'à la condition de devenir petite à vos propres yeux, humble, bien humble. »

Elle rappelle à propos le mot bien connu de saint Augustin : « Si l'on me demande, dit le grand Docteur, quelle est la première des vertus, je réponds : l'humilité. — Et la deuxième ? l'humilité. — Et la troisième ? l'humilité. »

Puis elle reprend : « D'où vient notre tendance à critiquer le prochain, à contester avec lui, à le railler, à soutenir notre opinion contre la sienne ? D'où viennent nos brusqueries à son égard, notre sans-gêne et le reste ? De la bonne opinion que nous avons de nous-mêmes. Nous ne nous connaissons pas ; nous ne sommes jamais descendues bien avant dans le fond de corruption de notre pauvre nature. Et nous restons la tête haute ; nous tranchons même avec nos supérieures ; nous voulons être adulées, flattées, aimées, et nous ne pensons pas que nous ne méritons rien moins que tout cela. Tout notre mal vient de ce que nous ne nous connaissons pas. Les saints se connaissaient ; aussi les sentiments qu'ils avaient d'eux-mêmes étaient bien différents de ceux que nous avons de nous. »

Quant à l'humble Mère, nous avons vu plus haut combien ses sentiments étaient d'accord avec ceux des saints.

Avant de considérer ses propres exemples, notons brièvement les moyens pratiques qu'elle indiquait à ses Filles pour progresser dans la vertu d'humilité.

« Quand il vous arrive de faire des fautes, humiliez-vous devant Dieu, et, s'il y a lieu, devant votre supérieure ou vos sœurs. Puis, comme si rien n'était survenu, allez de l'avant, avec votre devise : « Tout pour plaire à Dieu, tout pour sa plus grande gloire ! »

Dans une autre lettre, elle revient sur ce même moyen : « Un aveu simple et humble à votre bonne Supérieure des fautes commises contre une vertu que vous désirez acquérir vous sera, soyez-en sûre, d'un puissant secours, d'une part pour vous corriger, d'autre part, pour acquérir la vertu désirée. Usez de ce moyen et n'écoutez pas les suggestions et les pensées qui tendraient à vous en détourner : elles ne viennent pas du bon esprit. »

Elle rappelle ensuite à sa correspondante le mot charmant de saint François de Sales : « Mes chères imperfections, je vous déteste en tant que vous déplaisez à Dieu ; mais je vous chéris en tant que vous m'humiliez. »

Elle ajoute : « Le bon Dieu aime mieux un cœur humilié et repentant d'une chute qu'un cœur glorieux, enflé et content de soi après une victoire. Donc, tant mieux que vous donniez souvent du nez en terre ! L'important, c'est de ne jamais se décourager, mais d'aller toujours avec confiance au Cœur de Notre-Seigneur. »

A une Supérieure, rappelant les enseignements de l'Evangile, elle écrit : « Que celui qui est ou veut être le premier d'entre vous, se fasse le serviteur de tous. » — « Je ne suis pas venu pour être servi, mais pour servir. » Lisez le saint Evangile, ajoute-t-elle, vous y trouverez fréquemment le mérite de l'humilité exalté tandis que l'orgueil est honni et maudit.

« La Supérieure est la Mère de la Communauté : elle doit être pleine de dévoûment et de sollicitude pour ses Filles ; ce qu'elle ne saurait donner qu'à la condition de s'oublier elle-même, de faire peu de cas de sa personnalité et de se considérer comme étant devant Dieu la dernière de toutes et l'humble servante de ses Sœurs. »

Humble dans ses sentiments, ainsi que nous venons de le voir, profondément convaincue de son propre néant, ayant d'elle-même une connaissance qui lui venait tout ensemble des lumières de la raison et de celles de la foi, Mère Saint-Georges s'étudia toute sa vie à rester fidèle à la Règle qui demande aux Filles du Saint-Esprit de ne jamais parler d'elles-mêmes... ni des bonnes œuvres qu'elles ont pu faire, ni des succès qu'elles ont pu obtenir. Silencieuse sur sa personne comme sur toutes choses, elle se livrait fort peu et ne parlait jamais de ses rapports avec Dieu. S'il lui arrivait de soulever un coin du voile tendu par son humilité, c'était pour mettre au jour quelque faiblesse, pour révéler quelque occasion de lutte. Encore ne le faisait-elle que très rarement et par nécessité, pour encourager une Sœur, pour appuyer un conseil qu'elle jugeait opportun à l'égard d'une de ses Filles chargée de la conduite des âmes.

Elle était devenue insensible à la louange. Quelqu'une des Sœurs, croyant bien faire, voulait-elle lui rapporter une parole élogieuse, lui lire une lettre où s'était glissé un compliment délicat, elle accueillait la communication avec un geste de dédain significatif, ajoutant parfois : « — Etes-vous encore assez naïve, ma Fille, pour croire à ces choses ? » — « Nous sommes toutes petites, déclarait-elle en toute circonstance : laissons aux grandes âmes les vertus héroïques, et contentons-nous, selon le mot de la Bienheureuse Mère Barat, *de filer de bonne grosse toile.* »

Si les éloges s'adressaient, non à sa personne mais à sa Famille religieuse tout entière, les sentiments de l'humble Mère ne changeaient pas ; son langage restait celui de l'humilité.

« — Notre attitude nous a valu maintes fois l'approbation et les éloges de l'opinion, des autorités ecclésiastiques et civiles, lisons-nous dans sa Lettre-Circulaire du 8 décembre 1905. Ce nous fut un grand encouragement ; mais, à l'Esprit Saint, Notre Père, l'honneur et la gloire ! Nous, ses Filles, reconnaissons que *nous sommes des servantes inutiles.* »

Ce mot de l'Evangile lui était familier : il revient fréquemment sous sa plume. Mieux encore : remplir le rôle de servante était son bonheur. En voici un exemple entre beaucoup d'autres. Vers la fin de son mandat comme Maîtresse des Novices, une épidémie de grippe éclata à la Maison-Mère, et l'on dut isoler les Novices qui en étaient atteintes. Dans l'Infirmerie provisoire où on les avait réunies, Mère Saint-Georges paraissait souvent. Un matin, les malades la virent se disposer à faire leurs lits. Aussitôt elles se récrièrent, ne se jugeant ni assez souffrantes ni surtout dignes de recevoir un tel service de la part de leur Mère. Celle-ci, non moins surprise, de répondre : — « Quoi donc ! Qu'est-ce qui vous étonne ? Ne dois-je pas m'estimer heureuse d'être la servante des servantes de Notre-Seigneur ? » Et elle continua sa besogne de charité devant les Novices muettes d'admiration.

Une telle humilité n'avait, chez Mère Saint-Georges, rien d'affecté, rien qui ne fût parfaitement *simple*. Si, malgré son admirable précision, il lui arrivait de commettre une erreur, par exemple à propos de la correspondance dont chaque matin elle dictait les lignes essentielles, dès qu'elle venait à s'en apercevoir, elle faisait appeler la Sœur de qui elle avait contesté l'opinion, fût-ce la plus jeune du Secrétariat, et lui disait avec une parfaite simplicité : « — C'est vous qui aviez raison, ma Fille ; je me suis trompée. »

« — Comme je l'abordais un jour, témoigne une Sœur de la Maison Principale, je ne fus pas peu surprise de l'entendre s'excuser de m'avoir jugée *injustement*. Me voyant interdite, étonnée, ne comprenant pas. « — Mais oui, ma Fille, ajouta-t-elle, je vous ai fait hier un reproche sur tel point, et ce reproche n'était pas suffisamment fondé. — Il était si bien fondé, ma Mère, se hâta de répondre la Sœur, que je songeais à faire de ce point le sujet de mon Examen particulier. » Et la Sœur d'ajouter : « Ma réponse rassura Notre Mère ; mais combien son humilité me confondit et m'édifia ! »

« Cette humilité, que nous avons connue si parfaite, dit un autre témoignage, portait Mère Saint-Georges à se ranger loyalement, cordialement, à l'avis de son entourage toutes les fois qu'elle pouvait le faire sans compromettre les intérêts dont elle avait la charge. Et personne autour d'elle ne sentait l'effort qu'elle devait produire dans chacune de ces circonstances, tant elle cédait avec souplesse et bonne grâce. Faut-il croire cependant qu'il n'y eut jamais d'effort quand on sait qu'elle était, selon le mot très juste et souvent cité de Mgr Morelle : *une intelligence et un caractère.*

Dans les dernières années de sa vie, le besoin d'effacement qu'elle avait toujours manifesté était devenu plus impérieux : plus le Ciel la produisait en la plaçant à la tête de la Congrégation, plus elle s'enfonçait dans l'ombre et le silence, s'estimant heureuse que sa mauvaise santé l'exemptât fréquemment des visites et des voyages nécessités par ses fonctions. Cependant, — est-il besoin de le faire remarquer ? — elle ne se déroba jamais à un devoir qu'elle pouvait remplir. Quand elle paraissait en public, son attitude décelait une âme vivant habituellement en présence de Dieu ; modeste, recueillie, elle attirait ainsi les regards de tous, mais surtout de ceux qui la voyaient pour la première fois. L'impression qu'elle laissait était celle de la distinction dans l'humilité et de l'humilité dans la distinction.

Humble dans la mort comme dans tout le cours de son existence, elle ne voulut bénir sa Famille religieuse qu'après avoir reçu le Saint Viatique, pour bien marquer que cette bénédiction suprême serait celle de Notre-Seigneur et non la sienne et nous avons vu de quels termes elle se servit vis-à-vis des Membres du Conseil : « Puissiez-vous édifier la Congrégation mieux que je ne l'ai fait ! » marquant ainsi combien peu elle estimait les exemples de sa vie.

— « A plusieurs reprises, témoigne l'une de ses anciennes Novices qui eut la consolation de l'assister en ses derniers jours, j'essayai de lui demander pardon en mon nom personnel et au nom des Sœurs, mes Compagnes de formation, de la peine que nous avions pu lui faire : l'humble Mère me ferma la bouche à chaque fois. — « Ne parlez pas de cela », interrompit-elle. Et pour m'empêcher enfin de revenir à la charge, elle invoquait l'autorité du médecin qui lui interdisait de parler dans la crainte de provoquer une nouvelle hémorrhagie. »

Pour tout résumer d'un mot en cette matière, on peut dire que l'humilité de Mère Saint-Georges était à la mesure des dons de Dieu en elle. Et cette mesure, Dieu seul la connaît.

SA CHARITÉ

La charité chez Mère Saint-Georges marchait de pair avec l'humilité et avait sa source dans le respect surnaturel des âmes. Elle voyait juste, ne s'illusionnait pas sur le compte du prochain, mais elle excusait toujours.

— « Certaines manières de dire, certaines façons d'agir doivent être attribuées, disait-elle, plutôt à une éducation religieuse incomplète ou défectueuse qu'à une disposition mauvaise de la volonté. »

— « Ne dites jamais de mal de personne, répétait-elle souvent. On dit de sainte Thérèse qu'elle était le manteau de ses Sœurs : soyez bonnes, charitables, endurantes comme elle. »

Et encore : « N'ayez pas précisément en vue de ne faire de peine à personne, mais d'aller droit votre chemin avec simplicité, candeur, *charité, en vue de Dieu*, rendant à chacun ce qui lui est dû, sans respect humain et sans crainte des autres. Cette manière d'être, loyale et droite, gagne les cœurs et attire la confiance. »

— « Lisez dans le *Traité de la Perfection chrétienne* de Rodriguez ce qui a rapport à la Charité fraternelle, recommandait-elle à une Novice. Je ne saurais assez vous dire combien cette lecture est substantielle et par suite profitable à l'âme.

« *Donnez et l'on vous donnera*, dit Notre-Seigneur au saint Evangile. Donnez de la joie, de l'affection, du dévouement, des attentions, de l'amabilité, vous recevrez en retour joie, affection, dévouement, en un mot tout ce que vous aurez donné. »

Ferme quand il fallait sévir, elle ne tolérait pas le désaccord entre les Sœurs, mais dès qu'elle l'avait remarqué, elle prenait les moyens de le faire cesser, se servant pour cela d'intermédiaire, car elle évitait, par une délicatesse toute maternelle, d'intervenir directement lorsqu'elle était certaine de réussir par une autre voie.

Afin d'entretenir dans ses jugements une continuelle bienveillance, elle s'appuyait sur des motifs tirés de l'âge, du tempérament, des circonstances. Toutes les Sœurs pouvaient être tranquilles : leur réputation était en bonnes mains dans celles de leur Mère. Elle ne souffrait pas que l'on blessât la charité en sa présence.

Une Sœur se croyait-elle autorisée à se plaindre des procédés du prochain, la charitable Mère ne manquait pas de lui dire : « N'oublions pas, ma Fille, que nous sommes nous-mêmes, par nos propres défauts, une charge pour les autres ; soyons donc indulgentes. »

Indulgente, elle l'était, sans faiblesse, autant qu'on peut l'être. Un jour, une malade, aigrie par la souffrance, lui reprocha avec amertume et en les dénaturant, ses procédés à son égard.

— « Elle m'a bien donné mon affaire », se contenta de dire l'humble Mère, du ton le plus aimable. Et elle redoubla envers la malade d'attentions, de prévenances, de maternelle délicatesse. Elle avait donc autorité pour dire à ses Filles : « Aimez beaucoup la charité, et dites-vous, pour vous exciter à la bien pratiquer : « Le Cœur du bon Dieu est plein de bienveillance pour les cœurs qui sont bienveillants envers le prochain. »

— « Qu'êtes-vous à l'égard de vos Sœurs ? » demande-t-elle à une débutante dans la vie religieuse. Et elle répond : « La petite Sœur de toutes. Par suite, déférence, respect, services rendus avec grâce, d'une façon polie, aimable. »

La correspondance de Mère Saint-Georges est émaillée de recommandations de toutes sortes au sujet de la charité fraternelle, de conseils pratiques, d'insistances pour en assurer l'exercice. Aussitôt que le fardeau du Généralat lui eut été départi, elle se préoccupa de raviver au sein de la Congrégation l'estime et l'amour de cette *reine des vertus*. Sa première Lettre-Circulaire exprime à cet égard « l'ardent désir de son cœur de voir se resserrer de plus en plus, entre tous les Membres de chacune des Communautés, les liens d'une charité franchement cordiale et dévouée. »

Dans la Lettre suivante, elle « insiste à nouveau sur la nécessité de pratiquer cette charité dont dépendent notre bonheur et la perfection de notre vie religieuse.

« J'ouvre notre sainte Règle, code de nos obligations religieuses, et j'y lis à l'article IV, qui a pour titre : *De l'Union et de la Charité qui doivent exister entre les Sœurs :*
« La charité est l'âme du Christianisme, de la vie religieuse
« à plus forte raison. Mon précepte particulier, disait le
« Sauveur sur le point de s'immoler, le commandement
« nouveau que je vous fais, c'est de vous aimer les uns les
« autres comme je vous ai aimés. »

« Si les Filles du Saint-Esprit doivent avoir de la charité
« pour tout le monde, combien plus doivent-elles en être
« pénétrées les unes envers les autres, puisqu'elles sont
« les membres d'un *même corps* et que ce n'est pas une
« *pure formalité* que ce *titre de Sœurs* qu'elles se donnent
« réciproquement. »

« Quoi de plus intimement lié que les membres d'un même corps, mes chères Filles ? Est-ce que la souffrance qui atteint l'un des membres n'est pas ressentie par chacun des autres et par le corps entier ? Voilà à quel point nous sommes liées entre nous et au corps dont nous faisons partie, c'est-à-dire à notre chère Congrégation. Oui, mes bien-aimées Filles, je ne cesserai de vous le dire, nous devons à celles que la Religion a faites nos Sœurs une charité particulièrement cordiale et dévouée. C'est pour elles que nous devons réserver toutes les délicatesses d'un cœur vraiment fraternel. Nous devons les leur témoigner de toutes façons en les aidant, défendant leurs intérêts, leur réputation comme nous défendrions les nôtres ; en faisant nôtres aussi leurs peines et leurs joies ; en priant pour elles, en un mot, en nous identifiant avec elles. Cette douce charité ne doit pas porter seulement sur celles qui habitent sous le même toit que nous, mais sur tous les membres de notre Congrégation, en quelque lieu qu'ils habitent.

« La charité et l'union qui doivent régner entre toutes
les Sœurs doivent exister pareillement entre les Etablissements de la Société. Ces deux choses sont inséparables. »

« Chacune de nos Communautés doit former une famille ;
la réunion de toutes nos Communautés forme notre Société, c'est-à-dire notre grande Famille religieuse dont les
intérêts généraux et les intérêts particuliers doivent être
infiniment chers à toutes et à chacune de nous.

« Sans doute, chaque Maison doit régir au mieux ses
intérêts particuliers, mais que ce soit toujours sans détriment de ceux des Maisons voisines, et sans détriment de
la charité dans les relations que nos Maisons ont entre
elles. Vous avouerai-je, mes bien chères Filles, que ce m'est
une peine profonde d'apprendre que des dissentiments et
des divisions se produisent parfois entre nos Maisons. Je
les déplore parce qu'ils déplaisent souverainement à l'Esprit Saint, Notre Père, qui est l'Esprit de charité, de paix,
de concorde.

« Faut-il, pour un intérêt matériel, sacrifier même une
minime partie de cette charité qui doit unir nos Maisons ?
Je suis loin de le croire, et demeure au contraire très convaincue que le bon Dieu donne d'amples compensations à
celles d'entre vous qui, pour la conserver, sacrifient quelque chose de leurs intérêts matériels. Le monde est scandalisé, nous le savons, mes chères Filles, et à bon droit,
quand il voit se produire des tiraillements entre des Communautés de Congrégations différentes.

« A plus forte raison l'est-il, quand il constate ce fait
entre des Communautés sœurs. Le remède à ce mal, car
c'en est un, c'est de chercher d'abord le royaume de Dieu
et sa justice, c'est-à-dire, en l'espèce, de pratiquer la charité ; le reste nous sera donné par surcroît.

« Notre sainte Règle ne se contente pas de nous recommander la pratique de la charité fraternelle, elle appelle
notre attention sur les défauts qui blessent cette vertu fondamentale.

« La charité et l'union obligent les Sœurs, nous dit-elle,
« à combattre l'égoïsme, c'est-à-dire cet amour déréglé qui
« rapporte tout à soi, à l'intérêt propre. Elles feront la
« guerre à la jalousie, autre ennemi mortel de l'union et

« de la charité. Elles s'interdiront avec le plus grand soin
« les *contestations*, les *railleries piquantes*, les *propos mor-*
« *dants*, les *médisances*, les *calomnies* et ces *rapports* si
« propres à semer la division et à aigrir les cœurs. Enfin
« elles s'interdiront les amitiés particulières, ce fléau des
« Instituts religieux. »

Un autre paragraphe du même chapitre doit fixer spécialement notre attention.

« Quand une Sœur a des défauts, ou qu'elle est tombée
« dans quelque faute, il leur est sévèrement défendu d'en
« parler, soit aux étrangers, soit même aux autres mem-
« bres de la Congrégation. Que les Supérieures se le tien-
« nent dit pour elles-mêmes aussi bien que les Inférieures. »

« Remarquez-vous, mes bien chères Filles, l'énergie des
expressions dont se sert la Règle ? Elle n'emploie qu'une
seule fois ce mot *sévèrement*, et c'est pour la défense des
droits de la charité, ce qui nous montre l'importance de
cette défense portée par Elle.

« Le peu de circonspection et de charité que nous appor-
tons dans nos paroles quand nous nous entretenons des
personnes et de l'esprit des Maisons où nous avons vécu,
des défauts que nous avons pu constater dans nos Sœurs,
provient moins, sans doute, de la volonté de nuire au prochain que de notre irréflexion et de notre légèreté. Il n'en
est pas moins vrai que c'est là un défaut de charité qui, en
blessant la réputation de nos Sœurs, blesse aussi nos âmes
et les âmes de ceux et de celles qui prennent plaisir à nous
entendre, blesse surtout le cœur si bon, si doux, si plein de
charité de Jésus, qui regarde comme fait à Lui-même tout
ce qui est fait à ses Epouses surtout. »

Pour donner à ses enseignements sous ce rapport toute
l'autorité désirable, Mère Saint-Georges invoque le témoignage du Prince des Apôtres, et cite les recommandations
que, dans sa 1ʳᵉ Epitre, il fait aux chrétiens touchant la
charité :

« Mes bien-aimés, leur dit-il, qu'il règne entre vous tous
« une parfaite union dans la prière, une bonté compatis-
« sante, une amitié de frères, une *charité indulgente* ac-
« compagnée de modestie et d'humilité. Ne rendez point
« le mal pour le mal ni outrage pour outrage ; mais au
« contraire, bénissez ceux qui vous maudissent, sachant
« que *vous êtes appelés à ce degré de perfection*, afin de
« devenir héritiers de la bénédiction. Car si quelqu'un aime

« la vie et désire des jours heureux, qu'il interdise à sa
« langue toute médisance et à ses lèvres toute parole trom-
« peuse... »

Elle termine par une exhortation pressante à méditer
ces paroles, de telle sorte qu'elles produisent cette charité
qui doit caractériser toute vraie Fille du Saint-Esprit.

Si un tel enseignement, reçu par toutes ses Filles avec
une religieuse avidité, excitait à la pratique de la charité
fraternelle, que dire de l'influence des exemples de la pieuse Mère ?

A la Maison Principale, par suite du développement
qu'avait pris en ces derniers temps la Congrégation, le personnel avait plus que doublé. Quand Mère Saint-Georges
prit la direction du Noviciat, elle y trouvait deux Sous-
Maîtresses : elles étaient huit à la fin de son Généralat. Il
en allait de même, proportion gardée, dans les autres services, sans compter ceux dont la création avait été nécessi-
tée par les circonstances : tels, le Juvénat et la Procure.

Par suite, le péril d'*émiettement* était à redouter. La vigilante Mère le comprit. On la vit donc, aussitôt investie du
gouvernement général, s'ingénier à grouper toutes les Sœurs
à l'heure de la récréation, préoccupée sans doute de remplir le point de Règle qui dit : « Elles passeront toutes ensemble le temps de la récréation », mais aussi d'unir les
esprits et les cœurs par la charité, ce lien de toute perfection, comme dit l'Ecriture.

La vénération dont la digne Mère était l'objet, l'ascendant qu'elle avait de tout temps exercé sur son entourage,
facilitaient l'union, mais elle sentait qu'il y fallait autre
chose : son intervention personnelle. Et la voilà se mêlant
aux jeux divers qui s'installaient tantôt au jardin, tantôt à
la grande salle, suivant l'état du ciel et suivant la saison.

Le spectacle eût tenté le pinceau de ses Filles artistes,
si celles-ci n'avaient été des plus ardentes au jeu. L'entrain
de toutes était merveilleux, coupé seulement par les *Elévations de cœur* ou par les *Ave Maria* que l'on récitait d'office à l'intention des *gagnantes*, à la fin de chaque partie.

Qui dira les heureux fruits de cette bonne joie résultant
de la fusion des esprits et des cœurs ? On devine combien
l'âme de Mère Saint-Georges en bénit le Père divin de sa
blanche Famille, Lui qui au sein de la Trinité est le Principe éternel d'une éternelle joie.

Dirons-nous que, pour tous les âges et pour toutes les conditions, le temps des récréations étant par excellence le révélateur des caractères, Mère Saint-Georges en faisait son profit pour exercer l'un des devoirs les plus délicats et aussi les plus difficiles de sa charge : *avertir*. Qu'il y faut de tact, de dévouement, de science psychologique, de doigté ! Car si on ne met dans l'avertissement que de la bonté, on n'atteint pas le but ; si on n'y apporte que de la fermeté, on le dépasse ; et dans les deux cas, l'effet est manqué.

Or, toutes les Filles de Mère Saint-Georges s'accordent à dire que, si elle excellait en un point, c'était en celui-ci.

— « Bien souvent, témoigne une Sœur qui l'approchait de très près, j'ai remarqué à sa porte l'une ou l'autre des nôtres que je savais appelées pour recevoir un avertissement, et je m'attendais à les voir sortir tristes et abattues. Au lieu de cela, c'étaient des physionomies épanouies, témoignant que la leçon avait été un enseignement bien plus qu'une blessure. »

Cependant, hâtons-nous de le dire, rien n'avait été omis ou pallié par faiblesse. L'avertissement avait été ce que doit être tout avertissement : un coup habile porté à la nature en mal d'émancipation. La main de Mère Saint-Georges était celle d'une praticienne expérimentée qui savait ouvrir un abcès, le nettoyer à fond et y mettre le pansement propre à produire la parfaite guérison. Elle avait son secret, et ce secret n'était autre que la charité de Notre-Seigneur Jésus-Christ.

La force du traitement avait-elle provoqué un resserrement de cœur, la charitable Mère s'ingéniait à ramener dans ce cœur endolori joie et dilatation. Il n'est pour cela rien qu'elle n'eût épargné. Si un sourire de sa part suffisait, elle en était heureuse ; dans le cas contraire, on la voyait en quête d'une occasion pour demander un service, pour provoquer une entrevue, en un mot pour faire sentir que de sa part, il n'y avait aucun refroidissement, aucune diminution de confiance.

Une Sœur dit à ce propos : « J'ai conservé une lettre dans laquelle Notre bonne Mère me consolait d'une réprimande qu'elle avait cru de son devoir de me faire au cours de la Retraite annuelle. Cette lettre mettait sur la plaie le baume consolateur, en ajoutant toutefois très fermement : « Je maintiens, ma Fille, tout ce que je vous ai dit. »

« Elle n'avait pas oublié que, sous le coup de la réprimande, je lui avais fait part de la crainte que j'aurais à retourner à la Maison Principale, c'est pourquoi la lettre ajoutait : « Ne cdaignez pas, ma Fille, de franchir le seuil de la Maison-Mère : vous y serez maternellement reçue. »

Nous pourrions prolonger les citations de ce genre ; toutes serviraient à prouver que la bonne Mère vivait le conseil qu'elle donnait à l'une de ses anciennes Novices en l'investissant de la charge de Supérieure :

« Soyez la vierge prudente, sage et patiente. Donnez de la joie autour de vous. Aimez les âmes et les conduisez au bon Dieu avec bénignité, condescendance *et longue patience*. Ayez des yeux pour observer, une langue pour encourager et un cœur duquel devront partir toutes vos observations et remontrances quand il y aura lieu d'en faire. »

SA BIENFAISANCE .

Appliquée au soulagement des pauvres, la charité s'appelle *bienfaisance*. Mère Saint-Georges l'exerça durant toute sa vie : n'avait-elle pas eu sous les yeux, dans son enfance, l'exemple d'une Mère généreuse ayant pour principe de ne jamais refuser l'aumône aux malheureux qui s'excitaient les uns les autres, — nous l'avons vu, — à assiéger la maison hospitalière du Petit-Cosquet.

Pendant ses premières années de vie religieuse, on signala au couvent de Rostrenen un jeune orphelin qui, en perdant ses parents, avait littéralement tout perdu. Personne qui pût ou qui voulût s'en occuper. Mère Saint-Georges fit instance près de la Supérieure et obtint que l'enfant fût envoyé dans sa propre famille, à Bangor. On lui fit apprendre le métier de boulanger, et il parvint à se faire une situation très honorable.

Revenue à la Maison Principale, elle s'intéressait chaque année aux petites filles pauvres auxquelles on donnait un habit complet à l'occasion de leur Première Communion ; puis, à l'approche de Noël, aux nombreux nécessiteux pour qui étaient utilisés les lainages provenant du trousseau des Sœurs défuntes.

Quand la charge de Supérieure Générale la mit en mesure d'intervenir directement en faveur des pauvres, sa joie fut grande. Plus les demandes affluaient, plus la bonne Mère était heureuse. La lettre de sollicitation en main, elle allait trouver la Sœur chargée du vestiaire : — « Voyez, disait-elle, il me faut telle chose... puis telle autre... et encore ceci, et cela... » Et si la Sœur hésitait, si elle lui donnait à entendre que son *pouvoir* n'était pas assez étendu pour satisfaire à tout... — Cherchez bien, ma Fille, cherchez bien. Il me semble que vous finirez par trouver ce qu'il me faut. »

— « Un jour, raconte la Sœur dont il est question, j'étais à court plus encore que de coutume. Peinée de ne pouvoir seconder Notre Mère dans ses pieuses libéralités, je lui répondis, non sans quelque dépit : « Vraiment, ma bonne Mère, on dirait que nous avons la charge de tous les malheureux du quartier. » Elle, d'un air contristé, de me répondre : « Ne parlez pas ainsi ; n'est-ce pas le bon Dieu qui nous les envoie ? N'est-ce pas Lui qui se charge de nous fournir de quoi les soulager ? Allons, fouillez bien vos armoires, ma Fille, et donnez ce que je vous demande. » Quand, le soir, j'allai joyeuse lui porter mes trouvailles, elle, plus joyeuse encore me montrant la somme qu'elle avait reçue, ce jour-là même, pour soulager les pauvres : — « Voyez, ma Fille, me dit-elle, ce que le bon Dieu m'a fait remettre aujourd'hui. Comparez avec cette somme la valeur de ce que vous me donnez, puis, défiez-vous encore de la Providence dont les pauvres sont les pensionnaires aussi bien que nous. »

Ce qu'elle recevait ainsi était vite distribué en aumônes ; mais une telle délicatesse présidait à cette distribution que personne dans la Maison, sauf la Sœur dont elle se servait pour les répartir, ne soupçonna jamais ses libéralités.

Une Sœur des Fondations lui signala une famille récemment arrivée à Saint-Brieuc. Le père avait un modeste emploi sur les chemins de fer, et rien par ailleurs pour faire vivre sa femme et ses cinq enfants en bas âge. De plus, il n'avait trouvé d'autre logis qu'un taudis abandonné dont les reptiles lui disputaient la possession, et tellement humide que la mère tomba dangereusement malade.

Mère Saint-Georges députa aussitôt vers elle la Sœur chargée de ses pauvres : — « Allez vite, lui dit-elle, et prenez note des besoins les plus pressants. »

On devine le tableau qui s'offrit aux regards de la visitéuse. Le médecin avait donné ordre de chercher tout d'abord un local moins inconvenant. Pendant huit jours, le père avait en vain parcouru la ville. — « Aidez ce brave homme dans ses recherches », dit Mère Saint-Georges à la fidèle complice de ses charités. Quand le local fut enfin trouvé, la charitable Mère compléta la somme nécessaire pour payer le loyer, et elle renouvela chaque année cette généreuse aumône, bénissant Dieu d'avoir rendu la santé à la mère, et s'intéressant jusqu'au bout à chacun des enfants.

Elle expérimenta souvent la vérité de la parole évangélique : « *Il y a plus de joie à donner qu'à recevoir.* » Ses dons allaient tout d'abord aux voisins du Couvent Blanc. — « Comment va la bonne Mère Saint-Georges ? demandait, quelque temps avant sa mort, une pauvre femme qui habitait rue des Capucins. Elle ajoutait : Quelle providence que cette bonne Mère ! Grâce à elle, tous mes enfants sont vêtus très proprement, et peuvent se présenter avec honneur à l'Ecole chaque matin. »

Ayant fait visiter une mère de famille condamnée par les médecins (elle mourut en effet quelque temps après), Mère Saint-Georges s'informa du père et des petits orphelins. Navrée de ce qui lui fut rapporté, elle manda près d'elle toute la famille, se rendit compte de sa détresse, fit distribuer des secours selon son pouvoir, et ne se donna de repos qu'elle n'eût trouvé des âmes charitables pour suppléer à ce qu'elle ne pouvait faire par elle-même. Les petites filles furent placées dans les Orphelinats de la ville ; les garçons reçurent à l'Ecole des Frères une instruction qui permit à l'aîné d'entrer dans la marine de l'Etat. Quant au père, il ne cessa de bénir l'auxiliaire si dévouée de la Providence qui avait arraché ses enfants à la misère et lui-même au désespoir et à la mort.

Mais elle mettait dans l'exercice de sa charité et la distribution de ses aumônes un tact si parfait, que c'est à peine si ses obligés pouvaient lui exprimer leurs remerciements. On eût dit qu'elle voulait changer les rôles et garder à son compte le devoir de la reconnaissance. Cette disposition était un fruit, et non des moindres, de son esprit de foi. Elle était charitable en vue de Dieu, à tel point qu'elle ne fit jamais la moindre remarque au sujet d'un procédé indélicat de la part des malheureux qu'elle soulageait. A plus forte raison ne releva-t-elle jamais ni l'abus que l'on pouvait faire de sa bienfaisance, ni l'ingratitude dont parfois elle était payée de retour (1). Elle avait agi purement pour Dieu, sa foi lui montrant dans les pauvres la personne n.ême de Notre-Seigneur Jésus-Christ : cela lui suffisait ; sur tout le reste, silence absolu.

Dans le cas — souvent renouvelé — où ses largesses s'adressaient aux Aspirants au sacerdoce, la pieuse Mère agissait avec un respect qui tenait de la vénération. Ce respect, elle l'exprimait toujours dans la formule par laquelle se terminaient les réponses aux lettres de ses obligés.

— « J'étais tellement surprise, atteste la Sœur secrétaire, qu'elle, la Supérieure Générale, voulût témoigner un tel respect à un séminariste, hier encore simple collégien, que je ne pouvais me retenir de lui en faire remarque. Elle à son tour s'étonnait de mon étonnement. « Mais, ma Fille, c'est un futur Prêtre : oui, je tiens à lui exprimer mon respect. »

De telles paroles ne souffrent pas de commentaire.

Nous ne saurions passer sous silence les pauvres honteux dont la détresse est d'autant plus digne d'intérêt qu'ils sont contraints de la voiler et de la taire. Ingénieuse à les découvrir, Mère Saint-Georges ne l'était pas moins à les soulager et cela sans blesser en aucune façon leur fierté naturelle. On la voyait profiter de telle circonstance : la fête du père ou de la mère, la Noël, le premier de l'an, etc., pour faire porter dans les familles dont l'indigence lui était connue, un dîner complet, y compris le dessert et certaines gâteries pour les enfants. Ainsi, à Noël, le cadeau était toujours accompagné de bonbons destinés aux petits sabots de la cheminée, et autant de pièces de deux sous qu'il y avait dans la maison de petits frères du Petit Jésus. Ces gros sous devaient passer des menottes des bambins à la crèche de l'église paroissiale. La grande joie des

____

(1) La Sœur qui nous a fourni ces détails a retenu le cas d'une enfant pauvre dont Mère Saint-Georges avait assuré l'avenir en faisant les frais de son instruction jusqu'au B. E. La jeune fille s'était dérobée ensuite. Les placements qu'elle avait essayés ne lui ayant pas réussi, elle revint solliciter sans vergogne de nouveaux bienfaits près de la charitable Mère. Celle-ci donna d'abord à la Prodigue la leçon qu'elle méritait. m is ne refusa pas les secours que réclamait cette misère précoce, l'attribuant à la légèreté de l'âge et voulant en même temps prévenir la détresse morale dont toute âme en tentation peut devenir la victime.

enfants au jour de Noël n'est-elle pas de donner leur sou
au Petit Jésus ? Aussi que de bénédictions ces familles donnent encore à la mémoire de leur Bienfaitrice !

— « Sans Mère Saint-Georges, nous serions morts de
misère », ont déclaré plusieurs de ces nécessiteux.

Débordant les limites de la Bretagne et même les frontières de la France, les aumônes de Mère Saint-Georges
allaient chercher au fond de leur cloître, en Italie et jusqu'en Sicile, les Filles de saint Bernard, de sainte Claire
ou de sainte Thérèse, après que leurs Sœurs de France
avaient elle-mêmes sur certains points, dans les Vosges par
exemple, recueilli les secours réclamés par leur infortune.

Chaque année, les Anges de ces Monastères inscrivaient
au Livre de vie les générosités de la Mère Générale des
Sœurs Blanches de Bretagne. Quant à elle, après avoir donné
dans les pieuses lettres qu'elle écrivait à ces familles d'a-
doption, avec l'aumône matérielle, les paroles qu'inspire
une charité toute surnaturelle, elle étendait le voile de l'oubli sur ces dons de sa foi, en sorte que ses secrétaires pouvaient se demander si la bonne Mère n'avait pas pris la
résolution — ou peut-être formulé le vœu — de s'interdire
toute jouissance naissant de la satisfaction du bien accompli.

Soupçonnait-elle chez les parents de quelqu'une de ses
Filles une infortune secrète, la charitable Mère avisait aussitôt au moyen de la soulager. Ne pouvant, à son vif regret,
laisser son obligée dans l'ignorance du bien qu'elle faisait
à sa famille, elle cherchait du moins à se dérober à ses
remerciements. Que n'aurait-elle pas fait pour cela ?

La veille même de sa mort, ayant appris que les parents
d'une Sœur étaient en butte à une véritable persécution de
la part du propriétaire de leurs terres, lequel réclamait
injustement une somme exorbitante, Mère Saint-Georges fit
un signe à la confidente de ses générosités, lui ordonna de
remettre à Sœur X... un dédommagement à l'adresse de
sa famille.

— « Ne faites cela qu'après ma mort », recommanda-t-elle
expressément. Et du fond du cœur, elle bénit Dieu qui lui
fournissait en ses derniers jours le moyen d'exercer la
charité comme elle l'entendait ou plutôt à la façon préconi-
sée par Notre-Seigneur dans le saint Evangile.

Ce Livre divin lui avait révélé le secret de rendre inépuisables les ressources qu'elle distribuait aux déshérités de ce monde : maintes fois, elle avait relu les textes sacrés : « Donnez et il vous sera donné... On versera dans votre sein une mesure abondante, laquelle étant secouée, se répandra par dessus les bords... Considérez les oiseaux du Ciel : Votre Père Céleste les nourrit, etc., etc.

Ces citations revenaient fréquemment sur ses lèvres ; elle les a fréquemment reproduites dans sa correspondance privée et dans ses Circulaires à la Congrégation.

C'était lui faire grand plaisir que d'entrer dans la voie de l'Abandon à la divine Providence en partageant son pain avec les pauvres et en exerçant l'hospitalité à la manière large et désintéressée qui est d'ailleurs la caractéristique de notre race bretonne.

— « Je vous approuve hautement, s'était-elle empressée de répondre à une Supérieure qui lui avait annoncé l'adoption qu'elle venait de faire d'une pauvre petite orpheline. Je vous approuve hautement : cette enfant est une privilégiée du divin Maître, puisqu'elle est pauvre. Vous serez donc, à cause d'elle, l'objet d'une particulière providence du bon Dieu. » Cette prédiction s'est réalisée, ajoute la Sœur ; depuis lors, notre Maison, l'une des plus pauvres de la Congrégation, n'a jamais manqué du nécessaire. Quant à notre petite orpheline, elle est morte à l'âge de 15 ans, en prédestinée. Le Père du Ciel l'a adoptée à son tour, pour la rendre heureuse éternellement. »

SA BONTÉ

C'est ici la qualité propre de Mère Saint-Georges : laquelle de ses Filles ne l'a expérimenté ? Laquelle, appelée à témoigner sur ce point, ne pourrait citer mille faits à l'appui ? Ces faits, nous ne les multiplierons pas outre mesure, par la raison que ce travail tout entier en est une démonstration évidente. Le cœur de Notre Mère, riche des dons de celui que la piété populaire nomme à si juste titre : « le bon Dieu », était vraiment et foncièrement bon. — Bonté *native*, dites-vous ? Plus encore, bonté *conquise*. Car, s'il est vrai qu'en créant le cœur de l'homme, Dieu y mit premièrement la bonté, il reste vrai aussi que le péché a gâté comme tous les autres, ce don si précieux du Créateur. Pour le retrouver dans sa perfection originelle, la lutte s'impose, lutte de tous les instants, lutte parfois très dure et qui n'aboutit, il faut le dire à notre confusion, qu'à une victoire douteuse.

C'est pour cela qu'un saint bon entre tous, saint François de Sales, parle quelque part de « *la fatigue d'être bon* ».

Cette fatigue, on dirait que Mère Saint-Georges ne l'a jamais connue ou plutôt, elle l'a dominée à tel point qu'aucune de ses Filles n'a pu soupçonner l'effort à produire en cette matière. C'est donc à dessein que nous avons donné comme titre de deux chapitres, au lieu de Maîtresse des Novices, Supérieure Générale, *Mère* des Novices, *Mère* Générale, la bonté étant surtout l'apanage de la maternité. Et nous avons dit, au moins implicitement au cours de ces chapitres, combien Mère Saint-Georges était bonne, bonne jusqu'à la tendresse, surnaturellement bonne. Nous avons dit que, si sa bonté était conquérante, c'était, dans l'esprit du Grand Apôtre : *Pour gagner ses Filles, toutes ses Filles, à Jésus-Christ.*

Enfin nous avons rappelé le témoignage bien sincère qu'elle se rendait à elle-même aux derniers jours de son existence. « J'aime toutes mes Filles. » A chacune, elle aurait pu dire : « J'ai tout fait pour vous donner confiance. » Aussi la plus grande peine qu'elle ait soufferte, c'était de constater, chez certaines natures délicates ou timides à l'excès, une sorte de gêne, une crainte (non raisonnée évidemment, mais que sa perspicacité était habile à découvrir), de s'approcher d'elle et de lui parler très librement.

— Un jour, me trouvant en voyage, raconte une Sœur, j'appris que Notre Mère était attendue dans la Maison où j'arrivai vers la fin de la matinée. Je changeai aussitôt mon itinéraire : au lieu de m'attarder, je sortis immédiatement afin de rentrer quelques heures plus tôt. En cours de route, je croisai la voiture dans laquelle se trouvait Mère Saint-Georges. Dès qu'elle fut de retour, je reçus l'ordre de me rendre près d'elle, car elle avait appris le motif de mon brusque départ de X...

— « Pourquoi ne m'avez-vous pas attendue l'autre jour, ma Fille ? — Je craignais de vous gêner, ma Mère. — Eh quoi ! depuis quand une Fille digne de ce nom peut-elle gêner sa Mère ? Vous me faites une vraie peine en me disant cela... Car, il me semble avoir tout fait pour vous mettre à l'aise. C'était vrai : la bonne Mère avait tout fait pour me guérir de cette timidité exagérée dont mes rapports avec elle étaient empreints. Que n'ai-je eu l'occasion de lui prouver que cette dernière leçon avait été salutaire ! »

— « Lorsque j'arrivai à la Maison Principale, brisée par un déplacement aussi brusque qu'inattendu, témoigne une autre, je sentis le regard investigateur de Notre Mère s'attacher sur moi pendant les premiers jours. Elle devinait ma souffrance. Quelle ne fut pas ma surprise de la voir arriver un matin dans ma cellule, s'asseoir à mes côtés, et dans un entretien de quelques minutes, s'ingénier à me dilater, à me faire accepter de la main de Dieu, avec toute la générosité possible, le douloureux sacrifice afin d'en recueillir tous les fruits. Bref, elle ne me quitta que lorsqu'elle me vit rassérénée. — « Voilà, ma Fille, me dit-elle en se levant, une petite conversation que je tenais à avoir avec vous, et j'espère bien la renouveler de temps en temps. » C'en fut assez, conclut la Sœur, le nuage était dissipé pour ne plus reparaître. Du reste, l'accueil tout maternel qu'elle m'avait fait dès l'arrivée aurait suffi à mettre en bonne assiette une nature moins sensible que la mienne. »

Qui pourrait oublier la cordialité de la réception qu'elle faisait chaque année aux divers groupes des Retraitantes ! Sa vue épanouissait tous les cœurs en attendant les épanchements de l'entretien particulier qu'elle accordait au plus grand nombre. Bien que cet entretien fût forcément très court, chacune en sortait l'âme réconfortée, dilatée, et en mesure de répéter, dans une pensée toute surnaturelle, après le héros cornélien :

« Est-il un ennemi qu'à présent je ne dompte ? »

Le Saint Esprit qui s'était plu à pétrir de sa divine bonté ce cœur maternel, l'inclinait tout particulièrement vers les privilégiées auxquelles Notre Seigneur a fait don de sa Croix : les malades étaient l'objet de sa constante sollicitude. Sachant combien sa santé à elle-même était précaire, ses Filles des Fondations lui adressaient-elles des primeurs ou tout autre don qu'elles tenaient de la libéralité de la Providence, la bonne Mère s'empressait de faire porter à l'Infirmerie le précieux colis, puis sans retard, elle adressait à l'envoyeuse le plus délicat des remerciements. Elle vivait pour ainsi dire près du lit de souffrance de nos chères malades, non seulement de celles qui ont la consolation d'habiter la Maison-Mère, mais plus encore peut-être de celles qui souffraient loin d'elle. Au fort de la crise qui devait nous la ravir, la bonne Mère apprenait l'état grave de notre chère Sœur Saint-Anatole dans sa solitaire Fondation de Lampaul. Elle demandait fréquemment de ses nouvelles. — « Ne vous fatiguez pas ainsi, ma bonne Mère, crut devoir lui dire la Sœur Infirmière. — Ma Fille, répondit avec simplicité la vénérée malade ; je ne vous demande pas de nouvelles de ma Sœur Saint-Anatole à chaque fois que j'en ai la pensée... je n'ose pas... puisque défense m'en a été faite. Ah ! ajouta-t-elle sans se départir de son calme et de sa sérénité, si je ne puis plus demander des nouvelles de mes Filles malades, *il faudra m'enterrer.* » La veille de sa mort, parlant d'une Sœur de l'Infirmerie qui, sur son indication, avait quitté sa cellule pour en habiter une plus rapprochée de la salle commune : — « Sœur Marie-Berchmans se plaît-elle dans sa nouvelle chambre ? demanda-t-elle... Y dort-elle bien ? »

— « Ayant été victime d'un accident de voiture, écrit une Sœur, je fus transportée à la Maison-Mère. Le lendemain de mon arrivée, la Sœur Infirmière (c'était alors Sœur Guillaume-Marie) monta, comme de coutume, à la première heure pour soigner Notre Mère qui souffrait des yeux. — Avez-vous, ma Fille, soulagé d'abord Sœur L. A. ? demanda-t-elle. Sur la réponse négative. — Eh bien ! laissez-moi : je tiens à ce que vous alliez de suite vers elle : la pauvre enfant souffre plus que moi. » Il fallut obéir, et il en fut ainsi jusqu'à ce qu'elle eût appris que j'allais beaucoup mieux. De plus, tant que dura mon séjour à l'Infirmerie, elle me fit porter tous les fruits qui lui étaient destinés. »

De tels faits, — on pourrait les multiplier, — fournissent la preuve que la bonne Mère disait vrai en affirmant: « Personne, il me semble, ne peut aimer les malades plus que moi. » A quiconque lui demandait ce qui lui ferait plaisir, elle répondait invariablement : « Donnez-moi quelque chose pour mes malades. »

Elle aimait aussi ses Filles que l'âge avait rendues infirmes ou impotentes, elle les comblait d'attentions délicates, de prévenances même, comme en témoigne le passage suivant d'une lettre émanant de la vénérable Supérieure de T...

« En 1912, j'assistais à la Retraite et venais de sortir du confessionnal. Tout en tremblottant, je transportais ma

chaise à travers la chapelle. Notre bonne Mère m'aperçut ;
avec empressement, elle vint me débarrasser de mon fardeau. Confuse, émue jusqu'aux larmes, j'essayai de protester. Heureusement, une jeune Sœur vint à passer, qui pria
Notre Mère de vouloir bien lui permettre de me rendre ce
service.

« Deux ans plus tard, la mobilisation étant survenue au
moment de la Retraite, impossible de réintégrer les Fondations par les voies ferrées. Tous les trains étaient au service de l'armée. En dépit du désarroi général, de ses anxiétés, de ses préoccupations accablantes, Notre Mère me dis-
cerna dans la foule nombreuse des Retraitantes et ne se
donna de repos qu'elle ne m'eût assuré une place dans
l'auto d'une Bienfaitrice généreuse. »

Ouvrons à ce propos une parenthèse pour faire remarquer que la bonne Mère avait pour principe de maintenir
autant que possible les respectables Anciennes dans les
Fondations, surtout si elles avaient la charge de Supérieure.
Avec tact et prudence, au besoin avec fermeté, elle maintenait en même temps *la jeunesse* dans la dépendance et
le respect de l'autorité. Faisant allusion à une situation devenue pénible par suite du grand âge de la Supérieure, elle
écrit :

« J'ai remarqué qu'en ces sortes de questions, on va toujours trop vite : on voudrait tout faire aller *à la jeune* ;
on ne sait pas passer aux Anciennes leurs petites manies et
leur manière de faire *démodée*. Et quand il y a quelque
chose de travers, on crie que tout va à la dérive. Est-ce
qu'il ne serait pas possible, *à trois*, de réparer les quelques
bévues d'une seule, en s'y prenant avec délicatesse et charité ? Pensons donc beaucoup à nos respectables Anciennes,
vraies colonnes de notre chère Congrégation par leur piété,
leur humilité, leur régularité : ce sont pour nous des paratonnerres, des paratonnerres que nous chercherons quand
elles auront disparu. »

De ce respect à l'égard des Sœurs âgées ou infirmes, elle
ne manquait jamais l'occasion de donner des leçons pratiques. Apercevait-elle une jeune Sœur qui, distraite ou fort
occupée, prenait le pas sur une Ancienne, elle le lui faisait
remarquer sans retard, et autant que les circonstances s'y
prêtaient, exigeait la réparation immédiate. De même, dans
les paroles, elle reprenait tout ce qui était de nature à bles-

ser la respectabilité de l'âge et du caractère. Bref, on sentait, dans sa façon d'être et dans son langage, que la bonne Mère eût volontiers baisé la trace des pas de ses aînées en religion, alors même que, devenue leur Mère, elle était en droit d'en attendre, pour sa personne, le même témoignage de vénération.

Nous venons de rencontrer sous la plume de Mère Saint-Georges un mot qui nous fournit l'occasion de consigner ici le témoignage d'une Sœur bénéficiaire comme tant d'autres de son exquise bonté : « J'allai un jour la trouver pour lui avouer *une bévue* que je venais de faire, persuadée que la bonne Mère saurait bien en arrêter les fâcheuses conséquences. Lorsque j'eus fini de m'expliquer : — Qu'attendez-vous de moi maintenant, ma Fille ? me dit-elle. — Que je répare la sottise, n'est-ce pas ? que je fasse *la Grand'-Mère ?* » Elle le fit avec son tact et sa discrétion habituelle, et je n'eus pas même le droit, moi, la coupable, de lui dire merci. »

Est-ce en des faits de ce genre qu'il faut chercher le triomphe de la bonté de Mère Saint-Georges ?

Voici un autre témoignage : « Dans un moment d'oubli, j'avais beaucoup contristé Notre Mère. J'avais hâte de réparer, mais je ne savais comment retourner vers elle. Comptant sur sa maternelle bonté qui m'était bien connue, je m'armai enfin de tout mon courage et vins frapper à sa porte. Elle était au lit. Par ma faute, peut-être, me dis-je intérieurement, et je me sentis pénétrée d'une vraie contrition. Un bon et maternel sourire répondit à mes larmes. Elle me fit signe d'approcher, m'embrassa, puis posant la main sur ma tête, me bénit avec tendresse. Comme je demeurais à genoux pour implorer un pardon que je sentais ne pas mériter, elle, devinant mon repentir, m'aida à me relever et ne fit jamais la moindre allusion à cette saillie de caractère qui m'avait rendue si malheureuse. »

SES EXERCICES SPIRITUELS

Avant de poursuivre l'examen des vertus de Mère Saint-Georges, visitons *l'arsenal* qui lui fournissait les armes au moyen desquelles se multipliaient de jour en jour ses victoires sur le terrain de la bonté. Car, nous ne saurions

6

trop l'affirmer, cette bonté dont nous venons d'admirer quelques traits, était le fruit de combats chaque jour renouvelés. Les Sœurs qui en témoignent sont celles dont, pendant près de 40 années, les rapports avec Mère Saint-Georges ont été, pour ainsi dire, de tous les instants. Au reste, ne pas admettre ceci, c'est ou méconnaître les ravages causés dans la nature humaine par le péché originel, ou faire abdication de tout jugement. Mère Saint-Georges lutta donc ; elle lutta toute sa vie avec courage, énergie, s'appuyant, suivant sa propre recommandation, d'une part sur la constante défiance d'elle-même et d'autre part sur une absolue confiance en Dieu.

Ce double sentiment, elle l'alimentait dans les Exercices spirituels qu'elle tenait en haute estime : son carnet intime en fait foi. C'est à la Méditation qu'avec tous les Auteurs ascétiques elle donnait le premier rang. Nous lisons en tête d'un programme consigné dans ses notes :

« Préparer ma Méditation dès la veille au soir, m'en occuper le matin *exclusivement*, après avoir fait l'Examen de prévoyance. Méditer avec simplicité, abandon à Dieu, attendant tout de Lui, m'appliquant plutôt à produire des affections qu'à m'arrêter trop longtemps aux considérations. Terminer toujours par une résolution pratique. »

On ne saurait ni mieux résumer ni mettre en plus belle lumière la pratique de cet Exercice fondamental. La pieuse Mère pourra donc donner sous ce rapport une direction très nette et très ferme aux âmes dont elle aura la charge : « Soignez la Méditation, dira-t-elle. Bien faite, elle nous apporte *lumière, force, chaleur, onction* et *goût* pour nos devoirs ; par elle, nous restons, nous nous maintenons religieuses, religieuses intérieures, religieuses dirigées toujours et partout par l'esprit de foi. »

« Tenez bon pour votre préparation à l'Oraison, insistera-t-elle encore. Soyez ferme sur ce point. Sainte Thérèse disait que le démon a peur d'une âme courageuse dont la volonté est ferme et arrêtée pour le bien. Faites-lui peur, vous aussi, par votre fermeté et votre décision dans la manière dont vous préparerez et accomplirez vos Exercices de piété. »

Nous avons sous les yeux un écrit de sa main où il est dit : « Une personne qui fait oraison est assurée de son salut ; celle qui ne fait pas oraison se damnera.

« Pourquoi, après tant d'années de vie religieuse, fait-on si mal l'Oraison ? Prenez une Elève ayant fréquenté l'Ecole pendant quatre ans : elle ne sait pas plus la quatrième année qu'au commencement de la première : pourquoi ? Ou chez cette enfant il y a défaut d'intelligence, ou les leçons de la Maîtresse ne valent rien, ou enfin l'Elève manque complètement de bonne volonté et d'application. C'est certainement ce dernier point qui fait défaut en matière d'Oraison. On manque d'application et on se laisse envahir par les distractions.

« Il faut d'abord pratiquer la préparation éloignée qui comprend quatre choses : pureté de cœur, recueillement, humilité, esprit de sacrifice.

« *Pureté de cœur ;* éviter toute faute volontaire : heureux le cœur pur, il verra Dieu !

« *Recueillement ;* si dans la journée on se laisse aller au bavardage, à la curiosité, au besoin de tout dire, de tout voir, de tout savoir, si l'on vit dans une dissipation continue et pour ainsi dire voulue, si l'on est comme au milieu d'une foire, comment sera-t-il possible qu'à un moment donné on puisse chasser tout ce bruit comme ferait un commissaire de police pour faire évacuer une place pleine de monde ?

« *Humilité.* Une source de distractions, c'est l'orgueil : orgueil froissé, orgueil flatté, orgueil préoccupé.

« *Esprit de sacrifice,* d'oubli de soi ou *mortification.* L'oiseau ne vole, ne vole haut, ne plane qu'autant qu'il a de bonnes ailes, ailes semblables, ailes aussi fortes l'une que l'autre. L'âme pour aller à Dieu doit aussi avoir deux ailes bien semblables, aussi fortes l'une que l'autre. Ces ailes sont la prière et la mortification. »

Cependant elle évitait pour elle-même et avait soin de faire éviter la contention d'esprit dans l'Oraison. A l'une de ses Filles qui s'inquiète sous ce rapport, elle écrit : « Ne vous tracassez pas au sujet de votre Méditation ; faites de votre mieux ; mettez de la confiance et de l'amour dans vos rapports avec Notre-Seigneur et allez votre chemin, complètement abandonnée à la sainte Volonté de Dieu. » — « Nous contentons Dieu, dit Bossuet, dès que nous voulons le contenter. »

Ce à quoi elle visait, c'était à faire comprendre l'importance de cet Exercice fondamental et à conjurer pour elle-même et pour ses Filles tout péril d'infidélité. Nous lisons dans ses notes : « Notre-Seigneur parle à notre âme... dans la Méditation surtout. C'est dans la Méditation que nous recevons l'esprit de discernement, de prudence, de lumière, de charité, de tact pour l'action. Dans le cas où l'on ne pourrait faire que l'une de ces deux choses, Méditation ou Communion, préférer la Méditation. »

Les réflexions qu'elle jetait parfois sur son carnet au sortir de l'Oraison, nous révèlent la ferveur avec laquelle la pieuse Mère s'en était acquittée. Citons quelques extraits :

« L'homme a été créé pour *louer, révérer, servir Dieu* et par ce moyen sauver son âme. La religieuse a été *créée* à la vie religieuse par Dieu, dans le même but...

« Je dois louer Dieu : toutes les facultés de mon âme et de mon corps doivent fournir cette louange, chacune à sa manière : mon intelligence, par son application à connaître les perfections de Dieu ; je dois la nourrir de Dieu et de sa volonté, de la connaissance de Notre-Seigneur et de son amour. Ma mémoire doit louer Dieu, en se purgeant des souvenirs mauvais, frivoles et vains, en s'entretenant du souvenir de Dieu, de ses bienfaits, des devoirs de ma Vocation, de ma charge, en s'entretenant surtout du souvenir de Notre-Seigneur, de son amour, de ses exemples, de ses maximes, de son esprit, de sa vie.

« Mon cœur glorifiera Dieu, le louera, si j'y cultive un véritable amour de Dieu. Les affections de famille et d'amitié que j'ai ressenties si fortement, ne m'impressionnent presque plus. Que faut-il en penser ? Il est vrai que j'ai fait des efforts pour les dominer ; mais au lieu de *diriger* cette tendance à aimer fortement, je l'ai plutôt *éteinte*, ce qui est malheureux. C'était un don de Dieu qu'il eût fallu cultiver *pour Lui*. « Mon Dieu, donnez-moi cette puissance d'aimer, d'aimer fortement, mais de vous aimer, Vous, et tout le reste pour Vous, par amour pour Vous !

« Ma volonté, pour louer Dieu, doit être *droite, forte* et *souple :* droite pour vouloir ce qu'Il veut, forte pour faire ce qu'Il veut ou s'abstenir de ce qu'Il défend ; souple pour accepter ce qu'Il m'envoie et pratiquer l'obéissance, la condescendance, le support.

« Les sens de mon corps doivent glorifier et louer Dieu : mes yeux, par la pratique de la modestie ; mes oreilles, en se fermant aux bruits du dehors pour s'ouvrir aux choses de Dieu.

« Ma langue le louera en s'abstenant des paroles médisantes, railleuses, frivoles et en parlant de choses bonnes, pieuses qui portent à Dieu ou qui aident le prochain à le louer. Mon corps tout entier doit le louer par sa modestie, sa mortification et la retenue de l'ensemble.

« Je dois révérer Dieu, le respecter. *Marche en ma présence et tu seras parfait.* » Point capital ! Respect de Dieu dans la prière, dans l'action, dans les relations avec le prochain. Respect de Dieu en tout !

« Servir Dieu, c'est conformer absolument ma volonté à la sienne : Commandements de Dieu et de l'Eglise, Vœux, Règle, Charge. »

Le carnet indique ensuite avec précision les points à fortifier et les résolutions à prendre. Dans cette Méditation, Mère Saint-Georges voyait avec raison tout le travail de la perfection et nous savons quelle était son énergie pour le mener à bien, son zèle de la gloire de Dieu, son respect de la présence de l'Auguste Trinité en elle-même et dans le prochain, son souci d'en pénétrer les âmes dont elle avait la responsabilité.

Ce respect de la Majesté divine, la pieuse Mère l'exigeait dans chacun des Exercices de piété. « A l'heure du Chapelet, écrit l'une de ses anciennes Elèves du Cours, Mère Saint-Georges interrompait les leçons et le récitait avec nous. J'y répondais, sans trop m'en rendre compte, avec une volubilité peu respectueuse. Un jour, la bonne Mère me le fit remarquer, mais avec une telle bonté que j'osai lui demander de m'indiquer la manière de m'y prendre pour me corriger promptement, ce qu'elle fit aussitôt et très aimablement. »

— « J'assistais au Chapelet à la salle de Communauté à la Maison-Mère, écrit de son côté la Supérieure d'une Maison lointaine, et c'est, je crois, la seule fois de ma vie. Dans la joie que j'éprouvais de revoir une Sœur de ma connaissance, je devais ou sourire à cette Sœur ou lui parler par gestes. Mère Saint-Georges fixa sur moi un regard qui me fit comprendre que la récitation de mon chapelet devait être à ce moment ma seule occupation. Elle me fit observer ensuite bien maternellement que l'on ne saurait appeler chapelet les quelques *Ave* auxquels on répond tout en se livrant à une distraction absorbante. Cette leçon m'a été fort utile, conclut notre correspondante, et il m'est arrivé plus d'une fois d'interrompre le chapelet pour faire remarquer à certaines Sœurs que de longues consultations sur un ouvrage manuel ou choses semblables ne peuvent avoir lieu pendant le chapelet prescrit par la Règle, et que si l'usage tolère le travail, c'est à la condition qu'il ne nuise pas au recueillement. »

Dans son programme de vie spirituelle, après la note sur la Méditation marquée plus haut, Mère Saint-Georges avait écrit : « *Chapelet* et *autres prières vocales :* attention sérieuse, esprit de foi, direction d'intention ;

« *Sainte Messe :* suivre simplement un ordinaire de Messe. M'unir à Notre-Seigneur ; m'offrir à Lui tout entière, ma volonté propre surtout. Efforts pour soutenir l'attention ;

« *Confession :* attention spéciale à l'Examen et surtout à la contrition ;

« *Sainte Communion :* préparation dès la veille et au troisième point de la Méditation ; recueillement profond au moment de la sainte Communion ; y penser dans la journée pour remercier Notre-Seigneur. »

Interrogeait-elle l'une ou l'autre de ses Novices pour savoir si elles appliquaient ces principes, si, par exemple, elles songeaient à la Communion du lendemain : — Priez votre saint Ange, recommandait-elle à celles qui se plaignaient d'oublier : les Anges ne savent ni oublier Dieu ni se distraire de sa présence ; le vôtre suppléera à toutes vos omissions ; et il remerciera Notre-Seigneur le long du jour pour sa visite du matin, ce qui ne vous dispense pas vous-mêmes du devoir de la reconnaissance. Voyez, ajoutait-elle : à l'époque de la Fête-Dieu, il reste pendant longtemps, sur l'emplacement du Reposoir, des débris de fleurs ou de verdure qui attestent le passage du Saint-Sacrement. Que Notre-Seigneur trouve ainsi dans votre âme des traces de son passage. En un mot, préparez avec un soin raisonnable vos Communions. Apportez à chacune un grand désir de recevoir Notre-Seigneur. Témoignez-Lui le bonheur que vous avez de Le posséder, et ne vous inquiétez nullement de l'absence de goût sensible, ce qui est purement accidentel. » Elle s'attache cependant au désir de la sainte Communion. — « Si vous ne sentez pas ce désir dans votre cœur, écrit-elle à l'une de ses Filles, demandez-le à Notre-Seigneur : c'est la première condition pour profiter de ce grand Sacrement que nous avons le bonheur de recevoir si si souvent. »

« Dans nos Exercices de piété, lisons-nous encore sous sa plume, nous ne devons pas seulement considérer notre propre avantage, mais surtout la gloire de Notre-Seigneur. C'est dans cette vue surtout que nous devons faire nos œuvres. Résignons-nous donc à communier *humainement*, c'est-à-dire avec des imperfections, des incertitudes, sinon des doutes de conscience, et des obscurités. »

Voilà bien, remarquons-le en passant, une piété large, solide, généreuse ; on y retrouve l'esprit dans lequel le Souverain Pontife Pie X, de sainte mémoire, a conçu et publié le Décret sur la Communion fréquente.

A une Sœur qui se plaint d'être portée à l'impatience, elle recommande de se fortifier dans la vertu opposée en s'appliquant beaucoup à ses Exercices de piété. — « Vous trouverez là, conclut-elle, un point d'appui solide pour votre patience, car c'est la faiblesse qui produit l'impatience. L'âme se soutient et marche bien tandis qu'elle apporte de l'application et de l'esprit de foi à ses Exercices. » Dans ces derniers mots, la pieuse Mère se dépeint une fois de plus, telle que nous apparaît dans son carnet de notes, la ferveur de sa vie spirituelle. Ses résolutions de Retraite ont invariablement pour objet l'un ou l'autre de ses Exercices de piété. La Méditation et l'Examen particulier y sont mentionnés tour à tour, ce dernier avec la netteté et la précision qui étaient la caractéristique des conseils qu'elle donnait à ses dirigées. Elle écrit à l'une d'elles : — « Vous avez expérimenté que manquer de fidélité à marquer votre Examen particulier est pour vous une cause d'affaiblissement spirituel : marquez-le donc. Dieu tient compte de cette petite gêne que l'on s'impose pour lui plaire et être plus fidèle. »

Un autre Exercice prescrit par la Règle était l'objet du zèle de Mère Saint-Georges dans l'œuvre de sa perfection personnelle : nous voulons parler des *Elévations de cœur* à chaque quart d'heure. Outre ce que nous avons déjà dit à ce propos, nous ferons remarquer que la bonne Mère attachait à cet Exercice une telle importance, elle en attendait de tels résultats pour la gloire de Dieu et la sanctification des âmes que, pour y rendre fidèles les Sœurs de la Maison Principale, elle fit placer dans la tour de la chapelle, lors de la reconstruction, une horloge à répétitions assez puissante pour être entendue même du fond du jardin. A celles qui devaient travailler dans des appartements dont l'éloignement ou la disposition ne permettaient pas de percevoir le son de l'horloge, elle faisait donner une pendule portative, si bien que personne n'avait de raison plausible pour excuser ses omissions. Mais toutes pouvaient admirer sa fidélité à elle-même et sa ferveur à monter vers Dieu de quart d'heure en quart d'heure. Il n'est donc pas téméraire d'affirmer qu'à cette fidélité elle doit d'avoir atteint un degré éminent de vertu et de sanctification.

— « Si vous faites bien vos Exercices de piété, affirmait-elle, si vraiment vous vous exercez à la Vie intérieure (et vous devez le faire) vous arriverez vite à dominer vos défauts et vos tendances mauvaises. Ajoutez à cela la vigilance sur vous-mêmes et le soin de bien faire vos Elévations de cœur.

« Voulez-vous réussir vos autres Exercices spirituels et vous rendre habituellement maîtresses de vos sens intérieurs et extérieurs, disait-elle encore, soyez fidèles à vos Elévations de cœur. »

Pour résumer d'un mot la sollicitude de la pieuse Mère à cet égard, rappelons qu'à chacune de ses Filles venant lui demander l'autorisation de passer quelques jours au sein de sa famille, elle ne manquait pas de dire, après lui avoir donné sa maternelle bénédiction : « Souvenez-vous bien qu'il n'y a pas de vacances pour les Exercices de piété. »

SON ATTENTION A LA PRÉSENCE DE DIEU

Le premier fruit que Mère Saint-Georges devait retirer de son application aux Exercices de piété fut une attention continuelle à la présence de Dieu. De fait, plusieurs Sœurs l'attestent, il suffisait de la rencontrer pour qu'immédiatement on fût saisie de la pensée de Dieu. Dieu transparaissait pour ainsi dire à travers son extérieur toujours digne, toujours calme, toujours recueilli. Elle était un vivant Ostensoir, *une monstrance*, selon le terme employé au Moyen-Age, qui disait à tous : « Dieu est là ! »

Au reste, elle tenait la pensée de Dieu comme éminemment sanctifiante, et y appliquait toutes ses énergies. Un Auteur spirituel assimile cette pensée à un filet qui s'étend sur l'âme et prend possession de toutes ses facultés.

Avide comme elle l'était de sanctification, l'âme de Mère Saint-Georges se laissa envahir totalement par la présence divine. Et qui pourrait dire les merveilles de grâces produites chaque jour dans cette âme à raison de sa fidélité et de sa générosité ? Qu'on se le dise bien, en effet : en ce point comme en tous les autres de la vie spirituelle, le succès dépend de cette condition : être fidèle et généreuse. Tel fut le constant souci de Notre Mère. A l'Esprit Saint qui, à tout instant, la sollicitait de prendre conscience de son habitation permanente dans l'intime de son être, à tout instant aussi, elle pouvait répondre : « Mon Dieu ! mon Père ! Vous êtes en moi, et je suis avec Vous. »

Par quelle méthode — si tant est qu'elle employa une méthode — parvint-elle à cette heureuse intimité avec Dieu? Nous savons que tout d'abord, elle se détacha du créé, des affections de famille et d'amitié au sujet desquelles elle vient de nous livrer toute sa pensée, donnant à entendre combien énergiques et persévérants durent être ses efforts pour arriver à les dominer ; elle dompta la vivacité naturelle qui faisait le fond de son tempérament, et ces mille tendances dont, comme tout autre, elle sentait le tiraillement.

Après avoir obtenu sous ce rapport un triomphe décisif, elle pourra écrire :

« Entretenez dans votre cœur la pensée de Dieu : vous y trouverez des grâces d'humilité, de charité, de modestie, de défiance de vous-mêmes et de renoncement. Ces grâces adouciront la souffrance qui accompagne inévitablement l'effort sur soi.

« De plus, cette pensée fait que, trouvant tout en Dieu, nous ne sentons pas le besoin de rien chercher hors de Lui; elle nous tient dans le recueillement habituel et sa sainte présence, nous est un stimulant, une consolation dans nos peines et nous donne une grande facilité à nous vaincre. »

Toutefois, pour donner à ses directions sous ce rapport un fondement solide, elle fit distribuer aux Sœurs, dès le début de son Généralat, un feuillet intitulé : *L'Exercice de la Présence de Dieu par le saint Rosaire.*

Il y est dit :

« Le manque d'attention qui fait si souvent échouer les meilleures résolutions trouve en cet Exercice un correctif efficace. Grâce à lui, la langueur et l'assoupissement spirituel qui succèdent d'ordinaire au temps de ferveur, sont merveilleusement secoués. Il n'est pas jusqu'à ces petites passions satisfaites qui, ternissant la beauté de l'âme et arrêtant le cours des grâces divines, ne soient énergiqement réprimées par cette continuelle pensée de l'œil de Dieu sans cesse ouvert sur notre conduite.

« On propose donc aux âmes qui désirent vivement acquérir l'habitude de la sainte présence de Dieu, une méthode simple et facile qui ne réclame que de la bonne volonté : le saint Rosaire connu et pratiqué universellement en fait la base constante, aussi elle se recommande d'une manière spéciale aux Enfants de la Sainte Vierge.

« Cette méthode consiste : 1° à se souvenir, à chacune des heures de la journée, d'un Mystère bien déterminé du Rosaire ; 2° à invoquer Jésus et Marie dans ce Mystère ; 3° enfin, dans les actions que l'on aura à accomplir durant l'heure, à se proposer de pratiquer la vertu en rapport avec le Mystère.

« La difficulté que peut présenter ce pieux Exercice ne saurait venir que de notre volonté toujours faible et exposée par là même au découragement, à la vue des manquements inévitables.

« On préviendra ce découragement d'une manière efficace :

« 1° Si l'on se pénètre bien des avantages que l'on recueillera d'une fidélité persévérante ;

« 2° Si l'on demande souvent à Dieu la grâce de force qui est nécessaire ;

« 3° Si l'on apporte à la résolution d'être fidèle une attention sérieuse dans l'Examen de prévoyance du matin et dans l'Examen du soir ;

4° Si l'on consigne exactement chaque soir sur son agenda le nombre des manquements observés dans la journée.

« 5° Rendre compte de sa fidélité à son Directeur ou à une personne disposée à nous encourager serait assurément le meilleur de tous les soutiens. »

Voici comment l'auteur de la Méthode distribue le long du jour les Mystères du Rosaire :

1° *Mystères Joyeux.*

De 6 à 7 heures du matin : L'Annonciation de la Sainte Vierge et l'Incarnation du Verbe.

Fruit : *L'humilité.*

De 7 à 8 heures du matin : La Visitation de la Sainte Vierge.
  Fruit : *La charité.*
De 8 à 9 heures du matin : La Nativité de Jésus-Christ.
  Fruit : *L'esprit de pauvreté.*
De 9 à 10 heures du matin : La Purification de la Sainte
  Vierge et la Présentation de Jésus au Temple.
  Fruit : *L'obéissance.*
De 10 à 11 heures du matin : L'Enfant Jésus retrouvé dans
  le Temple au milieu des docteurs.
  Fruit : *La recherche de Jésus et la piété.*

2° Mystères Douloureux.

De 11 heures à midi : L'Agonie de Jésus-Christ au jardin
  des Oliviers.
  Fruit : *La contrition de nos péchés.*
De midi à 1 heure du soir : La Flagellation de Jésus-Christ.
  Fruit : *La mortification des sens.*
De 1 à 2 heures du soir : Le Couronnement d'épines.
  Fruit : *La mortification spirituelle.*
De 2 à 3 heures du soir : Le Portement de Croix.
  Fruit : *La patience et la conformité à la volonté de
  Dieu.*
De 3 à 4 heures du soir : La Mort de Jésus sur la Croix.
  Fruit : *L'amour de Dieu.*

3° Mystères Glorieux.

De 4 à 5 heures du soir : La Résurrection de Jésus-Christ.
  Fruit : *La foi et l'amour de l'Eglise.*
De 5 à 6 heures du soir : L'Ascension de Jésus au Ciel.
  Fruit : *L'espérance et la confiance en Dieu.*
De 6 à 7 heures du soir : La Descente du Saint-Esprit sur
  les Apôtres.
  Fruit : *L'esprit de recueillement et de zèle.*
De 7 à 8 heures du soir : L'Assomption de Marie au Ciel.
  Fruit : *La dévotion à Marie.*
De 8 à 9 heures du soir : Le Couronnement de Marie au Ciel.
  Fruit : *La confiance en Marie.*

Mystère supplémentaire.

De 5 à 6 heures du matin : L'Immaculée Conception de la
  Sainte Vierge.
  Fruit : *La reconnaissance.*

Personne ne demandera si Mère Saint-Georges ayant distribué à ses Filles ce pieux feuillet, entreprit pour son propre compte l'application de la Méthode. Elle y trouva une source de progrès dans la vie intérieure en même temps qu'une diversion agréable aux moyens pratiques dont elle avait usé jusque-là.

SON ESPRIT DE FOI

D'après ce qui vient d'être dit, est-il téméraire d'affirmer que l'âme de Mère Saint-Georges *vivait de la foi*, selon le mot des Saints Livres appliqué au Juste ? Cependant le carnet dans lequel nous nous faisons un devoir de puiser largement, atteste en maintes pages le souci qu'elle avait de progresser sur ce point. Elle écrivait en 1885, en terminant les Exercices spirituels :

« Je prends, ô mon Dieu, pour résolution de retraite le soin de cultiver en moi l'esprit de foi, les tendances surnaturelles, l'esprit intérieur. Pour cela, je porterai mes efforts sur la Méditation surtout que je préparerai le soir et le matin, et à laquelle je veux m'appliquer en luttant contre la somnolence pendant le temps règlementaire. »

Ailleurs elle écrit :

« Demandons bien au bon Dieu de vivre de la foi. Exerçons-nous à cette vie de foi dans nos prières, nos communions, nos actions et dans les divers événements de la vie. Voyant le bon Dieu en tout et partout, nous aurons une forte vie religieuse dont nous (et les autres) bénéficierons.

« La Fille du Saint-Esprit doit chercher à plaire à Dieu uniquement et se conduire en tout par des vues de foi. Elle doit se dire souvent comme saint Bernard : « *Que suis-je venue faire ici ?* »

« La Fille du Saint-Esprit doit être comme Jésus dans la Crèche ou à Nazareth, obscure, ignorée, humble, obéissante et dévouée.

« On parvient à la vie de foi, on s'y maintient, on y avance par le renoncement à soi-même dans les menus détails de la journée. C'est la patience persévérante qui en est la pierre de touche.

« Dites-vous bien, écrit-elle à l'une de ses Correspondantes : Je suis où le bon Dieu me veut pour me sanctifier. Tout ce qui m'arrivera tendra à cette fin de ma sanctification. Dans la pensée de Dieu, les personnes et les choses au milieu desquelles je vis seront des instruments propres à faire de moi une sainte. Donc, il faut que je concoure avec Dieu par ma fidélité, ma soumission, le renoncement à moi-même, la charité et les vues surnaturelles.

A une jeune Novice : « Prenez de bons plis dès le début de votre vie religieuse. Animez-vous à vous contenter du regard de Notre-Seigneur, de ce regard si doux, si pénétrant, si bon, si pur.

« Terminez vos lettres, non comme une petite fille, en envoyant des baisers, mais comme une prétendante à la vie religieuse. Visez à vivre et à vous mouvoir dans une atmosphère de foi. Dans l'emploi, se dépenser *pour Dieu,* faire du bien aux enfants *pour Dieu.* Dans la Maison, se dévouer *pour Dieu ;* être charitable, complaisante et aimable *pour Dieu ;* être obéissante, soumise, dépendante, pauvre et chaste *pour Dieu.*

« Veillez sur votre intérieur pour le faire recueilli, réservé, *pour Dieu,* de même pour l'extérieur. Vous arriverez ainsi, ma chère Enfant, à vous former à la vraie vie religieuse et à en remplir les devoirs d'une manière méritoire. »

Dans sa conduite privée, la digne Mère appliquait journellement ces principes. Se présentait-il des cas où sa foi pût se manifester d'une façon plus éclatante ? En voici un entre autres : nous le tenons de la Sœur qui, dans la circonstance, fut son Infirmière.

Durant une de ses tournées de Visiteuse, Mère Saint-Georges contracta un mal d'yeux si violent qu'elle fut obligée de rentrer à la Maison-Mère avant d'avoir rempli l'itinéraire prévu.

Le Docteur examina l'œil, et peu rassuré, fit venir immédiatement un spécialiste. Celui-ci se montra lui-même très inquiet. La souffrance était intense. Les deux médecins se concertèrent pour faire venir de Rennes un praticien de grande réputation. Tous trois, après examen minutieux, portèrent un diagnostic des plus alarmants : ils conclurent à la perte de l'œil accompagnée de douleurs persistantes et terribles. Pour soulager la patiente, ils conseillèrent d'appliquer constamment des compresses d'eau glacée.

« Je passai la nuit près de Mère Saint-Georges, atteste la Sœur garde-malade, ayant à cœur de remplir exactement les prescriptions des Docteurs. Mais la glace vint à manquer longtemps avant que la nuit fût achevée. Cependant les souffrances persistaient. Une pensée me vint alors. J'avais reçu de l'eau de la fontaine consacrée à saint Jean-Baptiste au célèbre pèlerinage de Saint-Jean-du-Doigt, dans la région de Morlaix. La proposition faite à la pieuse Mère d'appliquer des compresses de cette eau miraculeuse fut aussitôt acceptée, et je fus témoin de la vivacité de sa foi. Elle était digne de celle des femmes louées par Notre-Seigneur au saint Evangile.

« Lorsque, dans la matinée, les trois médecins revinrent, ils ne pouvaient en croire leurs yeux : non seulement le danger était conjuré, mais l'état de l'œil était si satisfaisant qu'ils n'eurent à prescrire aucun soin spécial. Jamais, depuis lors, les souffrances ne se sont renouvelées : la vue est restée normale jusqu'à l'âge avancé où parvint Mère Saint-Georges. Sa foi l'avait sauvée. »

La parole de Notre-Seigneur s'était vérifiée une fois de plus : « *Tout est possible à celui qui croit.* » Elle-même avait conscience d'une intervention surnaturelle. C'est pourquoi elle défendit à la Sœur qui en avait été témoin d'en parler à personne. Au reste, c'était chez elle une habitude de faire silence sur tout ce qui devait tourner à son éloge.

Dans le temps où elle était Maîtresse du Cours, une Sœur la surprit un jour à la chapelle priant avec grande ferveur. Se croyant seule, elle s'était approchée tout près de l'Autel, comme pour mieux affirmer sa foi à la présence réelle.

— « Je crois même, témoigne la Sœur, qu'elle frappa doucement à la porte du Tabernacle, ainsi que le petit enfant représenté dans une image bien connue. Mère Saint-Georges, évidemment, ne songea pas à interroger Jésus pour s'assurer qu'Il était là : son attitude pleine de confiance suffisait pour attester sa foi. Se voyant surprise, elle ne se déconcerta pas.

— « J'avais besoin d'une grâce, dit-elle simplement, et je suis venue supplier Notre-Seigneur de me l'accorder sans délai. »

Ne recherchons pas sur la foi de Mère Saint-Georges de nouveaux témoignages. Aussi bien, chacun de ses actes semblait être le rayonnement de cette vertu fondamentale du christianisme. Suivant son propre conseil marqué plus haut, elle allait à la prière *pour Dieu,* aux devoirs de sa charge *pour Dieu,* au prochain, *pour Dieu.*

Chez elle, nulle préoccupation des goûts ou des consolations sensibles que procure cette vie de foi ; nul souci d'en sentir circuler dans l'intime de son âme les effluves vivifiantes. Elle s'attachait à la foi toute nue, se mouvait à l'aise au sein de ses ombres salutaires et y maintenait ses Filles par des conseils pleins de sagesse et de prudence.

L'une de celles-ci écrit : « Ayant été appelée à la Maison-Mère peu de temps après avoir reçu la charge de Supérieure, je confiai à Mère Saint-Georges mes perplexités au sujet d'une jeune Sœur qui se croyait favorisée de grâces sensibles extraordinaires. Sans me laisser le temps d'en dire bien long, Notre Mère, d'un geste énergique — Pure imagination, ma Fille ! Coupez court à tout cela. Ce n'est pas que je nie les grâces du bon Dieu à l'égard de certaines âmes, sachez-le bien. Non. Le bon Dieu est le Maître de ses dons ; Il les distribue à qui Il lui plaît. Mais les voies extraordinaires ne sont pas notre affaire à nous, et j'avoue que je serais désolée d'avoir à constater que l'une de nos Sœurs y est appelée. En tous cas, ce n'est pas votre Compagne, aussi ne tenez aucun compte de ses *dires* à ce sujet. »

Par contre, elle recommandait avec instance de cultiver l'esprit de foi en soi-même et dans les jeunes âmes. Sachant que la foi est la caractéristique de la Bretagne, elle exhortait sans cesse ses Filles à entretenir et à accroître ce précieux héritage. Son langage était à cet égard plein de véhémence, d'enthousiasme même.

— « Voulez-vous sincèrement devenir de vraies Religieuses ? Vous ne le serez jamais que par les vues de foi jointes à l'abnégation. Acquérons peu à peu ces vues de foi habituelles : c'est là un bon lest pour notre petite barque exposée chaque jour aux bourrasques permises par la douce Providence pour nous apprendre à gouverner droit vers le Ciel. »

— « Oh ! qu'elle est agréable à Dieu, qu'elle est belle à ses yeux la Religieuse qu'anime cet esprit de foi ! Que de mérites n'amasse-t-elle pas si elle a soin de vivifier de cet esprit les moindres détails de sa vie de dévouement au service de Dieu ! Que l'acquisition de ce précieux esprit de foi soit l'objet de nos prières et de nos efforts ! »

SA CONFIANCE EN DIEU

Les traits rapportés plus haut révèlent, en même temps que sa foi, la confiance toute filiale, j'allais dire tout enfantine de Mère Saint-Georges. La grâce, sinon le tempérament, l'inclinait à se comporter avec Dieu comme avec un Père plein de bonté qui connaît les faiblesses de ses enfants : S'Il en tient compte, c'est moins pour les punir que pour y compatir, les excuser, les pardonner.

« Dieu est notre Père ; Il peut tout et Il nous aime. » Elle se nourrissait habituellement de cette maxime tombée de la plume de sainte Thérèse. Après l'avoir rappelée dans sa première Circulaire à la Congrégation, elle ajoutait : « Déposons donc dans le Cœur de notre Père toutes nos appréhensions ; ayons foi et confiance en sa douce Providence, lui abandonnant en toute sérénité nos intérêts les plus chers. »

Quand on se souvient de la dure épreuve à laquelle fut soumise, dès avant l'expiration de son premier triennat, la confiance de la pieuse Mère, on ne peut qu'admirer. Cent vingt de nos Ecoles, en Bretagne, emportées par la tourmente de 1902 ! Toutes les Sœurs qui y donnaient l'Enseignement jetées sur la rue ; les autres dans l'attente d'un sort semblable ; et, au milieu du désarroi général, Mère Saint-Georges demeurée calme et sereine comme le rocher battu des flots, ne trouvait d'autre parole que celle du saint Homme Job au sein de son amère douleur: « *Quand le Seigneur me tuerait, j'espérerais encore en Lui.* »

Plus admirable peut-être est cette confiance qui empêche de perdre pied dans les vulgarités de la vie quotidienne. Pour s'élever jusqu'à l'héroïsme, en effet, il suffit, dans certains cas, d'un élan généreux. Mais pour garder la paix, la joie, la maîtrise de soi parmi les tiraillements incessants, les heurts, les mauvais pas, dans le sentier banal où il faut marcher habituellement, c'est autre chose : les plus fermes parfois perdent l'équilibre et donnent du nez en terre. Quant à Mère Saint-Georges, reconnaissant la volonté ou la permission de Dieu dans les moindres détails de la vie quotidienne ; voyant dans les personnes qui composaient son entourage les agents de la Providence, elle ne se troublait de rien, pas même de ses fautes.

— Des fautes ? dira-t-on ; Mère Saint-Georges pouvait-elle en commettre ? Il n'est pas question, évidemment, de ces péchés qui font perdre la grâce divine, mais des fautes dont parle l'Esprit Saint quand Il affirme : « le Juste tombe sept fois le jour. » Ce n'est pas elle qui eût protesté contre cet oracle de la divine Sagesse. Nous avons vu, en parlant de son humilité, si elle était tentée de s'estimer meilleure que les autres, de se disculper quand on lui faisait un reproche.

Est-ce donc une erreur de dire que ses fautes étaient de celles dont parle la Bienheureuse Thérèse de l'Enfant-Jésus : *elles n'offensaient pas le bon Dieu.* Au reste, volontiers la pieuse Mère eût pris à son compte la parole héroïque de la Bienheureuse :

« Quand j'aurais sur la conscience tous les crimes qui
« se peuvent commettre, je ne perdrais rien de ma con-
« fiance ; j'irais, le cœur brisé de repentir, me jeter dans
« les bras de mon Sauveur... Je sais à quoi m'en tenir sur
« son amour et sa miséricorde. Je sais que toute cette mul-
« titude d'offenses s'abîmerait en un clin d'œil, comme
« une goutte d'eau jetée dans un brasier ardent. »

Elle avait donc autorité pour recommander à ses Filles cette confiance qui honore la bonté, la miséricorde et l'amour du Père Céleste, en même temps qu'elle maintient l'âme dans cette dilatation qui fait courir dans la voie des préceptes divins, selon l'expression du Prophète-Royal.

— « Ne vous étonnez nullement, ma Fille, dira-t-elle à l'une de ses dirigées, des fautes qui vous échappent au cours de la journée ; présentez-les à Notre-Seigneur comme étant « *des herbes de votre jardin* ». Notre-Seigneur s'étonnera moins que vous : Il sait, le bon Maître, que le jardin de nos âmes ne saurait produire autre chose. »

Et encore :

« Des chutes plus nombreuses que des victoires n'impliquent rien contre nous : la grande affaire, c'est que notre volonté soit tournée vers Dieu, que nous ayons à cœur de nous corriger et que nous tendions vers Jésus par amour pour Lui, avec dévouement et générosité. Donc, courage, confiance et encore : Confiance ! »

Pour Mère Saint-Georges, il y avait identité de personnes entre Dieu et les Supérieures qui tiennent sa place dans les Communautés. Sachant combien les rapports de confiance mutuelle exercent sur les progrès dans la perfection une salutaire influence, elle ne cessait de cultiver en ses Filles la confiance à l'égard des mandataires de l'autorité divine.

— « Avez-vous ouvert simplement votre cœur à votre bonne Supérieure sur tout ceci, écrivait-elle à une Novice travaillée par des peines intérieures (1). Je vous conseille cette ouverture simple et entière : c'est là pour vous un remède assuré contre la tentation qui vous tourmente. Vous y trouverez la paix dans la mesure où vous vous ouvrirez.

« Soyez généreuse dans les petites démarches que nécessite cette ouverture, car il est étonnant et presque incroyable combien le démon en détourne et met dans notre esprit toutes sortes d'idées pour nous la montrer difficile : il trouve son compte, croyez bien, à nous rendre muettes et à empêcher que nous montrions à nos Supérieures ses machinations dans notre âme : il ne gagne jamais plus que quand nous agissons dans le trouble, l'inquiétude et le découragement. »

— « Vous avez expérimenté, dit une autre lettre, que l'ouverture de cœur envers la Supérieure est le remède aux tentations et agitations intérieures : c'est à elle que Dieu a donné la mission de calmer et aussi de guérir. Usez donc de ce remède toutes les fois que vous en aurez besoin. Surtout, n'attendez pas trop longtemps avant de vous l'administrer. »

Pour compléter ce chapitre, il nous paraît utile de signaler les *dévotions particulières* dans lesquelles Mère Saint-Georges puisait sans cesse un aliment à sa confiance.

Sa dévotion envers le Saint-Esprit.

Remarquable était son culte envers la Personne adorable du Saint-Esprit. Cela se conçoit. La dévotion au Saint-Esprit ne doit-elle pas être la dévotion maîtresse de la Congrégation ? Dans la création de tout Institut religieux, Dieu a en vue la réalisation d'un plan élaboré de toute éternité par

(1) Notons une fois de plus que Mère Saint-Georges écrivait ceci avant la promulgation du Décret Pontifical de 1890.

son infinie Sagesse, et cette même Sagesse dépose dans les Sujets appelés à cet Institut des aptitudes physiques et morales en vertu desquelles chacun pourra répondre pleinement aux desseins de la Providence tant sur sa propre personne que sur le corps tout entier. C'est pourquoi Mère Saint-Georges, prédestinée à être membre d'une Congrégation vouée à l'Esprit Saint et à la gouverner, avait reçu à ce double titre des dons éminents.

Nous avons indiqué plus haut (p. 135) avec quelle filiale confiance la pieuse Mère invoquait le divin Esprit. Citons ici la prière qu'elle lui adressa après sa nomination à la charge de Maîtresse des Novices :

« O Esprit-Saint, mon bon Père, qui m'avez fait la grâce
« et l'honneur insigne de m'appeler dans une Congrégation
« qui vous appartient, qui est sous votre protection toute
« spéciale ; qui m'avez de plus chargée, malgré ma fai-
« blesse, mon incapacité, mes péchés et mes misères de
« toutes sortes, de former celles qui doivent être un jour
« vos Filles, ô Esprit-Saint, ayez pitié de votre pauvre
« enfant !

« Soutenez-moi, éclairez-moi, dirigez-moi.

« Donnez-moi, je Vous en supplie, l'esprit de piété qui
« renferme tous vos dons : je vous le demande par l'inter-
« cession de má bonne Mère, la Très Sainte Vierge. »

A cette époque, le Saint-Siège n'avait pas encore rendu obligatoire pour les Fidèles la Neuvaine préparatoire à la Pentecôte. Néanmoins, il était d'usage de faire publiquement cette Neuvaine à la Maison-Mère aussi bien que dans chacune des Fondations.

Mère Saint-Georges aurait voulu voir le Noviciat passer les jours qui séparent l'Ascension de la Descente du Saint-Esprit dans une ferveur égale à celle des Apôtres.

— « Je compte, à l'occasion de la fête du Père divin de la Congrégation, sur un renouveau de ferveur et de piété parmi vous, disait-elle dans ses exhortations aux Novices. Il reste encore en vous bien des idées terrestres ; vous n'êtes pas entièrement affranchies de l'esprit du monde ; mais si vos cœurs sont bien préparés, le Saint-Esprit, par l'effusion abondante de ses dons, les purifiera, les embrasera, les transformera. »

— « Parmi les dispositions nécessaires pour recevoir le Saint-Esprit, écrit une ancienne Novice, notre bonne Mère nous recommandait surtout le recueillement, la vigilance et la prière. Elle insistait sur la prière qu'elle disait si puissante pour attirer en nos âmes le divin Paraclet, et nous rappelait à ce sujet les paroles de Notre-Seigneur : « Demandez et vous recevrez. »

« C'est aussi à cette occasion, continue le même témoignage, qu'elle nous exhortait à être des âmes de prière : « *On vit comme on prie,* ajoutait-elle : on prie bien, on vit bien ; on prie passablement, on vit passablement ; on prie mal, on vit mal. »

« La ferveur de Mère Saint-Georges durant ces jours de préparation était communicative. Le matin du jour de la Pentecôte, lorsqu'elle entra dans la salle du Noviciat, une joie toute céleste rayonnait de sa personne.

— « Avez-vous reçu le Saint-Esprit, mes Sœurs ? demanda-t-elle. Comme nous n'osions répondre. — Mais oui, répartit-elle, vous L'avez reçu, car vous êtes les *petites Filles du Saint-Esprit.* Je ne dis pas que le Saint-Esprit se soit communiqué à chacune de vous dans la même mesure, mais vous L'avez toutes reçu. »

« Quant à elle, il était visible que le divin Esprit s'était communiqué à son âme avec surabondance. Pendant toute l'Octave, elle se plaisait à nous parler des merveilleux effets de la présence du Saint-Esprit dans une âme. Parmi les dons, il en est un dont elle aurait voulu nous voir enrichies : celui qu'elle regardait comme le résumé de tous les autres, le don de Piété.

« La Piété est le principe de tout bien, affirmait-elle : c'est la plus grande grâce que Dieu puisse accorder à une âme. » Et en même temps, elle nous indiquait six moyens propres à nous faire acquérir le don de Piété :

1° Nous bien persuader que c'est un don de Dieu ;

2° Le demander constamment par l'intercession de la Sainte Vierge, et de temps à autre faire des Neuvaines à cette intention ;

3° Soigner les Exercices de piété ;

4° Bien faire les Elévations de cœur prescrites par la Règle ;

5° Méditer habituellement la Vie de Notre-Seigneur ;

6° Ecouter avec attention la lecture de la Vie des Saints et s'instruire sans relâche de la Religion.

« Quand vous aurez fait cela, concluait-elle, vous pourrez

avec confiance exercer votre apostolat dans les Fondations. Cependant restez bien convaincues que notre action
à nous reste nulle sur les âmes si elle n'est animée par le
Saint-Esprit. »

Sa dévotion envers le Verbe incarné.

Notre-Seigneur dans tous ses Mystères était aussi l'objet
de la confiance de Mère Saint-Georges. — « Nul ne va au
Père que par Moi », a dit le divin Maître : c'est par le Verbe
Incarné que sans cesse elle montait jusqu'au Créateur. Le
Mystère de l'Incarnation était l'appui fondamental de ses
saintes espérances. — « Le jour de Noël, disent ses Novices, on la voyait toute pénétrée du touchant Mystère de
Bethléem. A l'heure de la récréation, elle répétait à chacun
des groupes qu'elle voyait venir à elle : « Ne nous lassons
pas de redire aujourd'hui avec reconnaissance : *Et Verbum
caro factum est.* Pour stimuler notre amour envers Jésus
naissant, elle faisait ériger à la salle du Noviciat une Crèche bien modeste ; mais sa ferveur soutenait si bien la nôtre
que le Mois de la Sainte Enfance était pour toutes l'occasion d'un renouvellement dans l'esprit de sacrifice et aussi
dans la générosité au service de Jésus.
Elle avait sollicité de la piété de l'Aumônier une formule
de Consécration au Saint Enfant Jésus, qui répondît parfaitement à la condition de ses Novices. Le Père Vavasseur
fit un petit chef-d'œuvre de piété mystique. Chacune des
Bleues consigna sur son carnet la pieuse formule qui était
récitée, le soir, quand le groupe était au complet, et comme
dernier Exercice de la journée.
A une lettre dans laquelle des Novices placées dans la
même Maison disaient vouloir renouveler comme au Noviciat la Consécration, Mère Saint-Georges répondait :
« Vous m'avez fait grand plaisir de me dire que vous
feriez chaque jour votre Consécration à l'Enfant Jésus.
Oui, je le désire : réunissez-vous, Novices, *avec permission,*
et faites ce petit Exercice avec grande ferveur. Ici, nous
le faisons chaque jour, à la grande joie de tout notre monde. »
Dans une autre lettre, nous lisons :
« Notre cher petit Jésus du Noviciat a passé son mois

parmi nous cette année comme l'an dernier ; pauvre et dénué comme à Bethléem, et dans sa corbeille, au lieu d'une Crèche. Les Novices L'aiment beaucoup et Lui ont fait leur Consécration quotidienne avec beaucoup de ferveur et d'élan.

J'espère qu'Il l'aura eue pour agréable et qu'en retour Il aura béni ses chères Enfants : c'est là vraiment mon ambition. »

En la fête liturgique du Saint Nom de Jésus qui se célébrait, jusqu'à ces derniers temps, le deuxième dimanche après l'Epiphanie, elle exigeait que chacune récitât de mémoire la traduction française de l'Hymne composée par saint Bernard, et l'on sentait, dans le commentaire qu'elle en faisait, combien profondément était gravé dans son cœur le Nom adorable de Jésus.

Le dernier cantique de la journée était le texte latin *Jesu dulcis memoria*, chanté avec ferveur comme aux Vêpres, à la chapelle.

Aux Mystères de la Sainte Enfance, Mère Saint-Georges associait dans son amour et sa confiance, ceux des souffrances et de la mort de Notre-Seigneur.

Nous avons sous les yeux une page des notes intimes dans laquelle se révèle non moins pratique qu'ardente la dévotion de la pieuse Mère envers ce Mystère de notre Rédemption :

« Je dois trouver dans mon crucifix *un modèle* et *une force*.

« Jésus, sur la Croix, est couronné d'épines ; ses mains et ses pieds sont cloués ; son Cœur est percé d'une lance.

« La couronne d'épines m'indique que je dois mortifier mon orgueil et mon amour-propre. Dans les circonstances difficiles où mon orgueil souffre, où mon amour-propre voudrait prévaloir, où la médisance, la calomnie peut-être, viendront me tourmenter, je me dirai : Je suis la victime de Dieu, comme Jésus a été victime. Or, les victimes anciennes étaient couronnées : Jésus Lui-même le fut ; je dois aussi être couronnée ; et regardant avec amour Jésus sur sa Croix, j'accepterai, aidée de sa grâce, cette épine qui doit former ma couronne.

« J'accepterai surtout avec bonheur, — bonheur douloureux souvent, — tout ce qui tendra à me rabaisser, à me faire oublier, à m'humilier, car j'ai beaucoup d'orgueil, mon Dieu, vous le savez, mais je veux être humble.

« Jésus a les pieds et les mains immobiles, fixés, douloureux, par des clous. Cette position de mon doux Sauveur sur la Croix m'indique l'obéissance, la soumission de ma volonté, la dépendance la plus complète. Ses mains divines ont agi quand Dieu a voulu, et se sont abstenues d'agir quand son Père l'a aussi voulu ; il en a été de même de ses pieds sacrés. Je dois, comme mon Modèle, attacher ma volonté à celle de Dieu. Quand je dois agir et que je voudrais rester inactive, je demanderai à Jésus crucifié la force d'agir ; quand, au contraire, je voudrai agir et prendre une initiative qui ne m'appartient pas, Jésus attaché à la Croix sera encore ma force.

« Le Cœur de Jésus percé par la lance sera ma force dans le sacrifice du cœur. En toute occasion, je m'appliquerai à porter sur Jésus toute la sensibilité de mon cœur. Il est l'Ami véritable, fidèle, constant, compatissant, aimant, généreux et délicat. »

Ici, l'âme de la pieuse Mère donne libre carrière à ses élans d'amour et elle s'écrie dans un colloque touchant où l'humilité la plus profonde le dispute à la tendresse la plus vraie :

« O Jésus, Vous êtes l'Ami de mon âme : quel bonheur pour moi, et que mon cœur sent de joie à cette pensée ! Mais, divin Ami, je suis pour Vous une bien triste amie : je Vous offense, je Vous oublie, Vous m'êtes indifférent. Vous avez beau me visiter, me remplir de vos biens le matin, la journée se passe, et c'est à peine si j'ai pensé à Vous, si j'ai produit du fond du cœur un acte d'amour. Oh ! pardon, ô généreux Ami ! mille fois pardon de mes froideurs, de mes oublis, de mon indifférence. Je veux Vous aimer, tout faire pour votre amour, tout souffrir, tout accepter en vue de cet amour qui m'est plus cher que tout ce que j'ai de cher.

« Mais comment, Jésus, osé-je vous donner le nom d'Ami ? Comment ? Ah ! ma témérité est bien grande. Je ne devrais vous parler que comme autrefois Thaïs, et j'ose vous traiter en Ami ! Je suis plus qu'étonnée de ma hardiesse, ô mon Dieu, et pendant que je devrais, le front dans la poussière, vous crier : Miséricorde ! je sens dans mon âme un besoin et un attrait irrésistible de vous dire que je vous aime et de vous donner, ô Jésus mort pour mon amour, le nom d'Ami.

« Oh ! oui, soyez l'Ami intime, unique, invariable, de

mon âme misérable : je vous la donne et redonne mille fois, avec ses défauts, ses péchés et son amour pour Vous.

« O Jésus ! plein d'angoisses et de douleurs sur votre Croix, soyez mon Modèle et ma Force dans mes derniers moments.

« O Jésus ! Vous êtes la miséricorde de Dieu incarnée, comment n'espérerais-je pas en Vous ? Jésus, bon Pasteur ; Jésus, Père de l'Enfant Prodigue ; Jésus pardonnant avec tant de facilité à Pierre et à Madeleine, comment ne Vous aimerais-je pas ? »

La Congrégation se souvient du zèle avec lequel la pieuse Mère propageait la dévotion au Sacré-Cœur. Depuis son enfance, elle-même en était pénétrée. C'est à l'Ecole de la pieuse Institutrice de Kervilaouen, Mlle Lorec, mentionnée à la page 21, que Mère Saint-Georges avait puisé cette dévotion. Pour la répandre, elle s'adressait non seulement à ses Novices, mais encore aux Sœurs qui, dans les Fondations, se trouvant en contact avec les enfants, les vieillards, les pauvres et les malades, pouvaient à leur tour exciter les âmes à aimer le divin Cœur. Son zèle n'avait garde d'oublier les Anciennes de la Maison Principale. Celles-ci entraient avec ardeur dans le pieux mouvement ; on les voyait, par des efforts méritoires, s'appliquer à apprendre par cœur les Promesses faites par Notre-Seigneur à sainte Marguerite-Marie. Grande était leur joie quand elles avaient pu gagner l'image que Mère Saint-Georges donnait en récompense après la récitation des textes laborieusement fixés dans leur mémoire.

Par dessus tout, la digne Mère s'attachait à rendre pratique la dévotion de ses Filles envers le divin Cœur : rien de tel que ses exemples pour entraîner au double devoir qui caractérise cette dévotion : *l'amour et la réparation.*

L'Apostolat de la Prière, forme concrète et populaire du culte du Sacré-Cœur, prit, durant le Généralat de Mère Saint-Georges, une sérieuse impulsion à la Maison Principale. A vrai dire, depuis 1872, époque à laquelle la Congrégation avait donné à la Ligue du Cœur de Jésus participation de ses mérites et de ses bonnes œuvres, nous étions entrées pleinement dans le mouvement ascensionnel du monde catholique vers le divin Cœur ; on peut affirmer néanmoins que Mère Saint-Georges, par le souci qu'elle avait de stimuler le zèle de ses Filles, contribua pour une bonne part au progrès de la Dévotion au Sacré-Cœur. Attentive aux directions venant de Toulouse, siège de la Ligue, elle les suivait et les faisait suivre avec toute l'exactitude possible, s'appliquant à démontrer que ces pratiques bien comprises peuvent s'adapter à nos Règles sans les surcharger.

Au mois de Mai 1916, qui devait marquer la fin de sa carrière, elle avait encore reçu avec joie le Billet mensuel de l'Apostolat de la Prière. En voici le texte dont le providentiel à-propos n'échappera à personne. Mystère : *L'Annonciation de Marie...* Fruit du Mystère. Humilité. *Fiat !*

Vertu à pratiquer : *Le Détachement.*

Pensée à méditer : « *Quittez tout et vous trouverez tout.* » (Imitation.)

Remarquons de plus que l'Intention générale proposée pendant ce mois aux Associés de l'Apostolat, *La diffusion du saint Rosaire* répondait merveilleusement à l'ardente

Dévotion de la pieuse Mère envers la Très Sainte Vierge.

Mère Saint-Georges aurait pu dire, avec la Bienheureuse Thérèse de l'Enfant-Jésus : « La Vierge Marie, oh ! que je l'aime ! Si j'avais été Prêtre, comme j'aurais bien parlé d'Elle ! » Sans être Prêtre, elle en parla avec toute l'autorité que lui donnaient ses fonctions ; mieux encore, elle imita la Très Sainte Vierge dans sa conduite intérieure et extérieure avec une grande perfection. Outre ce que nous avons dit à ce propos au cours de ce travail, signalons ici le bonheur qu'éprouva la pieuse Mère lorsqu'il lui fut donné de connaître le *Traité de la Vraie Dévotion* à la Sainte Vierge, du Bienheureux Grignion de Montfort.

« J'eus l'occasion de faire le voyage de Saint-Brieuc à l'époque où, pour la première fois, Mère Saint-Georges se voyait en possession de ce précieux ouvrage, témoigne une Sœur. A la fin de l'entretien, elle me tendit le volume :
— Le connaissez-vous ? demanda-t-elle.

Sur ma réponse négative : — « Prenez le temps de l'examiner, puis, vous me le rendrez, car je ne vous le donne pas : j'ai besoin de l'étudier moi-même afin de m'en bien pénétrer. »

Non seulement elle s'est pénétrée de cette doctrine très

prenante, mais elle l'a vécue dans une large mesure, et il n'est pas douteux qu'elle ne soit parvenue à ce degré d'union avec Marie dont parle le Bienheureux Grignion de Montfort quand il dit :

« Après que, par sa fidélité, l'âme a obtenu du Saint-Esprit la grâce insigne de faire toutes ses actions en Marie, avec Marie, pour Marie, elle demeure, dans le bel intérieur ae Marie, en sûreté contre le démon, le monde et le péché ; elle est formée en Jésus-Christ et Jésus-Christ est formé en elle. »

Sa dévotion envers Saint Joseph.

La piété de Mère Saint-Georges était trop éclairée pour séparer, dans sa confiance, saint Joseph de son Epouse Immaculée. Elle savait que, choisi par le Très Haut pour être le Gardien de la virginité de Marie et le Père adoptif de Jésus, le glorieux Patriarche était à la hauteur de ces sublimes fonctions.

Nous verrons, en donnant l'horaire de sa journée religieuse, quelle place elle faisait dans sa prière quotidienne à Celui que la piété populaire appelle *le bon saint Joseph.* Nombreuses dans la Congrégation sont les Sœurs à qui elle imposa son Nom, comme une invitation permanente à *progresser* dans la vie parfaite. On sait que le nom de Joseph signifie *accroissement,* comme en témoigne ce mot de la sainte Ecriture : *Filius accrescens Joseph.* (Gen. 49.)

Lorsque le saint Pape Pie X, qui avait lui-même saint Joseph pour Patron, eut composé et enrichi d'Indulgences la prière que l'on pourrait appeler celle des travailleurs, Mère Saint-Georges la fit transcrire au verso d'une image sur laquelle se trouve une devise *de confiance,* et tout porte à croire qu'elle la récitait assidûment ; ne fut-elle pas, elle aussi, *une laborieuse ?*

« Glorieux saint Joseph, modèle de tous ceux qui sont
« voués au travail, obtenez-moi la grâce de travailler en
« esprit de pénitence, pour l'expiation de mes nombreux
« péchés ; de travailler en conscience, mettant le culte du
« devoir au-dessus de mes inclinations ; de travailler avec
« reconnaissance et joie, regardant comme un honneur
« d'employer et de développer par le travail les dons reçus

« de Dieu ; de travailler avec ordre, paix, modération et
« patience sans jamais reculer devant la lassitude et les
« difficultés ; de travailler surtout avec pureté d'intention
« et avec détachement de moi-même, ayant sans cesse de-
« vant les yeux la mort et le compte que je devrai rendre
« du temps perdu, des talents inutilisés, du bien omis et
« des vaines complaisances dans le succès, si funestes à
« l'œuvre de Dieu.

« Tout pour Jésus, tout par Marie, tout à votre imitation
« ô Patriarche Joseph. Telle sera ma devise à la vie et à la
« mort. Ainsi soit-il. »

Dès le début de sa vie religieuse, elle avait vu avec joie
Monseigneur Martial, Evêque de Saint-Brieuc, choisir la
chapelle de la Maison Principale pour être le siège de l'*Association du Culte Perpétuel de saint Joseph* (1). La pieuse
Mère avait choisi la date de son baptême, le 22 mars de
chaque année, afin de payer au glorieux Patriarche son
tribut d'hommages particuliers. Elle s'engageait, selon la
teneur du Billet d'inscription, à s'approcher ce jour-là des
sacrements, à prendre part aux tribulations de ce grand
Saint, lesquelles furent occasionnées par nos péchés ; à réciter sept *Pater, Ave* et *Gloria* pour honorer ses Douleurs
et ses Allégresses ; enfin à vivre avec lui dans une habituelle intimité, à le prendre pour directeur spirituel, pour
introducteur auprès de Marie et de Jésus, et à le prier de
venir avec sa sainte Epouse et les saints Anges adorer
Jésus dans son cœur à chaque fois qu'elle aurait le bonheur
de faire la sainte Communion.

Si Mère Saint-Georges fut fidèle à ce programme, il n'est
pas besoin de le demander.

Saint Joseph, de son côté, répondit à la confiance de sa
dévouée cliente. Avec Jésus et Marie, il vint à la rencontre
de son âme bénie quand, le soir du *Mercredi* 31 mai, fête

---

(1) Cette Association, approuvée et enrichie d'indulgences par le Souverain Pontife Pie IX, de sainte et glorieuse mémoire (Rescrit du 20 Janvier
1856), a pour but d'honorer saint Joseph d'un culte perpétuel. Et parce
que l'année se compose de 365 jours, il suffit pour former cette société
de serviteurs et de servantes de l'angélique Epoux de Marie, de 365 personnes, dont chacune adopte un jour dans l'année, le consacrant à
rendre à saint Joseph un culte particulier.

Cette note est extraite du feuillet imprimé, conservé dans le carnet de
Mère Saint-Georges.

de Notre-Dame d'Espérance, et vigile de l'Ascension, elle s'envola vers le séjour du repos, de la lumière et de la paix.

Sa dévotion aux Saints Anges.

Nous avons déjà indiqué dans certains passages de cette notice biographique le zèle de Mère Saint-Georges à cultiver en elle et dans les âmes dont elle avait la charge la confiance envers les Anges Gardiens.

Elle recommande fréquemment de recourir à l'Ange Gardien non seulement dans les tentations et les dangers, mais par une habitude de piété très agréable à Dieu. Nous lisons dans sa correspondance :

« Toutes nos Novices ont pris pour vertu du mois, dans la vue d'honorer leurs saints Anges Gardiens, la modestie religieuse dans tout leur extérieur, par respect pour la présence de Dieu. Unissez-vous à nous. »

Et encore : « Priez beaucoup les Anges Gardiens de vos Elèves, afin qu'ils vous aident à les maintenir et à leur apprendre la crainte de Dieu et l'amour du devoir. »

A une Novice lui rendant compte du voyage assez long qu'elle avait dû faire pour se rendre à sa Fondation, elle répondait :

« Votre bon Ange vous a conduite comme par la main pendant tout votre long voyage ; qu'il en soit remercié ! Je le prie de vous continuer son assistance sainte, soit dans votre emploi, soit partout ailleurs. Ayez soin vous-même de vous rendre attentive et docile à sa douce voix. Priez-le d'intéresser à votre classe les bons Anges de vos Enfants ; ainsi aidée, vous ferez, je l'espère, du bien à ces chères âmes que le bon Dieu vous a confiées. »

Pendant une absence qui devait durer quelques jours, elle écrit à l'une des Mères du Conseil :

— « Avez-vous remarqué quelque chose de très singulier dans notre correspondance quotidienne ? Il arrive presque toujours que vous répondez aux questions que je vous pose avant d'avoir reçu la lettre dans laquelle ces questions vous sont soumises, c'est-à-dire que nos lettres se croisant, je trouve la réponse dans la lettre que je reçois le matin, alors que vous recevez la mienne seulement dans cette même matinée. *Ce sont nos bons Anges qui correspondent entre eux.* »

La première des recommandations exprimées plus haut résume pour ainsi dire la dévotion de Mère Saint-Georges envers les Saints Anges commis à notre garde : les imiter dans leur respect pour la présence de Dieu puisqu'ils ne le perdent pas de vue en exerçant près de nous leur mission de charité, voilà bien la meilleure manière de les honorer et en même temps de leur témoigner notre reconnaissance pour leur perpétuelle assistance. Dans les entretiens particuliers, c'est à chacune de ses Filles qu'elle rappelait ce devoir, insistant pour que l'on y fût de plus en plus fidèle.

Mère Saint-Georges professait aussi à l'égard du Prince des Armées Célestes une dévotion toute de confiance, à raison de la dignité de sa Personne, à raison aussi des nobles fonctions dont le Seigneur l'a investi ici-bas. Saint Michel, en effet, est l'Ange Gardien de l'Eglise catholique comme dans l'ancienne Alliance il était le défenseur et le guide du peuple de Dieu.

De plus, le glorieux Archange exerce sur la France un protectorat aussi efficace que consolant, notre histoire nationale en fait foi. Il est donc tout naturel que, placée à la tête de la Congrégation à une époque particulièrement troublée, Mère Saint-Georges ait tourné ses regards vers le Vainqueur de Lucifer et lui ait confié la défense de sa Famille religieuse.

La statue du Saint Archange lui fut offerte lors des événements de 1902 : elle la fit placer à l'entrée principale du Couvent. Là, chaque jour, à l'heure de midi, la Communauté se groupait pour une supplication fervente. Les Sœurs venant des Fondations étaient fortement impressionnées par ce spectacle. Elles en parlaient dans leurs Maisons, et bientôt ce fut la Congrégation tout entière qui poussa vers le glorieux Prince des milices célestes l'invocation entendue à la Maison Principale : « *Saint Michel Archange, combattez pour nous et avec nous !* »

En 1909, à l'occasion des Noces d'or de sa Profession religieuse, elle eut la joie de voir ériger à la chapelle une statue de saint Michel, présent de ses anciennes Novices.

Elle était heureuse surtout de recueillir sur les lèvres de ses Filles le récit des grâces de protection obtenues par l'entremise de l'invincible Défenseur des droits de Dieu.

Elle voyait telle Ecole rester debout au milieu des ruines de 1902 et les religieuses continuer d'y donner l'enseignement parce que saint Michel en avait été constitué le Gardien; telle Communauté, en butte aux vexations du Prétoire, échapper aux condamnations des juges et ceux-ci contraints de notifier leur sentence sous les noms de religion, saint Michel, fidèlement invoqué, n'ayant par permis que fussent découverts les états civils des Sœurs (1).

Enfin, Mère Saint-Georges voyait en saint Michel le *Chevalier de Notre-Dame*, « le plus zélé de toute la cour céleste « à lui rendre toutes sortes d'hommages, toujours en at- « tente pour avoir l'honneur d'aller à sa parole secourir « quelqu'un de ses serviteurs. » (Saint Augustin.)

De plus, elle le regardait comme l'*Ange Gardien du Saint-Sacrement :* à ce double titre, elle lui rendait des honneurs particuliers ; en retour l'Archange obtenait à la pieuse Mère un accroissement continuel de dévotion envers la Vierge Immaculée et envers la divine Eucharistie.

Sa dévotion envers les Ames du Purgatoire.

C'est de son respectable père que Mère Saint-Georges tenait la confiance dont elle était animée envers les saintes Ames du Purgatoire. — « Pour être certain de ne jamais manquer l'heure de l'embarquement, disent les souvenirs de la famille, le consciencieux pilote récitait chaque soir un *De Profundis* à l'intention des Ames souffrantes. »

Elle recommandait elle-même aux Sœurs qui, devant voyager de grand matin, lui exprimaient quelque crainte au sujet de l'exactitude, de recourir à la pieuse industrie de son père. Le moyen est infaillible : qui n'en a pas fait l'expérience ? Cependant la dévotion de Mère Saint-Georges envers le Purgatoire n'était nullement intéressée,

(1) Nous avons déjà fait remarquer qu'en ce cas, ni la Supérieure Générale, ni aucun des Membres du Conseil de la Congrégation ne voulait intervenir. Les Sœurs étaient libres de donner ou de refuser leur état-civil. Mais n'est-il pas permis de croire que Mère Saint-Georges approuvait celles qui obligeaient les Parquets à les condamner sous leurs noms de religion puisqu'elles n'étaient poursuivies que pour leur qualité de religieuses ?

bien au contraire, puisque c'est à faire, en faveur des saintes Ames, l'abandon de toutes les richesses spirituelles dont on peut disposer qu'elle encourageait ses Filles. Il est hors de doute qu'elle pratiqua la première cet abandon appelé à bon droit « *vœu héroïque* ».

— « A l'époque de ma Profession, je la consultai à cet égard, écrit une Sœur : la réponse ne se fit pas attendre.

— « Puisque la grâce vous y pousse, me dit-elle, hâtez-vous de prendre vis-à-vis des saintes Ames cet engagement et de leur laisser le bénéfice de tous les trésors spirituels dont vous pouvez disposer, et croyez bien, ma Fille, que ces saintes Ames ne seront pas en reste avec vous : leur prière d'intercession est d'une efficacité surprenante : elles nous obtiennent infiniment plus que nous ne leur donnons... De son côté, le bon Dieu ne peut pas permettre que notre charité en leur faveur nous expose à subir un Purgatoire plus long : le supposer serait faire injure à la bonté et à la sagesse de la Providence. »

Nous verrons plus loin quelle était la fidélité journalière de Mère Saint-Georges à prier pour le soulagement et la délivrance des Ames souffrantes. Elle était en même temps attentive à éveiller dans le cœur de ses Filles une compassion efficace. Elle écrivait à une jeune Sœur qui venait de lui annoncer la mort de sa mère :

« Certes, ma chère Enfant, c'est une grande douleur de perdre sa mère : c'est même la plus grande douleur de la vie humaine, à moins que des circonstances exceptionnelles n'aggravent celle de perdre les autres êtres qui nous sont chers. Aussi ne blâmerai-je pas l'abondance de vos larmes qui ne sauraient couler pour une cause plus légitime. Mais ce tribut payé à la nature, nous devons accepter de tout notre cœur la divine Volonté et donner à nos morts le secours de nos prières, de nos sacrifices surtout ; c'est la meilleure manière de leur prouver l'affection vraie que nous leur conservons. La sainte Messe, la sainte Communion offertes à leur intention ; des Indulgences gagnées en leur faveur ; des actes de renoncement et de charité pratiqués pour eux : voilà des richesses à notre portée, que nous pouvons et devons offrir au bon Dieu à leur intention. »

A une Sœur qui lui disait avoir confié aux Ames du Purgatoire une affaire urgente, Mère Saint-Georges écrivait :

« C'est avec bonheur que j'applaudis à votre inébranlable confiance ; entretenez en vous ce sentiment et croyez fermement que cette confiance ne sera point trompée. Voulez-vous dire chaque soir avec moi un chapelet de « *Mon Jésus, miséricorde !* » à l'intention de l'âme du Purgatoire la plus proche de sa délivrance, pour la réussite de cette affaire que vous avez tant à cœur et qui vous fait tant souffrir ? Je commencerai dès ce soir, au lit. »

Ces lignes sont datées du 30 janvier 1909. Le 1ᵉʳ mai suivant, la pieuse Mère, écrivant à la même, pouvait dire : « Je continue, sans jamais y manquer, mon chapelet du soir... Ce que vous me dites au sujet de la cause en question est très consolant ; j'en bénis le bon Dieu et en suis heureuse pour vous. »

Pour terminer la série des dévotions qui alimentaient la confiance de Mère Saint-Georges, nous rappellerons celle qu'elle professait à l'égard de l'angélique Carmélite de Lisieux, ceci à titre tout à fait privé, car l'Eglise ne s'était pas encore prononcée sur l'héroïcité des vertus. D'instinct pour ainsi dire, dès qu'elle la rencontra, Mère Saint-Georges fut conquise pas sa simplicité d'enfant, par sa confiance éclairée, inébranlable, à l'épreuve des plus violentes tentations contre la foi, témoin celle qui dura plus d'une année entière et lui fit produire, ainsi qu'elle le déclare, plus d'actes de foi pendant cette année que dans tout le reste de sa vie.

Mère Saint-Georges n'admirait pas moins la Petite Thérèse dans sa générosité qui lui permit d'affirmer n'avoir rien refusé à Dieu depuis l'âge de trois ans, et dans sa virilité de caractère s'alliant parfaitement avec les charmes de la vertu la plus aimable.

Bref, l'âme de Thérèse de l'Enfant-Jésus et celle de Mère Saint-Georges étaient sœurs : l'une et l'autre devaient se rencontrer au seuil de la divine demeure de Nazareth et voir le divin Enfant quitter les bras de sa Mère pour accourir joyeux vers ses Epouses quand, après avoir poussé discrètement la porte, elles jetaient à profusion sur ses pas les roses qu'elles avaient cueillies sur leur calvaire respectif.

Mère Saint-Georges garda fidèlement sous les yeux, pendant les derniers jours de sa vie, l'image à laquelle nous venons de faire allusion. Ce ravissant symbole de la vie intérieure de la Petite Thérèse fut offert à notre Mère à l'occasion de l'anniversaire de son baptême, le 22 mars 1916, veille du jour où se déclara la crise suprême. Saisissant avec joie la gracieuse image : — « Tout ce que j'aime », déclara-t-elle, et elle remercia chaleureusement la Sœur qui la lui offrait : elle y trouva l'épanouissement complet de sa confiance en Dieu.

Nous sera-t-il permis, pour clôturer ce chapitre, de citer un ou deux passages des lettres de Mère Saint-Georges dans lesquelles nous voyons combien elle avait à cœur de faire pénétrer dans les âmes cette doctrine si consolante et si sûre de la confiance. Elle écrit à une âme timorée et craintive :

« J'ai eu occasion de vous dire maintes fois d'aller au bon Dieu comme un enfant va à sa mère, avec simplicité, abandon et pleine confiance. C'est cela qui vous manque et c'est ce sentiment qu'il faut cultiver dans votre cœur. Vous prendrez comme Elévation de cœur un acte de confiance en Dieu. Vous vous proposerez de faire dans la matinée et dans l'après-midi un certain nombre de ces actes, cinq par exemple par demi-journée, et vous ferez votre Examen particulier sur ce point pendant quelque temps. En outre, dans toutes vos prières, demandez par l'intercession de la Sainte Vierge, la vertu de confiance en Dieu. »

Plus tard, elle reprenait la plume pour dire à sa Fille :

« Vous manquez de simplicité envers le bon Dieu : vous vous tracassez pour savoir si vous êtes bien avec Lui et si vous travaillez de façon à le contenter ; en un mot, vous vous ingéniez à vous creuser la tête et à vous faire souffrir.

« Ecoutez-moi bien : vous contenterez le bon Dieu toutes les fois que vous voudrez, et comme au fond vous le voulez toujours, le bon Dieu sera toujours content de sa petite créature. Allez à Lui comme l'enfant à sa mère, pleine de confiance en sa bonté, vous humiliant de vos fautes, sans jamais vous décourager. Ayez la volonté de Lui plaire, travaillez pour Lui, et après vos chutes — qui ne tombe pas ? — mettez la main sur votre cœur, ce sera un acte de contrition et d'amour, puis reprenez votre petit train joyeusement, comme si rien n'était arrivé : le bon Dieu *préfère l'amour à la crainte*, et Il n'est pas éplucheur comme vous. Donc, confiance et toujours confiance ! »

Ne dirait-on pas que ces lignes émanent de la Bienheureuse « Petite Thérèse ? » Elle les aurait signées sans hésiter, car elle y aurait reconnu la doctrine contenue dans « *sa petite voie* ».

Quant à nous, Filles du Saint-Esprit, remercions Notre Père divin d'avoir suscité pour conduire sa Famille une âme telle que fut Mère Saint-Georges.

S'il ne Lui plaît pas de la glorifier au sein de l'Eglise comme Il a glorifié la Petite Thérèse, Il ne nous défend pas de voir en elle un modèle à imiter.

C'est pourquoi nous allons, avec l'aide de sa grâce, essayer d'esquisser un nouveau trait de sa physionomie et montrer comment, après avoir pratiqué excellemment les deux premières vertus théologales, elle a achevé l'œuvre de sa sanctification en *aimant Dieu jusqu'au mépris de soi*, c'est-à-dire jusqu'à l'abnégation complète de sa personnalité.

SON ABNÉGATION

Nous en avons déjà parlé au cours de ce travail, notamment à la page 61 ; mais il faut y revenir pour montrer que cette vertu donne la mesure dans laquelle Mère Saint-Georges était livrée à l'amour divin. Quel est le fondement de cet amour, sinon la haine et le mépris de soi ? Plus une âme se hait, plus elle sort d'elle-même, plus l'Esprit Saint l'envahit, l'embrase, la soulève, l'emporte vers les sommets. Mère Saint-Georges le savait, aussi lutta-t-elle constamment et de toute son énergie pour vaincre l'ennemi domestique, *le moi* toujours haïssable, mais habile à se retrancher au plus intime de l'être et là, à tenir en échec les âmes les plus courageuses, les plus résolues.

Cependant à qui serait tenté de croire que l'abnégation ne coûtait pas à la généreuse Mère, nous dirons : Erreur, erreur profonde ! La lutte était pour elle, comme pour toute âme ici-bas, la condition du mérite, mais semblable au guerrier valeureux jamais désarçonné par l'ennemi, jamais déconcerté par ses ruses ou sa perfidie, elle ne laissait soupçonner ni l'effort dans le combat, ni la fatigue après la victoire.

Citons quelques traits de cette abnégation qui a perfectionné, en les couronnant, ses autres vertus, et voyons tout d'abord comment elle l'a fait triompher d'une santé toujours chancelante.

Les tempéraments débiles comme était le sien, donnent, en effet, très souvent dans un écueil toujours funeste à la perfection : ils se replient sur eux-mêmes et finissent par s'absorber dans leurs souffrances. Si Mère Saint-Georges connut cet écueil, ce ne fut que pour l'éviter.

La rude tâche que, dès le début de sa carrière, elle dut assumer à Rostrenen, avait porté préjudice à son tempérament. A partir de ces années laborieuses, on peut dire d'elle ce que l'Auteur de l'Imitation dit de Notre-Seigneur : « elle ne fut pas une seule heure sans souffrir » : maux de tête, état fiévreux, douleurs d'estomac, morsures du froid auquel sa complexion délicate la rendait extrêmement sensible pendant la saison rigoureuse, autant de causes de souffrances physiques, moindres évidemment que les souffrances morales. Etant donnée l'exquise délicatesse de cœur dont elle était douée, on peut dire que celles-ci lui furent particulièrement pénibles à supporter, et qui ne sait combien elles sont fréquentes dans la vie commune ? Cependant telle était son abnégation que dans son entourage même le plus intime, on ne connut ses souffrances qu'autant qu'on les devina : jamais la vaillante Mère ne laissa échapper la moindre plainte — ce mot n'est pas juste — il faudrait dire le moindre de ces vagues soupirs par lesquels les âmes les mieux trempées se trahissent parfois.

L'une des Sœurs qui se préparèrent sous sa direction aux Examens Officiels, écrit : « Mère Saint-Georges souffrait habituellement de la tête ; nous le savions, et, pour la soulager, nous avions soin d'ouvrir la fenêtre la plus rapprochée de son bureau. Mais voyait-elle quelqu'une d'entre nous sensible à l'air venant de l'extérieur, elle fermait impitoyablement cette fenêtre, malgré nos protestations, et se condamnait ainsi à souffrir au double. » En aucune circonstance, elle ne laissa entendre qu'elle se sentait fatiguée, et elle recommença chaque jour sa tâche près des Sœurs Etudiantes, près des Novices ; puis, plus tard, reprit ses pérégrinations — peu attrayantes certes, — à travers nos chemins de Bretagne, bons et mauvais, subissant les intempéries des saisons, en souffrant jusqu'à contracter dans l'un de ses voyages, outre l'accident dont nous avons parlé, une conjonctivite aiguë qui nécessita un traitement long et douloureux.

Ainsi en fut-il pendant son Généralat éprouvé au dehors par les épreuves terribles que nous avons indiquées. Sa pauvre santé en éprouva des contre-coups inquiétants, surtout en ces dernières années. Or, l'habitude de réagir était si forte, la maîtrise d'elle-même si complète que, même pendant cette agonie de deux mois à laquelle ses Filles assistaient impuissantes, nulle d'entre elles n'a surpris la plainte la plus légère. Ce n'est que dans le demi-sommeil qui parfois la hantait, qu'elle laissait échapper des gémissements à peine perceptibles. Et quand l'Infirmière ou la gardienne de nuit s'approchait, inquiète, pour lui demander si elle était plus souffrante. — « Non, non, répondait vivement la vénérée malade en affermissant le ton de sa voix. J'ai donc fait entendre quelques plaintes ! Oh ! que je suis peu patiente, peu édifiante ! »

Maintes fois son état de souffrance éveilla chez ses Filles des inquiétudes qu'elles ne pouvaient dissimuler, et plus d'une offrit spontanément à Dieu le sacrifice de sa vie, demandant qu'en retour la Mère fût épargnée. Dès que celle-ci avait connaissance du fait, elle s'empressait de protester.

— « Donnez-vous bien garde de vous offrir au bon Dieu comme victime, écrivait-elle dans une de ces circonstances : j'aime mieux garder mes petits maux que de les passer à d'autres. Chacune, du reste, n'a-t-elle pas les siens ? Souffrez patiemment les vôtres, ma Fille, maux du cœur, maux du corps, maux de l'âme. Souffrez-les comme le bon Dieu veut que vous les souffriez pour vous sanctifier. »

Ainsi faisait la digne Mère, en sorte que tout ce qu'elle endurait devenait matière à progrès dans l'amour divin, « car, ajoutait-elle dans la correspondance que nous citons, c'est par l'abnégation de nous-mêmes que notre cœur trouve facilement celui de Notre-Seigneur. Nos petites passions sont les broussailles qui nous séparent de ce divin Cœur. »

Ailleurs, elle dit : « Chaque situation a, comme sous la main, tous les éléments nécessaires à sa sanctification, et de plus, ces éléments sont absolument appropriés aux besoins de la situation, surtout quand il s'agit de la situation spirituelle. Ainsi, à votre chère âme, il fallait les personnes, les caractères, les difficultés que vous avez trouvées à G...

« Si nous savons nous servir de tout dans les vues de
Dieu, avec esprit de foi, abandon à la Providence, cherchant Notre-Seigneur avec d'autant plus d'ardeur qu'il fait
plus noir autour de nous et en nous, nous arriverons à son
saint Amour, certainement. Mais laissons-nous faire, acceptons ce qui nous peine, nous contrarie et nous froisse,
en vue de Dieu, et Il fera peu à peu son œuvre en nous. »

Et Mère Saint-Georges se laissait faire ; mieux que cela,
elle se livrait aux âmes dont elle avait la responsabilité,
si bien que, selon une comparaison qu'elle goûtait fort,
chacune pouvait la traiter « comme une pelote à épingles ».
Quelle est, en effet, l'Elève à Rostrenen, l'Etudiante au
Cours, la Novice ou la Sœur qui ne l'a pas trouvée toujours
accueillante, toujours maternelle, toujours disposée à l'é-
couter jusqu'au bout, et cela non une fois, mais aussi souvent qu'elle l'a voulu ? Elle vivait constamment dans les
autres, jamais en elle-même. Aussi bien, c'est sans interruption que l'on frappait à sa porte. A peine entrée, vous
voyiez la bonne Mère déposer sa plume et vous écouter
avec attention, comme si elle n'avait eu d'autres affaires
à résoudre que celles dont vous veniez l'entretenir.

— « Bien des fois, atteste une Mère du Conseil, je fus
témoin de ces multiples dérangements imposés à Notre
Mère. Elle plaisantait parfois agréablement sur la rapidité
avec laquelle les coups se répétaient à sa porte. — « Il n'y
a point de paix pour l'impie » (1), disait-elle en souriant.
Et si je protestais : — C'est le Seigneur qui l'affirme, et
vous êtes témoin de la vérité de cette parole, concluait-elle
en riant plus fort.

Elle avait donc autorité pour dire à ses Novices au début
de leur carrière d'apostolat : « Occupez-vous beaucoup de
vos Enfants et de ce qui a rapport à votre emploi, de façon
à vous obliger à sortir de vous-mêmes. »

A celles qui, selon une expression consacrée, avaient
blanchi sous le harnais, elle donnait le même conseil sous
une autre forme. « Vous vieillissez, en effet, ma Fille, votre
écriture en témoigne, mais non votre cœur. Ne le laissez
pas vieillir. Pour lui conserver sa jeunesse et sa verdeur,
aimez beaucoup Notre-Seigneur et haïssez-vous vous-même
comme on hait quelque chose qui est un obstacle à la possession d'un grand bien. »

____

(1) Isaïe, chap. 48, vers. 22.

Elle disait encore : « Maintenez votre cœur en haut, dans les régions sereines, et guerre *au Moi et à ses dépendances !* L'amour de Notre-Seigneur vous aidera, vous portera même : livrez-vous entièrement à Lui : vous verrez jusqu'où Il vous conduira. »

Ne semble-t-il pas que ces accents partent des régions sereines dont parle la digne Mère ? Nous eussions pu dire jusqu'où sa généreuse abnégation l'avait portée, si la destruction exigée par elle ne nous avait privées des notes intimes sur ses dernières années.

Toutefois, dans les citations que nous donnons ici (elles datent, on l'a remarqué, de la première moitié de sa carrière religieuse), nous entendons l'écho des triomphes que la grâce lui fit remporter, et en même temps, nous sentons une puissante incitation à marcher à sa suite dans la voie royale frayée par Jésus.

Poursuivons donc nos investigations et voyons comment, après avoir fait les premiers pas dans cette voie, c'est-à-dire après s'être quittée elle-même, après avoir passé pour ainsi dire dans les âmes confiées à son zèle, par une charité toujours en éveil, toujours active, toujours inlassable, elle poussa plus avant et sut dépister l'ennemi et le déloger de ses derniers retranchements.

Riche des dons de la nature comme de ceux de la grâce, Mère Saint-Georges avait des ambitions très légitimes, parce que très pures, pour la gloire de Dieu et pour l'honneur de la Congrégation, et elle sentait en elle les ressources voulues pour les satisfaire.

Les satisfaire ! Par quel moyen ? Elle a vite fait de le trouver : elle prendra le glaive et immolera courageusement ces *Isaacs* à mesure qu'elle les rencontrera le long du sentier qui conduit à la Montagne sainte où le Seigneur l'attend. Voici ce que nous lisons dans son carnet à l'époque où elle vint à la Maison Principale pour s'occuper, de concert avec Sœur Marie-Julie, de la préparation aux Examens :

« Pour mon emploi, je ne dépends pas immédiatement de nos Supérieures, mais d'une intermédiaire à qui, bien que je ne lui donne pas le nom de Supérieure, je suis entièrement subordonnée. Me rappelant souvent ce mot de la Règle : « Quand il y aura deux Maîtresses dans la même classe, la seconde ne fera rien que d'après l'ordre de la

première, je dois, — c'est la condition à laquelle je plairai
à Jésus et lui témoignerai mon amour, — je dois subor-
donner ma volonté à cette volonté *et ne pas prendre d'initiative :* cette initiative ne m'appartient pas. Le bon Dieu
n'a nul besoin de moi pour faire le bien. Ainsi, il n'est pas
nécessaire du tout que les choses aillent comme ma volonté
voudrait qu'elles allassent, mais il est nécessaire que je
fasse ce que le bon Dieu veut. Or, il veut que je sois dépendante, soumise : je n'ai pas à faire autre chose pour bien
faire. Donc, dépendance, soumission, déférence, *pas d'initiative,* je déplairais à Jésus. »

Les Sœurs qui ont été ses Elèves peuvent dire si elle fut
fidèle à ce programme d'abnégation.

Quelques années plus tard, en 1883, devenue Membre
du Conseil et, par suite, voulant plus que jamais servir
les intérêts de la Congrégation, elle écrit : « Je dois tenir
grandement compte des lumières de Notre bonne Mère
(c'était alors Mère Marie-Arsène) *lumières d'état,* de sa
grande expérience, de sa droiture et de la connaissance
qu'elle a des personnes et des choses... » En vérité, elle
recevait, elle aussi, des *lumières d'état,* mais appuyée sur
le principe énoncé plus haut, et résolue toujours à faire
de l'abnégation sa règle de conduite, elle ajoutait : « Je
dois me défier de la disposition que j'ai à laisser une idée
s'emparer tellement de moi qu'il ne reste plus dans mon
intelligence et dans mon jugement place à aucune autre.
Cette disposition n'est pas bonne et porte à l'exclusion, au
parti pris et à l'entêtement. C'est sagesse de se défier de
son jugement. Est-ce que j'ajouterais à mes autres travers
celui de me croire sage, celui de penser que les bonnes
idées ne peuvent naître que dans ma tête ? Je serais bien
insensée ! Je suis loin d'être sage ! Portée à l'exagération,
a l'emportement, à l'indignation, je n'ai point le droit
d'ajouter grand poids à mon jugement, sollicité par tant
d'influences diverses, et par suite mal équilibré. »

Le moi, l'ennemi capital, est-il assez maltraité ? Et la
généreuse Mère a-t-elle le droit de conclure par cette réflexion dans laquelle elle se dépeint sans y prendre garde :
« L'humilité ajoute beaucoup à la raison et au jugement. »

Ainsi pratiquait-elle le conseil qu'elle donnait aux autres
en disant : « Déployons notre activité pour le bien : nous
l'avons reçue de Dieu pour cela, mais restons passives

sous sa direction et acceptons tout de sa main et de son cœur dans les événements et dans la manière d'être des personnes envers nous.

« Le marbre que l'on travaille se laisse faire et ne se retire jamais de la main qui le façonne : nous ne sommes point *marbre*, Dieu merci, pour la gloire du divin Ouvrier et pour notre propre mérite. Quand donc, pour son amour, nous nous en remettons entièrement à Lui, acceptant ses coups comme Il trouve bon de nous les donner, comme Il est content ! Et quelle belle œuvre Il fera ! »

Elle dit ailleurs : « Quand nous arrivons à pratiquer courageusement, constamment l'abnégation, l'œuvre du bon Dieu se fait plus vite en nous, et, par nous, dans les autres : ainsi mettons toute notre perfection à nous oublier nous-mêmes, à faire abnégation de nous par amour pour Notre-Seigneur. »

L'amour de Notre-Seigneur, voilà bien toujours le mobile qui la fait agir, souffrir, combattre, et il est en même temps le facteur de ses triomphes. Grâce à cet amour, elle continuera sa marche en avant dans les voies de l'abnégation. Ainsi la verrons-nous, après avoir fourni à la tête de la Congrégation la période féconde des trois triennats, déposer joyeusement le fardeau, et, selon son expression, *« rentrer dans le rang »*.

Elle y rentrera si bien qu'on ne la trouvera plus là où son mérite avait brillé d'un si vif éclat ; elle s'effacera à tel point que ses Filles en seront, dans plus d'un cas, déconcertées.

— « Sa direction sage, ferme et lumineuse avait donné à ma vie spirituelle une impulsion décisive, atteste une jeune Sœur. Elle me comprenait, me devinait si bien ! Mais à partir du jour où elle fut remplacée dans sa charge, je compris qu'il ne fallait plus chercher près d'elle conseil et appui. D'un geste, elle indiquait celle qui, après elle, avait mission de diriger. Son flambeau qui m'avait été si bienfaisant était rentré « sous le boisseau », et aucune raison ne l'en aurait fait sortir. Ce n'est pas à dire que la pieuse Mère ait voulu annihiler en elle les dons de Dieu : loin de là, nous avons vu combien elle fut compatissante envers celle qui avait dû se courber à son tour sous le fardeau, combien elle eut à cœur « de la soulager de son petit mieux » ; de quelle délicatesse elle usa pour laisser à la nouvelle Elue du Saint-Esprit toute sa liberté d'allure et d'initiative et par suite pour faire briller de tout son éclat l'auréole de son autorité.

De cette sorte, sa vertu à elle conquit tout son lustre, toute sa puissance de rayonnement, et ses Filles n'ont plus le droit de regretter la perte des documents qui auraient permis d'amplifier cette notice, mais elles ont un devoir, celui de marcher à la lumière qui jaillit des exemples de leur Mère. Ainsi rendront-elles pratiquement féconde leur gratitude envers l'Esprit divin qui la leur a donnée.

SON ZÈLE

Le zèle est un des fruits de l'amour divin, car, dit saint Augustin : « *Celui qui n'a pas de zèle n'a pas d'amour.* » Toute la vie religieuse de Mère Saint-Georges est la manifestation de son zèle aussi bien que de son amour pour Dieu : zèle discret toujours, zèle ardent aussi parce que la gloire divine en était l'objet, quelle que fût d'ailleurs la forme spéciale dont il se revêtait, ou la dévotion particulière à laquelle il s'appliquait. Avant tout, Mère Saint-Georges pratiquait — nous avons vu avec quelle ardeur — le zèle pour les Observances régulières. Dans la Règle, elle voyait la Volonté de Dieu s'appliquant à tous les détails de la vie de Communauté ; c'est pourquoi, de toutes ses forces, elle la fit observer, ne reculant pour cela devant aucune difficulté, ne redoutant aucun sacrifice et donnant dans sa personne, en tout temps, un exemple à suivre. Ainsi témoignait-elle de son zèle pour sa propre sanctification, et on la vit jusqu'à ses derniers jours en accroître la flamme, étant sollicitée sans cesse par la grâce divine et pressée par la voix du Saint-Esprit qui à tout instant retentissait au fond de son âme : « *Que celui qui est saint se sanctifie encore.* »

En même temps que sa perfection personnelle, elle poursuivait celle de ses Filles, et l'on peut dire qu'à cet égard son zèle ne connut pas de repos : suivre de son regard perspicace chacune des âmes dont elle répondait ; avertir, reprendre, corriger, stimuler, encourager, toutes choses qui réclament une perpétuelle abnégation, telles furent les manifestations du zèle de Mère Saint-Georges.

Recueillons ici, en les résumant, les enseignements qu'elle donnait sous ce rapport à la Congrégation. Dans sa Circulaire de 1903, elle dit : « Ce qui importe surtout, mes bien chères Filles, c'est que, dans les épreuves multiples qui nous frappent, nous répondions aux vues de Dieu sur nous : or, Il veut que nous nous renouvelions dans l'esprit de notre vocation qui est un esprit d'humilité, de détachement, de charité, de dépendance religieuse et de *zèle*. J'attire plus particulièrement votre attention sur ce dernier point. N'est-il pas arrivé qu'après avoir imprimé aux œuvres dont nous avons eu à nous occuper ou que nous avons établies, une marche régulière et extérieurement normale, nous nous sommes contentées de cette impulsion une fois donnée, sans songer à les perfectionner, à y mettre l'âme sans laquelle l'œuvre reste une machine ? Cette âme, c'est le zèle, mais un zèle surnaturel seul digne d'une religieuse. Si nous avons manqué de ce zèle, la routine nous a retenues dans le sentier battu, les œuvres ont été mal faites, et Dieu n'a pas été glorifié. Tout est réparable en ce monde avec la grâce de Dieu. Je vous conjure donc, mes chères Filles, de renouveler en vous cet esprit de zèle et de l'exercer dans les conditions qui vous sont faites : près de vos enfants surtout, si vous avez le bonheur d'en être entourées. Ne les perdez pas de vue quand elles sont sorties de vos écoles ; aimez à les grouper autour de vous ; intéressez-vous à tout ce qui les touche, faites-leur tout le bien que vous pourrez ; aimez-les et priez pour elles. Dans l'exercice de ce zèle, vous devrez sacrifier un peu de repos et de tranquillité. L'amour que Notre-Seigneur a pour ces âmes d'enfants et de jeunes filles pour lesquelles Il a donné sa vie, celui que nous-mêmes avons pour notre Divin Sauveur, ne motivent-ils pas bien ce sacrifice de notre repos ? Comme Religieuses, nous devons pratiquer le zèle envers tous ceux avec lesquels le devoir nous met en relation, près des malades et des pauvres surtout, à qui nous parlerons de Dieu, de sa bonté, de sa miséricorde, de sa volonté toujours sainte et aimable, même quand elle châtie. Mais pour être vraiment fructueux dans les divers emplois où il nous est donné de le pratiquer, notre zèle doit s'exercer d'abord sur nous-mêmes. Remplissons-nous de Dieu par la Méditation bien faite, par la prière fervente. La prière dépourvue d'attention, de respect intérieur, n'est qu'une vaine formule qui ne glorifie pas Dieu. Que notre cœur soit un autel sur lequel nous immolons chaque jour à Dieu ce qui Lui déplaît en nous, et que la fidélité à tous nos devoirs y soit comme le sacrifice permanent de tout notre être ! »

Ailleurs, traitant le même sujet, Mère Saint-Georges écrit : « Réalisons en nous et autour de nous, dans la mesure de notre pouvoir, les trois premières demandes du *Pater :* le désir de la sanctification du Saint Nom de Dieu, si outragé, si blasphémé de nos jours ; procurons l'avènement de son Règne dans le monde entier, et l'accomplissement de sa Volonté sainte en nous et sur toute la terre comme elle l'est au ciel.

« Si nos désirs sont ardents, ils se traduiront par la prière et l'action, vrais éléments du zèle, et ainsi nous nous constituerons les auxiliaires des Ouvriers de l'Evangile, chargés d'enseigner la parole divine.

« Ce rôle nous convient bien à nous, Filles du Saint-Esprit, puisque le Saint-Esprit est le feu, la chaleur, la lumière, la force et la consolation et que c'est Lui qui répand la charité dans les âmes.

« Si les vrais amis de Notre-Seigneur se font de plus en plus rares, si tout conspire à étouffer la foi dans les esprits et dans les cœurs, ne faut-il pas que notre amour et notre zèle redoublent d'intensité ? C'est là un beau rôle que celui d'éclairer, d'échauffer les âmes et de les rapprocher de Dieu.

« Si nous n'aimons Dieu de tout notre cœur, de toute notre âme jusqu'au sacrifice, nous n'avons point le zèle apostolique.

« Ce zèle, cette flamme s'entretient en nous par le recueillement, la pratique de la présence de Dieu et la prière habituelle.

« Soyons avant tout des âmes intérieures et surnaturelles, vivons sous le regard de Dieu et ramenons tout à Lui.

« L'amour de Dieu s'incline naturellement vers les âmes : aimer Dieu, aimer le prochain, c'est tout un.

« Notre-Seigneur n'a opéré l'œuvre de notre rédemption que par l'obéissance, et la religieuse ne saurait faire autrement : obéissante, disciplinée, elle attirera sur ses travaux et ses fatigues la grâce qui féconde ; d'ailleurs, l'obéissance est la meilleure sauvegarde du zèle.

« Ayons nos intentions pures dans l'exercice de notre zèle et que notre mot d'ordre soit : « *Tout pour la plus grande gloire de Dieu.* » Ne soyons pas de ceux ou de celles qui se désintéressent d'une œuvre parce qu'ils ne l'ont pas fondée ou qu'ils n'en ont pas la direction : ce serait une sotte vanité et un larcin fait à Dieu.

« N'oublions pas que notre rôle à nous est un rôle d'auxiliaires : remplissons-le dans l'effacement, dans l'humilité, et, en même temps, avec cet entrain joyeux, cet élan surnaturel qui gagne à Dieu tous les cœurs... Que cet élan dans le zèle ne soit pas passager, mais persévérant et courageux. Celui-là ne fait rien qui se déconcerte devant l'obstacle

« S'il y a des difficultés quelque part, c'est surtout dans les œuvres de zèle : on doit s'attendre à les y rencontrer nombreuses : ce sont les préjugés, l'ignorance, l'apparente stérilité de nos efforts, c'est l'hostilité, parfois même l'ingratitude.

« Loin de nous plaindre des difficultés, réjouissons-nous d'avoir quelque chose à souffrir pour le Nom de Jésus-Christ.

« Les qualités du vrai zèle exigent l'immolation, l'oubli de soi ; mais impossible de nous renoncer, de nous oublier, de nous donner toujours, si nous n'avons un grand amour : puisons-le à sa source, dans le Cœur Adorable de Jésus. »

N'est-ce pas, répétée par la plume de la pieuse Mère, la parole de saint Augustin que nous avons citée plus haut ? Dans la même Circulaire, elle emprunte à sainte Thérèse le cri d'alarme par lequel la Réformatrice du Carmel excitait ses Filles à former, par leurs prières et leurs sacrifices, un rempart à l'Eglise en proie aux attaques du Protestantisme naissant. « La chrétienté est en feu : on vou-
« drait de nouveau condamner le Sauveur ; on essaye de
« détruire son Eglise de fond en comble. Ah ! puisque le
« divin Maître a si peu d'amis, que ceux-ci du moins Le
« servent généreusement ! Quand je regarde ces grands
« maux, il me semble qu'il faut une armée d'élite à l'Eglise
« de Dieu, une armée prête à mourir, oui, à se laisser vain-
« cre, jamais ! »

Si c'étaient bien là les dispositions personnelles de Mère Saint-Georges, laquelle de ses Filles pourrait en douter ? D'ailleurs la suite de sa Lettre-Circulaire va préciser sa pensée. — « N'oubliez pas, mes chères Filles, continue-t-elle, que l'œuvre éminemment belle de l'éducation chrétienne des Enfants et des jeunes Filles, reste spécialement *nôtre,* malgré l'ostracisme qui nous frappe momentanément dans notre cher Pays de France. La mesure de notre zèle sur ce point doit être celle de l'homme ennemi pour s'emparer de l'âme de l'enfant. Que ne fait-il pas pour préparer des générations incroyantes et impies ? Disputons-lui ces âmes si chères à Notre-Seigneur, pour lesquelles Il a versé son Sang... »

En ceci encore, la vaillante Mère donnait l'exemple, affrontant les menaces, les comparutions, les condamnations, si bien qu'un jour elle pourra dire à ses Filles : « Il ne me reste plus qu'à subir l'incarcération : laquelle de vous refusera de me suivre en prison ? »

Ne craignons pas d'affirmer qu'elle eût poussé son zèle plus loin encore, car elle était de l'armée dont vient de parler sainte Thérèse, décidée à mourir plutôt que de se laisser vaincre par les fauteurs du mal et en particulier par les hommes pervers qui veulent arracher les âmes d'enfants à Notre-Seigneur Jésus-Christ.

Résumant par une pensée empruntée à Fénelon les caractères du zèle chez Mère Saint-Georges, nous dirons : « Elle s'accommodait aux divers caractères ; se faisait toute à tous, s'identifiait avec les personnes qu'elle devait diriger. Elle se proportionnait, se rapetissait, se repliait, ne parlant pas aux autres selon sa propre plénitude, mais suivant leurs besoins du moment, et ne leur disait que ce qu'elles étaient capables de porter, loin de s'évaporer dans la chaleur d'un zèle inconsidéré. »

SON PATRIOTISME

Mère Saint-Georges aimait la France comme une mère digne de respect et d'honneur ; elle l'aimait pour son titre de Fille aînée de l'Eglise ; elle l'aimait à cause des prédilections divines dont elle fut l'objet à travers les siècles : depuis Tolbiac et le Baptême national dans la personne de Clovis jusqu'aux révélations du divin Cœur de Jésus à sainte Marguerite-Marie, jusqu'aux récentes et miséricordieuses visites de la Très Sainte Vierge à Lourdes et à Pontmain.

Deux fois, elle vit l'ennemi aposté sur nos frontières fouler son sol généreux. Si dans cette double et brutale agression, elle trembla pour les destinées du Pays, elle fut heureuse de voir les portes de la Maison Principale s'ouvrir devant les soldats blessés pour sa défense. Durant la guerre mondiale de 1914-1918, les bâtiments agrandis permirent d'offrir aux glorieux défenseurs de la Patrie une hospitalisation plus large qu'en 1870, de même qu'un personnel d'Infirmières plus considérable. Mère Saint-Georges en fut heureuse : elle n'avait qu'un regret, celui de ne pouvoir participer directement aux services de l'Hôpital Complémentaire 18 installé au Couvent Blanc. — « Chaque jour, disent les notes de la Maison Principale, quel que fût son état de faiblesse et de souffrance, elle demandait des nouvelles des opérations militaires. Deux heures avant de rendre le dernier soupir, elle dit encore à l'une des Assistantes : « Avez-vous le *communiqué* de ce soir ? Lisez-le tout entier. » C'était au plus fort de la défense de Verdun. Elle écouta avec une attention soutenue, et applaudit à nos succès.

Quoique parfaitement abandonnée au bon plaisir divin, elle eût aimé à vivre encore afin d'être témoin de la victoire de la France, ainsi qu'elle le déclarait au Docteur quand il constatait une légère amélioration dans son état.

Ajoutons qu'en se séparant de ses Filles désignées pour un apostolat lointain, elle trouvait au sacrifice une compensation dans la pensée qu'à leur tour, elles allaient, comme les Missionnaires, contribuer à faire aimer en terre étrangère la Patrie dont on a dit :

« Tout homme a deux pays : le sien et puis la France. »

Nous sera-t-il permis de voir dans le caractère que revêtirent, en pleine période de guerre, les obsèques de la digne Mère, un retour d'affection donné par la France à cette généreuse Fille de sa race et de son sol, capable plus que toute autre de comprendre ses nobles destinées et combien désireuse de les voir réalisées !

Dans la personne de ses Défenseurs de tous grades, la France, au matin du 3 juin 1916, dans la chapelle du Couvent Blanc, était penchée avec émotion sur le cercueil de l'humble religieuse dont le sacrifice suprême, couronnant tous les autres accomplis durant sa féconde carrière, devait contribuer pour une mesure appréciable à la victoire finale. Officiers et soldats, blessés et convalescents, mêlés à la foule recueillie et silencieuse, écoutaient avec intérêt la voix éloquente de l'Evêque de Saint-Brieuc, Mgr Morelle, quand il affirmait, songeant aux Filles du Saint-Esprit dispersées au loin, que leur deuil était le deuil de la Belgique et de la Hollande, de l'Angleterre et de l'Amérique, aussi bien que le deuil de la France et de la Bretagne.

— « Votre deuil est grand, mes bien chères Filles, disait « l'Evêque, mais il n'est pas vôtre seulement : il déborde « votre Congrégation.

« C'est le deuil de la France, où vous avez essaimé, por-« tant au loin les trésors de votre zèle évangélique et de « votre apostolat. C'est le deuil de notre armée, personni-« fiée ici par ces Officiers supérieurs, par les représentants « les plus qualifiés des services sanitaires, par ces héroï-« ques blessés venus chercher dans cette Maison la paix « après le combat, le repos après le labeur et le baume « sur la blessure.

« C'est le deuil de la Bretagne tout entière, représentée « ici par l'élite de son Clergé, attestant la collaboration « très efficace que votre Famille religieuse apporte à son « Ministère. »

La Bretagne, « *la petite Patrie* » combien Mère Saint-Georges l'a aimée en aimant la France ! Si son patriotisme se fortifia par l'étude très approfondie qu'elle fit de l'Histoire nationale étant Maîtresse des Cours préparatoires aux Examens, l'amour qu'elle avait pour la Bretagne s'alimentait de même aux sources des données historiques recueillies dans les meilleurs auteurs. En ces dernières années, elle eut douce joie et grande fierté à recevoir en hommage une Histoire de son Ile natale, écrite par un compatriote, le R. P. Léandre Le Gallen, des Missions Africaines de Lyon.

De la Bretagne, comme de sa *Belle-Ile*, elle aimait tout, même les défauts, non pour les flatter, mais pour les combattre, estimant que les nationalités sont perfectibles autant que les individualités, estimant aussi que sa Famille

1eligieuse, née en Bretagne et restée Bretonne en grande majorité sinon en totalité, avait le devoir de travailler, de concert avec son admirable Clergé, à développer par l'éducation de l'enfance, les qualités de la race en même temps qu'à extirper ses vices.

Enfin Mère Saint-Georges aimait la langue celtique, non seulement parce que ce fut sa langue maternelle, mais pour l énergie et le pittoresque de son génie, pour l'intraduisible beauté de sa poésie, et surtout pour ce privilège, unique peut-être, de n'avoir jamais été la propagatrice de l'hérésie.

Etant Maîtresse des Novices, elle ne se faisait pas faute d'employer un terme celtique s'il traduisait mieux sa pensée, mais seulement dans l'abandon et la familiarité de la récréation. Ses anciennes Novices se souviennent, par exemple, que, faisant appel à leur bonne volonté pour un travail extraordinaire à fournir. — « Je n'accepte, disait-elle, que celles d'entre vous qui se sentent « *dihog* » (1). Les Novices comprenaient ou devinaient sans peine, et celles mêmes qui n'avaient que la langue des Francs pour exprimer les sentiments de leurs cœurs bretons, s'empressaient de répondre... « Ma Mère, nous sommes toutes « *dihog* ».

La forme toute spéciale du dialecte de Vannes n'empêchait pas la bonne Mère de s'adapter au breton de la Cornouaille, du Léon et du Tréguier. « Dans ses tournées de Visiteuse, témoigne l'une de ses Filles, elle eut à franchir le dangereux passage du Raz pour se rendre d'Audierne à l'île de Sein. En tout temps, la mer traîtresse s'y montre redoutable aux pilotes même les plus aguerris. Ceux-ci, solides chrétiens, ont l'habitude, pour se donner du cœur, de réciter l'*Angelus* quelle que soit l'heure à laquelle le bateau démarre. Au large, ils chantent quelque cantique breton. Lors de son dernier voyage, Mère Saint-Georges entendit le refrain populaire si connu :

« Mari, hor Mam garantezuz !
Mari, notre Mère tout aimante ! »

et elle goûta si fort cette mélodie enflée par la voix des vagues, que, revenue au continent, elle dit à l'une des Sœurs

----

(1) **Terme du dialecte de Vannes qui veut dire : parfaitement dispos.**

celtisantes : « Apprenez-moi le pieux cantique *Mari, hor Mam garantezuz*, et en particulier les deux derniers couplets. » Et la bonne Mère chanta avec moi :

> Pa vez kounnaret ar mor braz
> Bagik ar pesketour siouaz
> Gant an tarziou a vo lounket
> Ma ne deo gant Doue dalc'het (1).

> Ar bed a zo eur mor spountuz
> Leun eo a gerrek danjeruz
> Hag hor bag-ni zo ken dister
> Truez ouzomp, o Mam dener (2).

Pour Mère Saint-Georges, la Bretagne religieuse s'identifiait avec Celle que le Ciel lui donna pour Patronne et Souveraine, et nous avons dit comment, à l'heure de l'angoisse, sa foi implora la puissance et la bonté de sainte Anne. Voulant faire passer, en quelque sorte, sa propre confiance dans l'âme des générations futures, elle chargea le Noviciat d'acquitter chaque mois, par une Communion générale, la dette de reconnaissance de la Congrégation envers la Mère de l'Immaculée Vierge Marie.

Quelques années auparavant, lors de la création du Juvénat, la pieuse Mère avait placé l'œuvre naissante sous le patronage de sainte Anne. Nous savons comment l'Auguste Patronne répond à la confiance de ses Enfants, avec quelle fidélité et quelle tendresse, Elle remplit à leur égard son rôle de *Grand'Mère.*

Ainsi Mère Saint-Georges montrait-elle son attachement aux traditions les plus respectables de la Bretagne ; ainsi prouvait-elle son amour pour le Pays natal, « rude à voir, doux à vivre, où l'on ne saurait remuer une pierre sans voir surgir l'ombre d'un héros ou d'un saint. »

(1) Lorsque la grande mer est courroucée
    La nacelle du pêcheur, hélas !
    Dans les flots sauvages serait abimée,
    Si Dieu ne venait la protéger.

(2) Le monde est un océan affreux
    Où abondent les écueils dangereux
    Et notre barque est si fragile !
    Ayez pitié, ô tendre Mère !

SON AMOUR POUR L'ÉGLISE

Pourrions-nous passer sous silence cette autre caractéristique de la piété filiale de Notre Mère ? Elle aimait la sainte Eglise, cette « Patrie des âmes », d'un amour fort et généreux. Plus que toute autre, avec la grande Thérèse d'Avila, elle pouvait proclamer avec enthousiasme : « *Je suis Fille de l'Eglise !* » Nous savons, en effet, par l'historien cité plus haut, que pendant des siècles, c'est-à-dire depuis sa conversion au christianisme par les Moines venus d'Irlande jusqu'en 1666, Belle-Ile, berceau de Mère Saint-Georges, fut placé sous la juridiction immédiate des Pontifes Romains. Le P. Le Gallen cite à ce propos une Bulle de Nicolas V datée de 1455 où il est dit : « L'isle de Belle-Isle n'appartient à aucun diocèse et relève directement du Saint-Siège (1). »

Dès lors, quoi de plus naturel que l'attachement profond de Notre Mère au Vicaire de Jésus-Christ ? Ses Notes intimes font chaque jour une part bien spéciale à la prière pour le Souverain Pontife, comme on le verra dans la *Journée spirituelle* que nous donnerons plus loin.

L'époque de sa Profession fut marquée, en Italie, par les troubles des bandes Garibaldiennes qui envahirent les Etats Pontificaux et menacèrent Rome, d'autant plus audacieuses que le Gouvernement de Victor-Emmanuel les laissait faire, s'il ne les soudoyait pas hypocritement. La Jeunesse Catholique de France se leva en masse pour se porter à la défense du territoire Pontifical. Dans le dio-

---

(1) Dans les premiers temps et jusqu'au commencement du XIe siècle, un « *Juge d'Eglise* », commis par le Pape, y tenait la Justice ecclésiastique et exerçait la juridiction contentieuse. Dans la suite, les Abbés de Sainte-Croix de Quimperlé, qui assuraient par leurs Moines le service religieux de Belle-Isle, pourvurent à la juridiction spirituelle, en même temps qu'à l'administration temporelle, l'Ile demeurant toutefois sous la dépendance des Pontifes Romains.

« En 1666, l'omnipotence laïque de Louis XIV, brisant un droit prescrit par plus de douze siècles d'existence, plaça Belle-Ile sous la puissance spirituelle de l'Evêque de Vannes. »

(Histoire de Belle-Ile, par le P. Le Gallen).

cèse de Vannes, le Collège Saint-François-Xavier fournit à l'armée du Saint-Père des volontaires en si grand nombre que Pie IX l'appelait avec complaisance « *son Collège* ».

Mère Saint-Georges en ressentait une légitime fierté : elle tressaillait de joie au récit des actions héroïques accomplies par les Zouaves Pontificaux, de même qu'elle s'associait au deuil des familles quand quelqu'un de ces braves venait à tomber victime de son devoir. C'est ainsi qu'elle pleura avec Mère Sainte-Thècle, dont le frère M. Paul de Parcevaux, succomba des suites des glorieuses blessures qu'il avait reçues à Castelfidardo. Elle pleura, mais sans amertume : il y a dans de telles morts une gloire si pure ! Personne mieux qu'elle ne comprit le geste d'une mère héroïque qui, apprenant la mort de son fils, tombé en défendant les droits du Vicaire de Jésus-Christ, demanda qu'un *Te Deum* d'action de grâces fût chanté à la Cathédrale de Quimper, après le service funèbre célébré en sa mémoire.

Enfant de Dieu et Fille de l'Eglise, elle porta très haut l'honneur qui s'attache à ce double titre, et s'efforça d'inculquer aux Novices une grande estime pour leur qualité de chrétiennes. Elle avait retenu, de la *Vie du P. Alvarez* par le P. Louis du Pont, une recommandation qui revenait souvent sur les lèvres du Serviteur de Dieu. S'adressant à ceux qu'il formait à la vie religieuse, le P. Alvarez leur disait : « Prenez garde, mes Frères, de dégénérer des hautes pensées des Enfants de Dieu. »

— « Que de fois, atteste une de ses premières Novices, Mère Saint-Georges nous rappela cette parole du P. Alvarez ! J'en étais surprise, ne comprenant pas comme notre Mère toute la portée d'une telle recommandation.

Quant à celle-ci, elle avait un culte pour les saints engagements du Baptême, et l'un de ses premiers soucis à son réveil, chaque matin, était de les renouveler avec ferveur avant ceux de sa Profession religieuse. C'était l'application, dans sa conduite, du principe qu'elle aimait à rappeler, ainsi qu'il a été dit précédemment : « Nous sommes chrétiennes avant d'être religieuses. »

Pour développer le savoir de celles qu'elle formait à la Vocation de Filles du Saint-Esprit et leur donner le goût de l'Ecriture Sainte, elle leur mit entre les mains le *Manuel du Chrétien* où sont consignées les parties essentielles des Livres Saints que personne n'a le droit d'ignorer. Les Sous-Maîtresses du Noviciat participèrent elles-mêmes à la sollicitude de Mère Saint-Georges à cet égard.

« Avec la délicatesse qui la caractérisait, atteste l'une de ces dernières, elle déposa un jour sur ma table le précieux Ouvrage. Ce fut pour moi toute une révélation. J'en fis dès lors mon livre de chevet et ne passai pas un seul jour sans en lire quelques passages, au grand profit de ma vie spirituelle. »

Elle aimait les cérémonies de l'Eglise ; y prendre part était pour elle une vraie joie ; aussi la vit-on assidue à soutenir de sa voix bien timbrée les chants de la Tribune. Elle ne cessa de s'y associer que lorsqu'elle fut nommée Maîtresse des Novices. Son goût à cet égard était, assure-t-on, des plus *liturgiques :* elle aimait les mélodies graves qui portent à la prière et au recueillement, tels les Psaumes et les Cantiques qui s'en rapprochent. Quant aux autres, elle les réprouvait nettement, parce qu'elle y voyait une sorte d'inconvenance à l'égard de la Majesté divine en même temps qu'une offense au bon goût. Ainsi, elle ne demanda jamais la répétition d'un cantique composé par sa vénérée Collègue du Cours, Mère Marie-Julie, à l'occasion de la proclamation de saint Joseph comme Patron de l'Eglise universelle (8 décembre 1870). Les paroles, sans doute, lui agréaient ; mais M. Charles Collin l'avait harmonisé avec un enthousiasme exagéré : — « Cette harmonie sent trop le *tintamarre* », disait Mère Saint-Georges.

Elle n'admettait pas davantage les airs langoureux qui éveillent dans les âmes une sentimentalité de nature à briser leur élan vers Dieu. En un mot, si le chant n'était pas une prière, il n'avait à ses yeux aucune valeur, fût-il interprété par les voix les mieux exercées.

Quelle ne fut pas sa douleur lorsque fut consommée la ruine du Pouvoir Temporel de la Papauté ; lorsqu'elle vit le Vicaire de Jésus-Christ prisonnier dans son palais du Vatican, et la puissance séculière s'installer au Quirinal, comme une rivale insolente et sacrilège ! Cette douleur s'accrut en ces dernières années quand un Pouvoir sectaire, s'insurgeant à son tour dans notre France contre le Chef auguste de la catholicité, arracha aux bras de sa Mère la Fille aînée de l'Eglise, et lança les troupes à l'assaut des églises dans toute l'étendue du Pays, et sous les regards du monde étonné.

Scènes scandaleuses des Inventaires, se perpétrant concurremment avec la spoliation des séminaires ; mise hors la loi et les édifices publics du Christ dont la Sainte Eglise est l'Epouse, autant de blessures profondes à l'âme et au cœur de Mère Saint-Georges.

« Tout souffre autour de nous, écrit-elle à la Congrégation : la Sainte Eglise, le Saint-Père, nos Evêques, nos Prêtres. Assistons-les de nos prières, c'est notre devoir. Il en est un autre plus impérieux, plus grave : souffrir et expier, souffrir *pour* expier. » Et la digne Mère presse ses Filles « de prendre leur part du Calice du Seigneur et de se livrer sans réserve à l'action de l'Esprit de Dieu, afin d'acheter par là le pardon pour la Patrie et le triomphe pour la Sainte Eglise ».

* * *

COMPLÉMENT DE LA SECONDE PARTIE

Dans les pages qui précèdent, tout n'a pas été dit sur les vertus de Mère Saint-Georges. Nous allons consigner ici les renseignements recueillis en dernier ressort et aussi quelques extraits de sa correspondance. Puissent ces nouvelles *glanes* achever de nous révéler l'esprit de Notre Mère et en même temps exciter l'ardeur de toutes celles qui désirent, en marchant sur ses traces, glorifier comme elle, de toutes leurs forces, le Père divin de notre Congrégation !

Nous lisons sous la plume d'une Sœur formée par Mère Saint-Georges à la vie religieuse :

« Notre vénérée Mère se servait de tout pour s'élever à Dieu : une fleur, un brin d'herbe, un insecte lui rappelaient le Créateur.

« Pendant une récréation, au Noviciat, elle voit une petite fourmi se promener sur son bureau. — Dieu l'a créée, mes Sœurs, dit-elle en nous la montrant ; Il pourvoit à sa subsistance. Comment ne veillerait-Il pas sur nous, ses Epouses choisies entre mille ? Non seulement Il nous donne le nécessaire, c'est le centuple de ce que nous avons quitté pour son amour que nous trouvons en religion. »

Notre correspondante continue : « Notre Mère nous répétait souvent le mot de saint Bernard au Pape Eugène : *Soyez bassin et non canal* ; c'est-à-dire ne donnez aux autres que le *trop plein* de votre amour pour Dieu. Le canal ne garde rien. » Elle ajoutait : « Une religieuse qui aurait passé toute sa vie à travailler et à se dévouer sans être unie à Dieu, arriverait devant Lui les mains vides. Vivons donc de la vie intérieure qui donne à toutes nos actions leur mérite complet. »

« Quelle force ne trouvions-nous pas dans ses propres exemples ! Quelle intensité d'union à Dieu dans sa vie spirituelle ! Un jour (c'est toujours le même témoignage que nous citons), je frappai à la porte de sa chambre. En entrant, je fus saisie de crainte et de respect tout ensemble devant l'expression de sa physionomie. Nous étions en Carême. Notre Mère méditait sans doute sur les souffrances de Notre-Seigneur devant le Crucifix placé sur sa table de travail. Je n'osais avancer tant j'avais l'impression que Dieu était là. Cependant, avec sa bonté habituelle, elle me demanda : « Que voulez-vous, mon Enfant. » Je balbutiai quelques paroles et me retirai avec la persuasion que j'avais pour Maîtresse une sainte. Aussi quelle force avaient ses paroles dans mes moments de découragement ! A l'exposé de mes craintes au sujet de ma persévérance, elle répondait d'un ton ferme : « Ne craignez pas : c'est une tentation du démon. Dieu aura la victoire et vous serez certainement Fille de Saint-Esprit. »

« Elle avait acquis, au prix d'efforts généreux, un grand esprit de mortification, dit un témoignage qui remonte à sa propre formation au Noviciat. De tout temps, elle avait eu une répugnance instinctive pour les oignons : il suffisait qu'elle en sentît l'odeur pour refuser de goûter à aucun des mets de la table de famille. Or, un jour, au Noviciat, elle trouva dans son potage un oignon superbe. Le mettre de côté fut son premier mouvement. Mère Sainte-Thècle s'en aperçut, et s'approchant discrètement, elle allait saisir l'oignon quand la Novice, par un effort très méritoire à coup sûr, l'avala tout entier. La victoire fut complète et définitive, à tel point, conclut Sœur Saint-Damien, son ancienne Compagne de Noviciat, que, plus tard, lorsqu'elle venait à Ploubalay prendre quelque repos, elle ne manquait pas de me dire : « Surtout n'oubliez pas de me servir les petits oignons. »

Les leçons qu'elle donnera plus tard sous le rapport de la mortification du goût auront donc leur pleine efficacité : on la verra circuler parmi ses Novices, recueillir les légumes ou autres restes pour les manger ensuite, à la grande confusion des coupables qui ne s'y laissaient pas prendre deux fois.

— « Qui pourra dire jusqu'où elle porta l'esprit de mortification, dit une autre de ses Novices ? Elle ne gardait rien de ce qui lui était donné comme dessert. Tout ce qui était déposé dans son tiroir, passait immédiatement dans les tiroirs voisins.

Toutefois, elle voulait que l'on apportât dans cet exercice de la mortification corporelle de la discrétion et de la prudence.

A une Sœur qui l'avait consultée à ce sujet, elle répond : « La Règle ne dit rien des pénitences corporelles parce que, du fait des emplois très fatigants qu'Elle nous impose, Elle juge la pénitence suffisante. Il ne s'agit pas chez nous d'affaiblir le corps puisqu'il a besoin de toutes ses forces pour les consacrer à l'Enseignement, travail très dur et qui use vite, si l'on ne compense suffisamment chaque jour les dépenses très fortes de chaque jour. Mortifiez la volonté propre, l'amour-propre, rendez-vous douce, patiente ; supportez avec constance et courage les défauts de caractère et toutes les contrariétés qui se présentent : vous aurez ainsi pratiqué le genre de mortification que le bon Dieu demande de vous. Tenez-vous-en là, et par ailleurs, suivez la vie commune le plus possible en surnaturalisant tout par les vues de la foi et la pureté d'intention : voilà, ma chère Fille, ce que vous avez toute permission de faire. »

« Plus tard, elle donnait aux Sœurs venues à la Maison Principale pour les Retraites, à celles surtout qui étaient placées à l'Etranger, tous les objets dont elle pouvait disposer. Ses tiroirs s'ouvraient tour à tour, et la bonne Mère en distribuait le contenu disant : « Vous donnerez ceci à votre bonne Supérieure ; cela, à nos Sœurs ; pour vous ce petit livre et cette image que vous placerez dans votre classé afin d'exciter la piété de vos Elèves. »

« De retour en Angleterre, j'avais la joie de distribuer moi-même chapelets, médailles, etc., toutes choses propres à faire l'œuvre de Dieu et à gagner les âmes. »

— « Rentrée à la Maison-Mère par suite de fatigues excessives, après un séjour à l'Etranger, écrit une autre Sœur, je reçus mon Obédience pour la Bretagne ; mais notre bonne Mère Saint-Georges me retint pendant trois semaines afin de me permettre de refaire mes forces. Au bout de ce temps, elle me fit passer à la Lingerie pour y prendre un complément de trousseau : — « Il faut, ma Fille, me dit-elle aimablement, que vous produisiez une impression favorable dans la Maison où vous êtes envoyée. » Cette Maison était un collège, et je souffrais de ne pouvoir, dans l'emploi de portière qui m'était confié, m'occuper des âmes. Mère Saint-Georges me consola. — « Présentez à Notre-Seigneur, me dit-elle, comme étant *vôtres*, les âmes de tous les Collégiens à mesure que vous les rencontrerez et priez pour eux. » Je le fis, et peu à peu, je souffris moins de n'être plus chargée de former les âmes d'enfants. »

La même Sœur ajoute : « Je venais de traverser une rude épreuve. A ma première rencontre avec elle, Notre bonne Mère s'ingéniant pour atténuer ma peine, me remit, pour une parente qu'elle savait dans le besoin, un billet de 100 fr. Elle fut en cette occasion la messagère de la Providence : la personne en question attendait cette somme pour s'acquitter de son loyer. »

« Au début de ma vie religieuse, lisons-nous sous le même témoignage, je lui confiai des désirs de perfection doublés d'un enthousiasme bien naturel aux Novices. Elle me répondit avec le ton calme dont elle ne se départait pas : Filez de la grosse toile de ménage, ma Fille ; c'est plus fort et cela dure plus longtemps. »

« Un jour qu'elle nous avait recommandé d'être très prévenantes à l'égard des Anciennes, j'eus l'occasion de rendre service à une vénérable Sœur. — « C'est bien », me dit-elle en passant, témoignant ainsi sa pleine satisfaction de voir son conseil suivi sans retard. De même, un autre jour que je promenais au jardin une Sœur aveugle, la bonne Mère se détourna de l'allée voisine pour me donner un sourire approbateur.

— « Ayant reçu l'Obédience de Supérieure, écrit une autre Sœur, je me trouvais aux prises avec des difficultés insurmontables. Je me sentais parfois brisée par les sacrifices réitérés qui m'étaient demandés. Le réconfort me venait toujours par un entretien avec Mère Saint-Georges ; mais à l'époque des Retraites, comment l'aborder ? — « Il faut que je vous voie avant votre départ, me disait-elle. Tenez-vous en paix : je vous appellerai. »

Et quand, à la dernière heure, j'arrivais enfin près d'elle : « Je sais que vous avez à souffrir, c'est pourquoi je n'aurais pas manqué de vous voir. » Délicatement, maternellement, elle me consolait, m'encourageait, et je retournais à mon calvaire, décidée à me montrer plus forte, plus généreuse.

« Quelques mois avant son bienheureux trépas, j'eus la consolation de la revoir. Ses paroles furent plus réconfortantes que jamais et me firent songer à celles que Notre-Seigneur adressa à ses Apôtres après la Cène. — « Soyez bien en paix, me dit-elle, quand je serai au Ciel, vous aurez des Pensionnaires... Ayez beaucoup de dévotion au Sacré-Cœur de Jésus : plus vous aurez confiance en Lui, plus vous obtiendrez de grâces. »

« Ses paroles se sont réalisées, et j'ai à l'en remercier. Par son entremise, j'ai reçu bien des grâces, et c'est toujours avec confiance que je lui expose mes difficultés. Un regard sur sa photographie me fait du bien, m'excite à l'amour de Notre-Seigneur, à la ferveur à son service, augmente ma dévotion envers le Sacré-Cœur de Jésus et stimule mon zèle pour Le faire connaître et aimer. »

— « Elle me connaissait à fond, écrivait au lendemain de sa mort une des Sœurs qui bénéficièrent de sa direction : je me sentais remuée quand son regard scrutateur se fixait sur moi. Mais la crainte qu'excitait sa perspicacité disparaissait devant la confiance qu'inspirait sa charité toute surnaturelle. Nous sentions que l'aveu de nos misères ne diminuait pas l'affection qu'elle portait à nos âmes. Elle attendait parfois avant d'imposer le sacrifice, mais lorsqu'elle voyait le moment venu, elle déployait une énergie indomptable et ne vous donnait ni paix ni trêve jusqu'à ce qu'elle eût constaté le triomphe sur l'ennemi.

« L'épreuve qui m'a le plus humiliée pendant mon Noviciat fut un piège qu'elle tendit à mon penchant à la gourmandise. Elle dissimula très habilement une pomme dans une baline que j'étais chargée de porter à la basse-cour. Très surprise du fait, je m'empressai de lui faire part de la curieuse découverte. — « Avez-vous trouvé la

ı aison de ce fait ? me demanda-t-elle. — Non, ma Mère.
— Réfléchissez-y devant le bon Dieu », ajouta-t-elle simplement, et elle me congédia.

« Jusqu'à ce jour, je n'avais pas eu l'occasion de révéler ce défaut qui, pour être commun dans le jeune âge, s'avoue difficilement. Etait-ce inconscience de ma part ? Etait-ce manque de courage devant un aveu humiliant ? Toujours est-il que la prudente Mère sut trouver le moyen de m'obliger à mettre le doigt sur la plaie, et de plus en plus, je me persuadai qu'elle lisait dans mon âme. »

Voici un autre fait plus remarquable encore. Il est rapporté par la Sœur qui en fut témoin.

« Il y a quelques années, dit-elle, j'assistais à l'une des Retraites générales. Notre bonne Mère Saint-Georges était souffrante et gardait le lit. Ne voulant pas être privée de la joie de voir *toutes* ses Filles, elle fit annoncer, la veille de la clôture des saints Exercices, que « *les Jeunes* » pourraient se présenter par groupes et passer dans sa chambre. Grande joie sur tous les visages et dans toutes les âmes. A l'heure indiquée, je me rendis auprès de la chambre de Notre Mère. Là se trouvait, avec plusieurs autres, une ancienne Compagne de classe.

— « Vous allez voir Notre Mère, me dit-elle... — Oui ; vous y allez vous-même, sans doute. — Je ne sais ; j'hésite, car *Notre Mère ne me connaît pas.* »

Quelques instants après, la porte s'ouvre. La Sœur en question suit le groupe qui entre en ce moment. On défile auprès du lit ; la vénérée Malade a pour chacune un mot aimable. Prenant la main de Sœur X... : — « Ah ! oui, vous dites : *Notre Mère ne me connaît pas...* Mais Notre Mère vous connaît toutes, oui, toutes, mes Enfants. »

Nous restâmes toutes deux stupéfaites, nous demandant comment elle avait pu connaître ces paroles prononcées à voix basse, à deux ou trois mètres de la porte, au moment où cette porte était bien close.

Consultée sur ce fait, la Supérieure de Sœur X. en confirme l'authenticité, et le déclare humainement inexplicable.

* * *

Nous avons dit que la vertu de Mère Saint-Georges, tout en étant des plus viriles, n'avait rien d'austère. Par tempérament, elle était vive, enjouée, avec une pointe de malice gauloise ou *celtique* qui assaisonnait agréablement ses relations et ne blessait personne. Il lui arrivait parfois, dans la conversation, de décocher l'une de ces pointes qui déridaient tous les visages. A l'heure de la récréation, par exemple, si une Sœur se laissait prendre, l'aimable Mère, en faisant le geste de lui frapper la poitrine : — « *Tua culpa ! tua culpa* », disait-elle, et elle éveillait dans le groupe, un franc rire qui fusait longtemps.

— « Elle m'interrogeait dans un entretien particulier sur les saints Evangiles, témoigne l'une de ses premières Novices, et j'avais à réciter les huit Béatitudes... A peine avais-je dit : « Bienheureux les pauvres d'esprit », que m'interrompant : « Comme vous, ma Fille », dit-elle de son air à la fois souriant et malicieux. Je me pris à rire si fort que la récitation dut en rester là. »

Le même ton se retrouve parfois dans sa correspondance. Ses lettres étaient ardemment désirées par ses Filles, mais celles-ci savaient combien il était difficile à leur Mère de satisfaire ce désir, et elles se résignaient au silence. Cependant il arrivait qu'une occasion se présentant, la bonne Mère prenait la plume. « *Déception !* ma Fille, écrivait-elle. Vous n'attendiez pas de réponse, et en voici *une* d'au moins une douzaine de lignes. Autre *déception* pour vous, c'est que j'ai la *certitude que vous viendrez à l'une des Retraites* en août prochain. Or, août va arriver bien vite. A ce temps le plaisir de vous voir ! »

— « Vous dites vrai, ma Fille, écrit-elle dans une autre lettre : Il est aussi difficile de venir à bout de la *vieille femme* que du *vieil homme*. Dame Nature est aussi vivace dans l'un que dans l'autre. Continuons à lui donner chaque jour quelques bons coups qui la rendent moins exigeante et moins revêche. »

En un mot, à l'exemple de sainte Thérèse, elle n'aurait jamais permis que l'on prît la résolution de retenir un bon mot sous prétexte de se mortifier. A celle qui lui aurait soumis semblable pensée, elle se serait empressée de répondre, comme l'aimable Carmélite : — « Pour Dieu, ma Fille, n'en faites rien : c'est assez d'être *sotte* par nature sans vouloir l'être encore par grâce. »

La veille de sa mort, s'adressant au médecin qui la suivait depuis deux mois : — « Voyons, Docteur, malgré tous vos bons soins, je ne me remonte pas, au contraire. Dites-moi bien votre pensée sur mon état. Une religieuse doit être capable d'entendre la vérité. » Le Docteur ne put dissimuler ses inquiétudes. La malade comprit. S'égayant ensuite de l'embarras dans lequel elle avait mis l'homme de l'art. — « Je lui ai fait passer le quart d'heure de Rabelais », dit-elle aux Infirmières. Le lendemain, l'accueillant avec sa bonne grâce habituelle, elle lui dit : « Je vous ai bien embarrassé hier soir, Docteur. »

Le Docteur admira une fois de plus cette parfaite sérénité d'âme qui ne se démentait pas même en face de la mort. — « Quelle femme, dit-il en se retirant, et quelle perte va vous causer sa disparition ! »

EXTRAITS DE LA CORRESPONDANCE

DE MÈRE SAINT-GEORGES

Nous avons déjà puisé largement, au cours de ce travail, dans les Lettres écrites par Notre Mère, et chacune a pu voir combien était surnaturel tout ce qui sortait de sa plume. Ce que nous allons citer mettra dans un relief plus puissant encore ce caractère surnaturel de sa direction, en même temps que la précision, la sagesse, la fermeté de ses conseils.

Nous donnons à mesure qu'elles se présentent les copies dues à la bienveillance des correspondantes de Mère Saint-Georges.

Les lignes suivantes indiquent le moyen d'arriver à la paix de l'âme :

« Vous êtes remise de l'épreuve et avez retrouvé votre état normal, état de sérénité d'âme, de calme, de bonheur d'être au service de Notre-Seigneur. Je souhaite que ce dernier état persévère ; mais, hélas ! rien de stable sous le soleil, pas plus dans le monde des âmes que dans le monde des corps ; ici-bas, vicissitudes continuelles, changements de tous les jours, allées et venues, joies et tristesses, calmes plats et tempêtes ! Notre esprit et notre cœur sont comme les flots de la mer dans une agitation perpétuelle. Ne nous en étonnons pas : tout cela est en nous sans nous ; opposons à cette agitation le calme et l'énergie de notre volonté sous le regard de Dieu en le priant de commander au vent et à la mer, en le laissant Maître de notre cœur. »

« Des tribulations et des peines, on en a souvent plus que de joies lorsqu'on a charge d'âmes et que l'on prend les choses à cœur (comme vous). Cependant, quand on a fait tout ce qui dépend de soi, on doit être en paix et s'abandonner entièrement à Notre-Seigneur pour ce qui nous concerne et concerne les âmes qui nous sont confiées. C'est souvent lorsque les desseins de Dieu vont à l'encontre des nôtres qu'ils sont plus miséricordieux à notre endroit.

« Soyez forte et surnaturelle, et croyez bien que la grâce de Dieu peut agir plus efficacement que toutes les marques d'intérêt ou d'affection que vous donneriez.

« Le seul moyen de ne pas rester longtemps mal disposée, c'est de dénoncer tout de suite la mauvaise disposition dans laquelle on se sent engagé. On fait ainsi un acte d'humilité qui coupe court à l'action de la mauvaise nature et à celle du démon lequel est loin d'être étranger à ces états violents et à cette résistance à toute raison naturelle et surnaturelle.

« Regardez moins la Croix qui vous arrive que la main qui vous l'envoie et le cœur qui l'a choisie pour vous : c'est la main d'un Père, c'est le cœur d'un Dieu.

« Pour certaines natures extrêmes, il faut peu d'observations et de reproches, si mérités soient-ils. Ils provoqueraient de l'aigreur et des sentiments de révolte. Il faut fermer les yeux, ne rien faire paraître, traiter la coupable comme si elle n'avait aucun tort. »

*
* *

« Rassurez-vous, ma chère Fille. Maintenant que je suis rentrée dans le rang, (je n'aurais jamais dû en sortir) il me sera plus loisible de faire ma petite correspondance moi-même. Vous userez donc de moi, sur ce point, dans la mesure que vous le jugerez bon, convaincue que vous pouvez être de l'intérêt très affectueux, très dévoué que je vous porterai toujours. Soyez sûre que mon affection pour vous n'a jamais varié et qu'elle vous a suivie avec anxiété dans les épreuves que vous avez traversées…

« Mon cœur était avec le vôtre ; j'y ai maternellement compati, et vous ai bien souvent recommandée à Notre-Seigneur et à la Très Sainte Vierge. L'épreuve est sanctifiante, vous le savez. La vôtre, longue et pénible, aura eu cet effet en votre âme qu'elle a purifiée, épurée, fortifiée et rendue plus apte à croître rapidement en toutes vertus.

« Votre personnel est bon, je dirai même très bon, malgré les saillies et les boutades qui ne peuvent manquer de se produire, tant pour tenir ce monde dans l'humilité que pour éprouver la patience de la Mère et pour l'aguerrir dans les combats dont elle soutient toujours la plus grande partie du choc.

« Dites, par charité pour les moins confiantes, les moins ouvertes, trois *Ave Maria* chaque jour et une invocation à l'Esprit-Saint, par exemple : « Esprit-Saint, éclairez-nous ». Du reste, vous recommandez chaque jour au bon Dieu toutes vos Filles et plus particulièrement celles qui vous donnent plus de soucis. Oui, recourez souvent à la Très Sainte Vierge, vous sentirez sa bonté et l'efficacité de son secours dans une mesure surprenante si vous allez à Elle avec confiance et amour.

*   *   *

« Vos bonnes cartes méritent bien aussi un merci. Ces quelques lignes, si courtes qu'elles soient, me font du bien, puisqu'elles me donnent de vos chères nouvelles, cependant, laissez-moi vous le dire, elles me font l'effet d'une petite collation de carême, qu'on prend en quelques minutes, tandis que vos longues lettres sont un repas succulent des jours de fête. Quelle singulière comparaison je fais, ma Fille ! Qui dirait qu'elle a germé dans ma tête ? Ne faut-il pas vous dérider un peu ?

« Je ne vous ai pas dit, lors de votre voyage en août, l'impression que vous m'avez produite. Je vous ai trouvée mûrie, assagie et pondérée : c'est là, ma Fille, l'un des fruits de la souffrance endurée avec patience et soumission. Cette souffrance a duré longtemps et s'est produite sous plus d'un aspect, mais, qu'elle vous a été utile et méritoire ! Bénissez-en le bon Dieu, et remerciez-le de vous avoir soutenue, fortifiée, encouragée et rendue meilleure en vous détachant des créatures, de vous-même pour vous attacher à Lui plus solidement. Est-ce à dire qu'il n'y a plus place à la souffrance dans votre âme et dans votre cœur ? Ce serait faire erreur. Vous souffrez et souffrirez encore, mais ce ne sera plus de la même manière ; vous ne serez plus broyée, j'en ai la confiance. Courage, confiance et amour dans l'immolation quotidienne ; voilà mon souhait pour vous. »

*   *   *

A une Supérieure dont la Communauté avait été éprouvée par la maladie :

« Notre-Seigneur a passé par votre Maison pour y guérir

quelques malades, en prendre d'autres avec Lui, jugeant qu'elles seraient mieux en sa compagnie qu'en celle de ce monde, mais enfin « Il a passé en faisant le bien », n'en doutez pas, car son passage est toujours sanctifiant. Et vous, n'aurez-vous pas recueilli quelques miettes de ce bien ? J'ai la conviction qu'Il vous en a laissé une bonne petite provision. N'avez-vous pas eu occasion de vous dévouer pour vos enfants, de faire et de les porter à faire des actes de piété et de détachement ? Vous avez eu à consoler des douleurs, à fortifier des faibles, à pratiquer beaucoup de vertus dont l'occasion ne s'offre pas tous les jours, et par conséquent à acquérir des mérites pour le Ciel. Dites : Dieu soit béni ! car l'épreuve apporte toujours avec elle beaucoup de grâces. »

« Tâchez de faire du bien à vos Compagnes, surtout à celle qui en a plus besoin : un mot charitable et compatissant fait quelquefois grand bien à celles qui souffrent, quand même elles souffriraient par leur faute : je l'ai expérimenté souvent dans ma vie.

« Conservez dans votre cœur de la charité et de la com« passion pour les caractères qui font souffrir et priez « beaucoup le bon Dieu de leur aider à se surmonter et « à se vaincre.

« Demandez à Notre-Seigneur beaucoup de confiance en « sa bonté adorable.

« Le bon Dieu permet très souvent que nos peines nous viennent des personnes que nous affectionnons le plus, et en cela Il agit envers nous en Père très bon et très miséricordieux. Ou Il veut nous prémunir contre une affection trop naturelle, qui peut devenir aisément sensuelle, ou nous guérir d'une affection sensuelle qui nous mènerait loin s'Il n'avait la bonté d'y mettre la lancette. »

* *

« Une enfant qui aime son père de tout son cœur et qui a l'assurance d'en être tendrement aimée se préocupe-t-elle de savoir en quelle estime son père la tient ? Non, la pensée ne lui en vient même pas. Usez-en de même avec le bon Dieu : aimez-Le de tout votre cœur, cherchez en tout sa gloire, faites sanctifier son saint Nom par vous et tous ceux dont vous êtes chargée ; priez pour que son règne arrive en vous et autour de vous ; appliquez-vous à faire sa volonté et la faites faire aux autres et tout marchera. Vous, ma Fille, ne vous comptez pas ; évitez les retours sur vous-même et ne vous préoccupez pas de savoir si vous êtes belle spirituellement, ce serait de la coquetterie. Soyez seulement un instrument simple et souple : le bon Dieu, pour s'en servir, n'a pas besoin qu'il soit verni. »

Les lignes suivantes diront si la pieuse Mère se préoccupait elle-même de paraître *belle* aux yeux de ses Correspondantes :

« Vous avez hésité à m'écrire pour ma Cinquantaine de Profession : pourquoi donc ? Vous ai-je jamais laissé voir que vos lettres, d'ailleurs très rares, ne me faisaient point plaisir ? Voyez comme on se trompe : j'ai la naïveté de croire que je vous ai témoigné de l'affection, assez du moins pour ne pas vous autoriser à douter de mes sentiments pour vous. Erreur ! paraît-il. Cette affection était et est vraiment dans mon cœur, mais je n'ai pas su vous la marquer, comme le doit faire une Religieuse, par le dévouement, la sollicitude, l'accueil cordial. Plaignez-moi d'être si rustique et maussade, et croyez quand même que votre vieille Mère aime bien sa Fille et qu'elle la bénit de tout son cœur. »

En réponse à une lettre venue d'une Maison où trois de ses Filles se trouvaient placées :

« Votre chère lettre m'a apporté joie et consolation. A vous aussi bonne et sainte année ! Des dispositions vraiment religieuses et du progrès dans le renoncement, par suite, dans l'amour de Notre-Seigneur. J'arrive au point brûlant de votre lettre. « Les Anciennes se défient de la jeunesse. » N'en seriez-vous pas cause toutes trois ? Vous faites probablement bande à part entre vous, et le tout porte nos chères Sœurs à se demander si elles n'ont pas affaire à des Novices appartenant à d'autres Congrégations. En somme, c'est la jeunesse, par son défaut de prudence, par un zèle mal entendu, qui a tort. Prenez garde, sous prétexte de vous stimuler à la vertu, de donner dans l'illusion comme des Novices sans expérience. Soyez dévouées, pieuses, ayez l'esprit de foi, du respect pour l'autorité, oui ; mais faites-vous pardonner tout cela (*si l'on poussait la chose jusqu'à vous en vouloir pour cause*) par votre charité aimable et condescendante. Faites large, très large la part de la charité commune. Rapprochez-vous des Anciennes ; témoignez-leur de la confiance, de la complaisance, de l'affection. Je comprends parfaitement qu'il soit froissant pour les Anciennes d'avoir des leçons de la part des Jeunes. Comprenez bien ma pensée : soyez vraiment religieuses ; mais ayez tant de charité, tant de condescendance aimable, que personne ne puisse en être froissé.

« Soyez exactes observatrices de la Règle, et tenez bon aux principes ; ne soyez raides en rien dans la forme. Habituez par votre conduite, vos Compagnes à cet esprit large et conciliant qui réunit les cœurs : les chères Novices, par leur inexpérience, sont des gâte-sauce. »

La prudente Mère laisse percer ici la légitime méfiance qu'elle avait, par le fait de son expérience, à l'égard de la vertu de ses Novices. Elle dit à ce propos :

« Les pauvres Enfants n'ont pas de vertu. La vertu s'acquiert par la lutte, et c'est à peine si elles savent ce que c'est que lutter sérieusement. Elles ont quelques dispositions à la vertu, de la bonne volonté, mais c'est tout... S'appuyant sur ces principes, fortifiée de son expérience personnelle, elle ne louait qu'avec une grande réserve la vertu des jeunes. « Nous ne nous connaissons pas, leur « disait-elle ; ce n'est qu'à mesure que nous grandissons « en humilité et en vertu que Dieu nous révèle un peu « plus à nous-mêmes telles que nous sommes. Autrement, « nous n'aurions pas le courage de nous considérer : nous « sommes trop laides !... »

*
* *

Veut-on connaître sa pensée sur les Retraites à la Maison-Mère ? Elle écrit à une Sœur qui l'avait consultée :

« Oui, une Retraite faite à la Maison-Mère est toujours à préférer quand on est libre de choisir. Mais le meilleur en ceci comme en tout, c'est la Volonté de Dieu : voilà ce qui prime tout, voilà la règle du bien et du mieux. Votre bonne Supérieure vous laisse libre : profitez de cette liberté ; elle trancherait la question et serait d'avis que vous fissiez la retraite à C..., dites-vous : l'Esprit-Saint est un grand Maître et un bon Père ; Il m'enseignera et me dira à C... tout ce que je dois savoir puisque la volonté de Dieu est que j'y reste. Appliquez cette règle à tout ; vous y trouverez largeur d'esprit, paix du cœur, c'est-à-dire la vraie liberté des enfants de Dieu. »

A une autre correspondante, elle dit :

« Quant à la Retraite, laissez votre bonne Mère trancher net la question dans le sens qu'elle voudra ; désintéressez-vous et vous mettez d'avance dans la sainte indifférence, disposée à accepter la décision quelle qu'elle soit ; moins il y a de nous, plus il y a de Dieu et de sa sainte Volonté. Cet acte d'abandon de votre volonté vous fera faire un plus grand pas dans la vertu que la Retraite, où qu'elle soit faite.

« Vous ne demanderez pas de compensation pour cet acte de générosité, car nous ne saurions jamais être assez généreuses pour le bon Dieu. Néanmoins, je crois que vous en aurez une dans la visite de Notre Vénérée Mère qui pense sérieusement à vous aller voir. »

Voici comment elle consolait une Sœur qui avait été retenue dans sa Fondation pendant la période des Retraites annuelles :

« Moi aussi, je regrette que vous ne soyez pas venue à la Retraite, mais comme la Volonté du bon Dieu doit nous être tout, et nous est tout en effet, il faut croire que cela est meilleur pour vous. Cette divine Volonté saura bien compenser d'une autre manière les avantages spirituels que vous avez perdus en n'y venant pas. Aimons beaucoup cette sainte Volonté et acceptons toujours comme venant d'elle tout ce qui nous arrive indépendamment de notre volonté propre.

« Vous désirez aimer le bon Dieu ; ce simple désir équivaut au fait ; mais il y a des degrés dans cet amour. Désirez donc beaucoup et faites de toutes vos actions des actes d'amour et de désir de glorifier Dieu.

* *

A l'une de ses Filles qui venait de quitter le Noviciat pour prendre la direction d'une Ecole Communale :

« Vous voilà titulaire, c'est-à-dire responsable, devant les Inspecteurs, de la tenue des deux classes de X... Je dis devant les Inspecteurs, car, devant la Congrégation, la véritable titulaire, celle qui a la haute et réelle responsabilité, c'est votre excellente Supérieure, dont vous n'êtes que la petite aide et la petite fille. Il n'en est pas moins vrai que vous devez faire tout ce qui dépendra de vous pour maintenir ou dépasser le niveau des études tel que vous l'avez trouvé ; pour cela vous avez à travailler vous-même, à vous dévouer, à soigner vos élèves et à recourir souvent aux lumières et à l'expérience de votre bonne Supérieure, très compétente dans la question des classes.

« En même temps que vous vous ingénierez pour Dieu, à soutenir la réputation de la première classe, vous viendrez en aide à l'inexpérience et au défaut de savoir-faire de votre petite compagne ; travaillant ainsi de concert et pour le même but, tout en ira mieux, Dieu en sera glorifié, et Il vous bénira toutes.

« Ne vous tracassez pas outre mesure ; faites le possible et laissez la réussite au bon Dieu : « *Je plante et j'arrose, disait saint Paul, mais c'est Dieu qui donne l'accroissement.* » Si, avec cela, vous êtes fervente, soignant de votre mieux vos Exercices de piété, le recueillement intérieur et l'obéissance surnaturelle, tout ira bien, je le répète. »

A la même Correspondante, elle dit dans une autre lettre :

« Nous aimons mieux la réussite que l'échec..., néanmoins, sachons tirer parti de tout. Faisons notre possible pour assurer le succès et quand, malgré nos efforts, il ne nous est pas donné, ne nous décourageons jamais, humilions-nous seulement. Disons au bon Dieu : « Je suis une « gâte-sauce et pas autre chose ; aidez-moi, je vous prie, « et faites-moi toujours aimer ce qu'il y a de mieux pour « votre gloire et l'amélioration de mon âme. »

. . . .

« N'allez pas vous croire *détachée de la parenté*, ma chère enfant, ce serait de l'illusion toute pure ! Tendez de votre mieux au détachement, mais croyez simplement que vous en êtes loin. Pour le moment, votre cœur est tout plein d'autres affections qui sont en vous presque à votre insu ; que ces affections de la vie religieuse viennent à vous manquer, vous verrez alors où vous en êtes par rapport aux affections de famille. Rappelez-vous la comparaison des dents.

« Soignez vos Exercices de piété et les vues de foi ; vous vous surnaturaliserez ainsi peu à peu ; ajoutez à cela l'oubli de vous-même, le renoncement et tout ira bien. — Vous parlez sans doute trop fort en classe ; attention à ce point, il y va de l'obéissance et de votre santé... »

La santé fut atteinte, en effet, et Mère Saint-Georges reprenait la plume pour dire à sa Fille :

...« Certes le bon Dieu a ses vues en permettant votre maladie. Que ce soit pour un motif ou pour un autre, c'est son secret ; mais adorez sa sainte Volonté et l'acceptez. Si elle vous rend humble, obéissante, défiante de vous-même et pieuse, vous n'aurez rien perdu...

« Du courage, de la patience et beaucoup d'esprit de foi. »

* * *

A une Novice tentée contre sa vocation, elle écrit :

« N'est-il pas vrai que la préférence donnée par vous à l'état religieux sur tout autre a été parfaitement libre et raisonnée ?... On a opposé à votre choix des armes propres à le combattre : les séductions du monde, séductions de toutes sortes, et les difficultés de la vie que vous vouliez embrasser. Or, ces séductions et ces difficultés, au lieu de vous arrêter, vous ont au contraire affermie dans votre choix, et vous avez brisé généreusement pour Jésus-Christ, les liens les plus légitimes et les plus doux, ceux d'une famille chérie.

« Tout ce que j'ai vu *de vous* et *en vous* au Noviciat, m'a d'autre part confirmée dans l'idée que vous êtes dans votre voie. Devons-nous, par suite de vos épreuves du moment, mettre en doute votre vocation ? Non. Je vous ai crue et je vous crois encore bien appelée de Dieu et je regarde les pensées pénibles qui vous affligent actuellement comme une nouvelle preuve de cet appel.

« L'œuvre du bon Dieu en vous a manqué jusqu'à présent du cachet qui marque toutes ses œuvres, du cachet de l'épreuve et de la souffrance. Vous avez été étonnée de la facilité avec laquelle vous avez fait votre route jusqu'ici, et vous vous demandiez si le bon Dieu vous avait oubliée.

Non. Vous lui êtes trop chère pour être oubliée, et pour preuve, Il vous visite. Car Dieu visite ses amis de deux manières, dit l'Auteur de l'Imitation : par la consolation et par la désolation. C'est cette dernière visite que vous recevez maintenant.

« Attachez-vous à Notre-Seigneur et dites-lui : « Seigneur, ce n'est pas moi qui vous ai choisi, mais vous qui m'avez choisie ; affermissez-moi, je vous prie, dans ce choix que vous avez daigné faire de votre petite servante. Et à qui irais-je, ô Jésus ? Vous seul avez, avez les paroles de la vie éternelle, cette plénitude de biens qui rassasie et dont mon âme a besoin.

« Priez la Très Sainte Vierge de vous offrir à Notre-Seigneur et de vous attacher inviolablement à Lui. Demandez, par l'intercession de cette bonne Mère, la cessation de cette tentation (car c'en est une).

« Croyez-vous que ce sont les difficultés de votre emploi qui l'ont fait naître en vous ?

« Faites en ceci généreusement le sacrifice de vos goûts et vous remettez complètement entre les mains de vos Supérieurs. Ce sacrifice fait de tout cœur, par amour pour Notre-Seigneur, attirera sur vous ses bénédictions spéciales. Il l'attend peut-être de vous pour faire cesser l'état pénible dans lequel vous vous trouvez. »

* * *

Les lignes qui suivent datent de l'époque où Mère Saint-Georges exerçait les fonctions de Visiteuse.

« Je n'ai pas l'avantage d'avoir fait la route de Douarnenez à Audierne, pas même celui d'avoir visité les quais douarnenistes, bien que je sois allée au moins trois fois à Douarnenez, dont deux comme Visiteuse. Quand nous allons en cette qualité quelque part, nous ne pensons qu'aux affaires, aux visites, au nécessaire enfin. Pas de temps pour autre chose. Mais, grâce à Dieu, vous n'étiez pas dans ces conditions, et avez pu jouir en artiste et en touriste de toute la poésie de cette route enchanteresse.

« Affaire de goût, dites, que cette préférence donnée par vous à la Manche sur l'Océan : de grâce ne dites pas que l'Océan n'est doté ni de flux, ni de reflux, ni de va-

gues : c'est une hérésie marine qui vous vaudrait les fou-
dres de n'importe quel loup de mer.

« Ce que je veux retenir de votre chère lettre, c'est que
votre visite a fait plaisir à toutes nos Sœurs, que toutes ont
été pour vous bien aimables et ont fait tout le possible pour
vous procurer tous les agréments en leur pouvoir. Je leur
en suis très reconnaissante, et avec vous je bénis le bon
Dieu de les avoir faites si bonnes. Il y a vraiment de la
part de nos chères Sœurs tant de délicatesse de procédés,
tant d'attentions à notre endroit qu'il y a de quoi nous humilier et aussi nous stimuler pour devenir bonnes à notre
tour. Demandons au Saint-Esprit, Notre Père, pour nous,
ce fruit, la bonté, excellent et savoureux entre tous. »

Nous lisons dans une autre lettre :

« Vous croirez sans peine que nos grandes journées du
Jeudi-Saint, du Vendredi et du Samedi, nos belles fêtes de
Pâques, m'ont grandement manqué ! Vous me direz au
retour tout ce qu'elles vous ont inspiré de bons sentiments
et de ferveur, et me ferez de plus le compte-rendu des bonnes et solides Instructions du Prédicateur, ce qui consti-
tuera un vrai acte de charité. Vous êtes trop bonne de vous
tant apitoyer sur le sort de la pauvre voyageuse. Merci de
votre sollicitude si tendre, si dévouée ! Tout de même, au
lieu de vous voir vous inquiéter ainsi à mon égard, j'aurais
préféré, pour la paix de votre bon cœur, vous voir, chrétienne philosophe que vous êtes d'habitude, me laisser
entre les mains du bon Dieu qui garde toujours bien ce
qui lui est confié. Qu'en pensez-vous ? Vous lui demanderez, n'est-ce pas ? que le retour soit bon. Je vous remercie
beaucoup d'avoir dérobé un petit moment pour m'écrire.

*
* *

« Vous êtes si raisonnable et vous vous montrez si peu
exigeante en me demandant cinq lignes seulement de temps
en temps, que je serais cinq fois déraisonnable de faire la
sourde oreille. Avouez toutefois que, si je vous prenais au
mot, vous ne resteriez pas longtemps satisfaite. Je plai-
sante, ma Fille, je suis pourtant attristée par toutes les
épreuves qui vous visitent depuis quelque temps : maladie
physique, maladie morale, soucis de toutes sortes. Allez-

vous vous décourager ? Mille fois non ! Tout passe, l'épreuve présente passera, et Dieu reste. Or Dieu refera tout. Il
vous consolera. Donc, restez confiante. Cette confiance
vous rendra forte et courageuse au milieu de vos tribulations.

« Je sens vos larmes, ma chère Fille, et ces déchirements
de cœur qui, dans le sacrifice, viennent malgré vous ébranler votre courage et votre foi. Tenez bon et remontez-vous
par la prière et la confiance. »

Dans une autre circonstance, elle écrit :

« Ainsi votre cœur reste angoissé, vous me le dites, et le
mien partage votre angoisse et votre souffrance. Dites
bien chaque jour, en union avec nous toutes : « O Esprit-
Saint, Vous êtes le parfait Consolateur, l'Hôte bienfaisant
de l'âme, son Rafraîchissement le plus doux, ayez pitié de
la mienne ! » C'est de tout mon cœur que je vous recommande à l'Esprit-Saint et à la Très Sainte Vierge.

« Laissez-moi vous dire que j'éprouve une certaine petite
satisfaction malicieuse à vous voir aux prises avec des
difficultés qui vous aguerrissent. »

A une autre Correspondante :

« L'épreuve, ou plutôt la manière dont nous supportons
l'épreuve, donne la mesure de notre vertu ; bien que celle
que vous venez de traverser ne fût pas réelle, vous en
avez souffert absolument comme si elle l'avait été, et vous
avez donné à cette occasion la mesure de vos forces. Vous
n'avez pas eu, je le vois, à vous enorgueillir de votre vertu
dans cette circonstance, mais plutôt à vous humilier. De
plus, vous avez été à même de vous mieux connaître, de
voir qu'il ne faut pas ajouter foi à tout ce qu'on nous dit
indistinctement. Voilà une petite expérience faite. Vous
serez plus circonspecte, moins crédule une autre fois,
n'est-il pas vrai ? »

*
* *

Mère Saint-Georges aimait à procurer aux parents la
douce joie de revoir leur Filles au foyer familial, après
une période de trois ans, selon l'usage établi dans la Congrégation ; mais elle voulait que l'on portât dignement en
cette circonstance le titre de religieuse. Elle écrit à ce
propos :

« Je me réjouis de la joie de votre bon père, de votre

bonne mère, de toute la famille enfin quand il va leur être donné de vous revoir à la maison.

« Oh ! vous serez bien religieuse, ma Fille, dans cette visite chez vos parents bien-aimés, et si religieuse intérieurement et extérieurement que vous les forcerez à dire : « Ce n'est plus notre enfant d'autrefois, c'est la Fille du Saint-Esprit. »

A une Sœur éprouvée par la perte de sa mère :

« Donnez à l'âme de votre regrettée mère tout ce que vous pourrez : Messes, Communions, Exercices spirituels et surtout les sacrifices exigés par l'emploi, les relations de charité et l'immolation de vous-même. Soyez très généreuse. Mais quant à nourrir votre cœur de votre chagrin, veillez-y : le bon Dieu ne serait pas content ; l'âme à laquelle vous voulez et devez vouloir tant de bien, en serait moins soulagée, et votre santé, qui ne vous appartient plus, en recevrait du préjudice.

« Vous vous occuperez beaucoup de vos Elèves et de tout ce qui a rapport à votre emploi, de façon à vous obliger à sortir de vous-même.

« Notre bonheur ne dépend ni des personnes ni des choses ni des événements, mais de nous. Nous le trouvons dans la conformité active et passive à la Volonté de Dieu. Creusez cette pensée et nourrissez-vous-en.

« Votre petite protégée de la Sainte-Famille ne se sentant pas de vocation, va rejoindre sa mère. Or, vous ne devez pas vouloir qu'elle soit religieuse si le bon Dieu ne l'appelle pas. Vouloir un plus grand bien contre la Volonté de Dieu n'est pas vouloir le bien, le seul bien réel étant la Volonté de Dieu accomplie. »

.*.

Les passages qui suivent nous révèlent la pensée de Mère Saint-Georges sur les calamités publiques :

Savez-vous, ma Fille, que Paris est sous les eaux de la Seine ? Les journaux vous porteront les détails de ce fléau, car c'en est un et terrible, qui dépasse en calamités de toutes sortes ce que la Capitale a vu dans le genre depuis plusieurs siècles. Nos gouvernants impies ou athées, qui ont mis toutes leurs espérances dans la science et dans les forces de la nature, devraient pourtant voir dans cette catastrophe que rien ne peut conjurer, la faillite de ces espérances. Rien n'y fait. Ils continuent leurs blasphèmes contre Dieu, tout en niant son existence ; ils continuent aussi, avec une rage infernale, leur législation scélérate contre nos Ecoles catholiques. De leur côté, les Catholiques assoupis depuis longtemps, s'éveillent lentement, mais il y a tout de même un réveil constatable. On se groupe. Les Associations des pères de famille s'organisent un peu partout et si ces Associations voulaient s'affirmer et montrer les dents aux prochaines élections, en mai, nous verrions se terrer nos tyrans, car s'ils sont féroces, ils sont surtout lâches.

« L'année s'annonce mauvaise, dit une autre correspondance. Mais Notre-Seigneur a déclaré à la Bienheureuse Marguerite-Marie qu'Il règnera *malgré ses ennemis*. A nous de hâter le triomphe du règne de Jésus, par nos prières, notre ferveur, notre zèle pour la gloire de Dieu et notre sanctification. Pour le reste, mettons tout entre les mains miséricordieuses et maternelles du bon Dieu, sans nous inquiéter outre mesure et sans nous troubler. C'est le Père des Cieux qui dirige et conduit tout et Il est le plus fort puisque sa force est infinie. Ici, nous sommes calmes et attendons les événements sans négliger les moyens que la prudence veut que nous prenions.

« Je ne laisse jamais passer la fête de votre saint Patron sans vous recommander à sa protection. « Dieu seul en vue, Jésus pour modèle, Marie en aide et moi toujours en sacrifice. » Voilà mon bouquet de cette année ! Bonne santé et le désir ardent de n'agir qu'en vue de Dieu en tout. »

**

La lettre suivante fait allusion aux difficultés qu'entraînait l'âge avancé de la Supérieure :

La vénérable Supérieure est excellente : ce n'est pas sur elle que retombe la responsabilité d'actes qui font souffrir. Sur qui cela retombe-t-il ? Laissons au bon Dieu le droit de juger et de rendre à chacun ce qui lui est dû.

« Tenons bon, soyons fidèles à nos convictions ; agissons avec simplicité et droiture, respectons et aimons comme on aime quelque chose de sacré, l'autorité et tout ce qui émane d'elle de conforme à la Règle ou à son esprit.

« Oui, aimez bien votre Supérieure. Soyez simple, ouverte avec elle ; soyez attentionnée, prévenante, le tout par des vues surnaturelles, car, lorsque nous appuyons nos obligations et nos devoirs envers nos Supérieures sur d'autres bases, ces bases manquant à chaque instant nous font dévier... Allez à votre bonne Supérieure avec esprit de foi et ouverture de cœur ; la Supérieure est le canal par lequel passent les grâces de Dieu pour arriver sur nous ; combien donc il est important que nous soyons en communication intime avec ce canal !

****

Dans la lettre suivante, adressée à une jeune Sœur, la fermeté de Mère Saint-Georges pour soutenir l'Autorité s'affirme davantage encore :

« Ma chère enfant, vous n'avez pas été envoyée à X... avec mission de réformer ou de transformer ; vous n'avez rien de ce qu'il faut pour cela, et, quand vous l'eussiez, cette charge ne vous a pas été attribuée. On vous a choisie, et c'est là une marque de confiance, parce qu'on a pensé que vous seriez bonne, souple, humble, obéissante et charitable et que par là, votre bonne Supérieure, qui a beaucoup souffert, trouverait en vous un petit Sujet sur lequel elle pourrait s'appuyer. Voilà la raison d'être de votre placement à X... La volonté de Dieu vous y a envoyée pour être vraiment religieuse, et vous ne le serez qu'à la condition de dépendre complètement de l'Autorité, *pour quelque chose que ce soit, pas d'exception,* à la condition d'être pour cette Autorité, respectueuse, prévenante, aimable et tout à fait filiale. En dehors de cela, pas de vraie vie religieuse.

« Voilà les réflexions que m'a suggérées la lecture plusieurs fois réitérée de votre lettre. Acceptez-les comme venant d'un cœur qui vous aime et qui veut vous voir marcher dans la voie droite ; toute autre voie, quelque raison que nous puissions produire, est oblique. Entrez-y sérieusement, et donnez-moi bientôt de vos nouvelles. »

Et l'on entrait dans une meilleure voie, ajoute la correspondante ; et l'on acceptait filialement la réprimande, tout comme l'encouragement qui arrivait à son tour. »

— « Le retard que j'ai mis à vous répondre, écrivait une autre fois la bonne Mère, a fait travailler votre féconde imagination. Bridez-la et la grondez, car elle en a menti quand elle vous a dit que votre Mère avait contre vous un sujet quelconque de mécontentement. Aucun, mais aucun, entendez-vous. Quand il y en aura, vous le saurez, soyez-en sûre... En attendant, je n'ai que de bonnes nouvelles sur votre compte. Continuez à être heureuse et à vous laisser tailler, petit à petit, par le bon Dieu. »

« Voici un petit bouquet de violettes que je vous envoie comme souvenir de la Retraite du Noviciat : « « Je ne sais rien ; je ne puis rien ; je ne vaux rien. »

« Comme contrepoids ajoutez : « Je puis tout en Celui qui me fortifie. » L'orgueil vous jouera un mauvais tour si vous ne faites consister la vertu que dans une pratique ostensible. C'est l'œil de Dieu qu'il faut chercher et son amour ; si entre Dieu et vous, vous étiez infidèle, que serait le reste ? Rappelez-vous la parabole du Pharisien. Dieu veut être adoré en esprit et en vérité ; tout le reste est vanité ou hypocrisie.

« Appliquez-vous par continuation à être aimable, serviable, prévenante, bonne et douce envers nos chères Sœurs. Cédez le pas et la parole à toutes et regardez-vous bien comme la plus petite, la moins vertueuse et par conséquent la dernière de toutes. Restez petite, humble, effacée : cela plaît tout plein au bon Jésus. »

*
* *

A une autre de ses Filles, elle disait : Je lis sur une lettre que j'ai sous les yeux ces quelques lignes d'une de nos jeunes Professes :

« Que je suis heureuse de m'être donnée au bon Dieu ! Quand j'éprouve quelque difficulté, — et quel est le jour qui n'apporte la sienne ? — je me dis : Il ne faut pas que j'écoute les répugnances de la nature ; je ne m'appartiens plus, je suis à Dieu, donc il faut que je marche, quoi qu'il m'en coûte. »

« Voilà ce que nous devons nous dire nous-mêmes. » Et elle ajoutait : « L'exemple de la vertu de votre bonne Supérieure doit vous être un puissant stimulant pour vaincre vos répugnances d'emploi. Puis, la pensée que vous faites la volonté de Dieu, quel autre stimulant !

Je vous souhaite une bonne et sainte année de travail sur vous-même pour prendre l'esprit vraiment religieux, esprit d'abnégation et de foi vive, base de toute vertu solide ; esprit de dévouement, de soumission et d'obéissance, de charité et d'humilité. C'est là tout un travail où nous avons certes, notre part, mais où il faut faire intervenir aussi, et beaucoup, le bon Dieu avec ses grâces de lumière, de force et d'assistance spéciale.

***

Répondant à une Sœur qui, après avoir accepté de rester à un poste pénible, venait de recevoir une autre Obédience, Mère Saint-Georges écrit :

« Votre bonne lettre me donne l'assurance que vous étiez disposée à rester dans la lutte, courageuse et ferme comme le doit faire une religieuse qui a le Saint-Esprit pour Père. Et voilà que le bon Dieu, content des dispositions de sa Fille, l'envoie sur un autre champ de bataille, oh ! pas meurtrier, mais il y a lutte partout, ne serait-ce que contre soi-même ; celle-là, dure autant que nous.

« Vous réaliserez nos désirs en apportant à cet emploi, tout neuf pour vous, votre application et votre bonne volonté. Il ne faut laisser perdre aucune de nos actions, car nos actions ordinaires, si petites soient-elles, forment la trame de notre vie future, de nos mérites et de la gloire dans le ciel. »

« Lors de votre placement à C., j'avais fait part de vos répugnances pour l'emploi que vous avez actuellement, ajoutant toutefois, ce qui était vrai, que vous étiez dans la disposition d'accepter tel emploi qu'on voudrait vous donner. Cette disposition, du reste, est de toute nécessité dans une religieuse, quelles que soient ses années de Profession. Contre toutes nos prévisions, mais certainement par la permission de Dieu, voilà que précisément l'office de musicienne vous incombe. Que faire ? Absolument ce que vous avez fait. Accepter et s'en tirer de son mieux. « Ne faut-il pas que je sois occupée du service de mon Père ? » Ne faut-il pas surtout que j'en sois occupée comme Il le veut et le désire, et non comme je le souhaiterais moi-même ? Que votre volonté soit faite, ô Père, et non la mienne ! Mon Père, glorifiez votre Nom en moi et par moi, comme vous l'entendrez. — Mon Dieu, me voici pour faire votre volonté !

« Le service du bon Dieu pour vous, sera donc, non de faire la classe, mais de donner des leçons de musique, de donner des leçons de dessin et de faire l'une et l'autre de ces choses avec esprit de foi, avec dévouement, avec soin, sous l'œil de Dieu. Invoquez sainte Cécile pour vos leçons de musique, et saint Luc pour celles de dessin. Invoquez beaucoup aussi les bons Anges Gardiens de vos Elèves.

« Toute obéissance qui n'est pas rendue pour Dieu, n'est pas une vertu religieuse, n'est pas la vertu d'obéissance : surnaturalisons tous nos motifs.

« Quand Dieu nous donne un emploi, Il nous donne toutes les grâces dont nous avons besoin pour le remplir et, avec ces grâces, les moyens humains nécessaires à la réussite. Ces moyens vous les aurez certainement.

« Courage et confiance ! Dieu a voulu ou permis pour vous l'emploi qui vous est dévolu ; vous y trouverez donc, à côté des difficultés, des peines, des tracasseries de toutes sortes, les grâces de lumière et de force qui assurent la réussite. »

La même pensée revient dans les lignes suivantes :

« Vous faites Marthe du matin au soir. C'est dans l'ordre ; n'oubliez pas toutefois de lui adjoindre Marie. Revenez avec bonheur vous retremper dans la prière, tenez-y beaucoup, beaucoup ; vous y trouverez toutes les grâces dont vous aurez besoin pour le bien remplir selon la gloire de Dieu, sans préjudice pour votre chère âme ; grâce de lumière, grâce de sagesse, de circonspection, de prudence, de force, de préservation.

« De votre côté, concourez avec la grâce. « Veillez et priez !... Soyez prudente comme le serpent et simple comme la colombe. »

« Soignez vos Exercices de piété, vos Elévations de cœur, vos Communions : c'est là pour nous la source de la force et de la vertu.

« Soyez humble, petite, obéissante et complètement dépendante de votre chère Supérieure qu'il faut tenir parfaitement au courant de tout ce qui se passe dans votre emploi. Vous ne serez enjouée qu'avec la Communauté ; partout ailleurs, soyez grave, d'une gravité douce, comme vous vous figurez celle de la Très Sainte Vierge, entre les mains de qui vous renouvellerez chaque jour vos Vœux. Nous prions ici de tout cœur pour vous.

« Je le comprends, votre emploi est distrayant et pas attrayant ; vous y voyez trop peu nos chères Sœurs ; de plus, cette nécessité d'être en relations de tous les jours avec les domestiques n'est pas de soi agréable à la pauvre nature : tout cela, au contraire, et les sujétions de l'emploi forment un fardeau que l'on secouerait vite si l'on n'y voyait une mission à remplir pour le bon Dieu, dont nous sommes les petites servantes. Mais cette pensée : « Je fais ce que Dieu veut, je travaille pour sa gloire, Il me voit, Il considère d'une part mes difficultés et de l'autre mes besoins. Or, Il est tout-puissant et Il m'aime. J'ai donc l'assurance intime, forte, qu'Il me donnera toutes les grâces dont j'ai besoin.

« Je sais, du reste, que c'est Lui qui m'a donné mon emploi. Il me l'a donné tel que je l'ai à faire, avec ses désagréments, ses sujétions, ses privations, les distractions qu'il m'impose, les peines que j'y ai à souffrir, toutes choses que le bon Jésus sait ; malgré tout, malgré ma jeunesse et ma faiblesse, mon peu de vertu et d'expérience, Il l'a voulu pour moi et non pour une autre, cet emploi : je dois donc adhérer pleinement à sa volonté sainte et tout attendre de Lui. »

« Courage et confiance donc ! remontons-nous par la prière à ce niveau de générosité pour Dieu que demande de nous la sainte Profession ! S'il n'y avait pas à ... un Tabernacle où l'on trouve Jésus, je vous plaindrais, ma chère Enfant ; mais il y en a un, et Jésus s'y trouve. Allez donc à Lui avec amour et confiance. »

* *
* *

Nous connaissons déjà la pensée de Mère Saint-Georges au sujet de la Règle. La voici de nouveau exprimée dans les lignes suivantes :

En réponse aux vœux d'heureuse année que lui avait adressés une Novice, elle écrivait : — « Que cet an nouveau vous apporte mérites et progrès ! Il en sera ainsi si votre volonté accepte toujours avec amour, la sainte et adorable Volonté de Dieu, non en gros et en théorie, mais dans le détail et la pratique. Voilà pour la Volonté de Dieu manifestée par les besoins de l'emploi, par les événements, par les choses et la manière d'être des personnes. Reste à bien faire cette sainte Volonté exprimée par la Règle et les saints Vœux : voilà notre Code à nous religieuses ; nous ne pouvons rien faire de plus parfait, rien qui soit plus agréable à Dieu que d'observer fidèlement, quant à la lettre et quant à l'esprit, ce recueil des Volontés de Dieu sur nous. »

A une Supérieure :

« Je suis très satisfaite de la manière dont vous observez le point de Règle qui oblige les Supérieures locales à rendre compte de l'état de leur Communauté une fois l'an. Votre compte-rendu est complet quant aux renseignements que vous me donnez touchant vos chères Compagnes tant pour le dévouement, que pour l'esprit religieux, point si important.

« Je ne puis que vous encourager à continuer votre œuvre d'apostolat près de vos chères Sœurs : stimulez-les à progresser dans l'acquisition des vertus religieuses, dans l'humilité, l'abnégation d'elles-mêmes et les vues surnaturelles surtout. Le fait pour vous d'avoir à reprendre, à corriger, à encourager, sera, indépendamment d'autres motifs que vous puiserez dans l'amour de Notre-Seigneur, un puissant stimulant pour vous mettre à la tête de la Communauté pour la ferveur comme pour le reste. Courage et confiance ! »

* * *

Au sujet de l'Examen particulier, Mère Saint-Georges écrit :

« Vous avez très bien fait de prendre pour sujet d'examen l'impatience : nous ne savons ce que nous valons que lorsque nous sommes aux prises avec les occasions qui mettent nos petites vertus à l'épreuve. Vous avez constaté qu'avec vos Elèves vous êtes sujette à des vivacités, travaillez ce point d'une façon toute spéciale. »

Ses conseils à cet égard se précisent dans la lettre suivante :

« J'aime à croire que vous dominez mieux vos impatiences et que vous avez fini vos carêmes avec celui de la

sainte Eglise. En tout cas, je vais changer votre pénitence ;
à partir de la réception de ma petite missive, vous allez
commencer une feuille spéciale d'examen pour le point en
question et vous marquerez par une *croix à l'encre*, toute
chose relative à ce point : je vous dirai plus tard ce que
vous aurez à faire du total. »

Elle écrit à une autre : « Conservez le sujet d'examen pris
en août, sauf avis contraire de qui de droit : dussiez-vous
vivre longtemps, bien longtemps, ce que je souhaite, vous
n'épuiserez pas ce sujet : le *moi* ne meurt qu'avec nous.

« Soyez courageuse et arrivez à pouvoir dire dans le
langage du grand Apôtre : « Je ne donne pas de coups en
l'air, mais je châtie rudement mon amour-propre sans lui
laisser ni paix ni trêve. Que le bon Dieu bénisse vos efforts,
et vous donne de consolantes victoires sur vous-même ! »

*   *   *

Voici comment Mère Saint-Georges exhortait son monde
à l'esprit de sacrifice :

« Vous me dites de ne pas trop vous faire languir. Est-ce
que, pour être l'enfant gâtée de la petite oasis de X...
vous perdrez l'habitude de profiter des occasions pour
faire des sacrifices au bon Dieu ? J'aime à croire que non,
et que, au contraire, profitant des saints exemples que vous
avez sous les yeux, vous deviendrez généreuse.

« Que Notre-Seigneur vous accorde la grâce de comprendre de plus en plus les devoirs de notre sainte Vocation,
et celle de faire sur vous-même le travail sérieux et nécessaire qui doit vous disposer à devenir son épouse. Prenez
ce travail bien à cœur et faites-le consister surtout dans
l'abnégation et le renoncement à vous-même : là est le
point capital. Réfléchissez sérieusement aux engagements
sacrés que vous devez contracter ; faites-en l'objet de vos
méditations, pour que tout en vous se prépare à l'immolation.

« Le bon Jésus vous a gâtée pendant la retraite et continue de vous gâter encore. Oh ! soyez-Lui bien reconnaissante de ses bontés et pensez qu'il ne fait rien en vain :
vous êtes une petite âme aimante, collante, Il le sait ; Il
vous veut montrer combien Il est aimable, doux, plein
d'attraits, afin de vous attacher à Lui sans retour. Il veut

fortifier votre faible cœur contre tout ce qui pourrait vous détacher de Lui. Donnez-vous tout à fait, entièrement et que rien ne vous distraie de Jésus. Mettez cet amour sous la garde de l'humilité, de la patience et du renoncement à vous-même. Dites-vous bien qu'avec ces douceurs si vous ne savez rien supporter, rien souffrir, vous n'avancez à rien.

« Opposez une volonté énergique aux assauts du démon et vous le verrez bientôt mollir. Joignez la prière, l'esprit de prière surtout, à vos efforts et tout ira bien.

« Vous faites toujours un peu l'enfant et vous regardez comme des enfantillages d'imposer vos petites volontés et de résister d'une certaine façon à qui de droit ; ne vous abusez pas, ce sont là de petits triomphes pour le tentateur et des espérances pour lui d'en remporter de plus grands.

« Luttez, soyez religieuse, vraiment religieuse et vous lui ferez peur, Dernier mot de cette lettre : soyez religieuse et non enfant, croyez-moi. »

Dans une autre circonstance, elle écrit :

« Douce patience, ma Fille, pour supporter avec fruit les personnes, les choses et les événements quelque maussades qu'ils soient. Tout mène à Dieu.

« Que Notre-Seigneur vous accorde, avec les autres grâces dont vous avez besoin, celle d'être généreuse dans la lutte contre vous-même : ce sera par là que vous lui témoignerez que vous l'aimez réellement. — Celui qui veut être mon disciple, qu'il se renonce lui-même ! Pouvons-nous être de fidèles épouses de Notre-Seigneur sans être ses disciples, c'est-à-dire sans goûter sa doctrine, sans l'imiter, sans l'aimer ? »

Le même esprit de sacrifice inspire les lignes suivantes adressées à une jeune Professe après le départ de sa première Supérieure :

« Vous avez du chagrin de perdre votre Supérieure que vous aimiez beaucoup et je compatis à votre peine, mais, pour l'amour de Notre-Seigneur, dont vous êtes maintenant l'épouse, que cette première épreuve de votre vie religieuse vous trouve vraiment *religieuse*. Ne soyez pas de ces âmes qui croient tout perdu parce que Dieu leur enlève quelqu'un sur qui elles se reposaient. Dieu seul doit nous suffire et Lui nous restera toujours. — Que celle que la divine Providence vous envoie comme Supérieure, et qui est très bonne, trouve en vous la même affection filiale, le même dévouement que vous aviez pour celle qui vous quitte ; rendez-la heureuse. Vous plairez ainsi au divin Maître et à moi, votre Mère. »

Après quelques conseils elle terminait en rappelant cette pensée déjà citée à propos de ses Instructions sur l'Obéissance : « *J'ai mis le Christ sur ma Supérieure.* »

Une Supérieure lui avait rendu bon témoignage de sa Maison, la bonne Mère de répondre :

« Avec vous, ma Fille, je suis heureuse et je remercie le bon Dieu des grâces qu'Il vous fait. Mais laissez-moi vous dire qu'il n'y a pas assez de surnaturel chez vous. Vous voyez trop l'action seconde, pas assez la première. Habituez-vous à voir Dieu en tout, partout et toujours, car, vous le savez, c'est Lui qui dirige tout. Attendez-vous à recevoir *la Croix*. Tout n'ira pas toujours comme vous le désirez. Si le bon Dieu vous gâte maintenant, c'est pour que vous preniez des forces : vous en aurez besoin au moment où la Croix arrivera. Préparez-vous-y en agissant en tout bien surnaturellement. »

A une jeune Sœur qui venait de recevoir un changement d'Obédience :

« Vous auriez moins souffert si votre cœur avait été plus dégagé, plus religieux, cela est certain. Vous comprendrez plus tard la grâce que le bon Dieu vous a accordée en permettant votre déplacement. Nous nous aimons tant nous-mêmes que nous n'admettons guère que ce qui va à notre nature. Or, ce qu'elle recherche et caresse nous éloigne du bon Dieu et de la perfection à laquelle nous avons l'obligation de tendre. Quand votre cœur sera plus dégagé, la lumière se fera, et vous comprendrez cela.

« Soyez soumise à votre nouvelle Supérieure, dépendante absolument de sa volonté dans votre emploi, simple, mais pas niaise. Nous tenons à ce que nos Sujets soient religieux et ne se niaisent pas entre eux. »

Voici comment elle conclut les conseils qu'elle donnait à une nouvelle Professe :

« Soyons vraiment *victimes*, mais victimes comme les agneaux lesquels, quand on les égorge ne crient point ; et non comme certains animaux qui, dans les mêmes conditions, grognent et poussent des hurlements.

« Soyons victimes comme le doux Jésus qui priait pour ceux qui le faisaient souffrir. »

A une lettre dans laquelle une Sœur révélait son manque

de générosité, elle répondit : « Soyez plus virile ; ne marchandez pas avec le bon Dieu. L'épreuve qu'Il vous envoie est partie de son Cœur, et Il vous a donné en même temps la grâce de la supporter. »

« Lorsque la laïcisation atteignit notre Ecole, écrit la même correspondante, je fis part à Mère Saint-Georges de la peine profonde que j'avais à voir mes Elèves aux mains d'une séculière. Elle me répondit ces simples mots : « La Croix !... Le Ciel !... Heureuse l'âme qui a toujours une affliction à sanctifier ! »

*
* *

Dans certaines lettres, la pieuse Mère s'attarde avec complaisance à énumérer les avantages de l'Obéissance afin de la faire aimer toujours davantage.

« Le moyen de persévérer avec ferveur et amour dans
« notre sainte vocation, c'est de se vouer de tout cœur à
« l'obéissance simple, respectueuse, surnaturelle... Oh !
« qu'elle fait bonne notre route, cette chère obéissance !
« Qu'elle est méritoire et sanctifiante pour nous et en
« même temps glorifiante pour Dieu ! » (P. Giraud.)

« Que l'obéissance vous soit plus chère que tout ; l'obéissance simple, douce, humble, exacte, mais l'obéissance sous le regard de Dieu toujours.

« J'avais bien hâte d'avoir de vos nouvelles ; elles sont arrivées, pas aussi bonnes que je les eusse désirées. Néanmoins, j'espère que vous allez prendre le dessus, moyennant un remède auquel je vous voudrais bien fidèle. Ce remède, c'est l'obéissance. Que de souffrances physiques et morales il vous eût épargnées, si vous en aviez usé suivant ordonnance de tous vos médecins ! Mais à tout péché miséricorde, et aujourd'hui, moins que jamais, je ne suis disposée à vous adresser des reproches : 1° parce que vous avez le ferme propos de combattre votre volonté propre ; 2° parce que vous êtes souffrante, ce qui m'afflige fort ; 3° parce que je réponds à une lettre de vœux bien affectueusement exprimés, auxquels il serait cruel de répondre par des reproches. Tout au plus je dois vous supplier de tenir ferme à votre résolution. C'est bien entendu, vous serez obéissante.

« Vous saurez d'expérience désormais qu'il n'y a pas

comme de se laisser conduire par ses Supérieures, sûre qu'on est d'être conduite par le bon Dieu. Quand le bon Dieu conduit, n'a-t-on pas un bon pilote ? Quand Il est au gouvernail, peut-on craindre de faire fausse route ou naufrage ? Oh ! qu'on est en sécurité dans la barque de l'Obéissance, et qu'on y est heureux ! Blottissez-vous-y bien et n'en sortez jamais, même pour les plus petites choses. »

Dans une autre lettre, elle dit :

« Vous avez été hésitante en l'obéissance au mois d'août dernier ! Ce n'est pas le fait lui-même qui m'a fait peine, mais bien celui de constater que l'hésitation dans l'obéissance devait vous être habituelle, puisque, ici même, vous vous échappiez ainsi. Mais soyez sans inquiétude aucune, tout est pardonné depuis longtemps. Retenez seulement de cela qu'il ne faut pas raisonner en fait d'obéissance.

« Merci des efforts faits par vous pour être vraiment obéissante. Continuez à l'être et la paix viendra, soyez-en certaine.

« L'obéissance remporte la victoire », disent les Livres saints. Oui, ma Fille, la paix viendra, elle envahira votre âme de telle sorte que la jouissance fera oublier la souffrance, mais soyez obéissante par continuation... et priez.

« Bon courage ! Grande confiance et obéissance entière ! »

Dans la lettre suivante, Mère Saint-Georges présente l'obéissance comme un spécifique contre le scrupule :

« Cette épreuve du scrupule atteint bien des âmes, et non des moins bonnes ; elle est très pénible et très méritoire aussi, mais à une condition, c'est que l'âme éprouvée soit *obéissante d'une obéissance aveugle.*

« Il faut et il est absolument nécessaire que, malgré tout ce qu'elle ressent en elle, tout ce qu'elle pense, tout ce qu'elle juge, malgré ses impressions, de quelque nature qu'elles soient, elle fasse abstraction de ses impressions, de ses pensées, de son jugement et de sa volonté pour suivre *humblement, docilement, fidèlement,* les avis et la ligne de conduite que lui trace son guide spirituel. « La bonne voie est celle-là ; la mauvaise voie serait de s'obéir à soi-même. Je prie pour votre chère âme éprouvée : je demande à Notre-Seigneur qui est certainement Roi et Maître dans votre cœur, quoique vous pensiez le contraire, de vous fortifier et de vous guérir, de vous rendre la paix de l'âme et la joie du cœur. S'Il tarde à vous exaucer, croyez bien que c'est, quand même, un effet de son amour pour vous. Vous Le bénirez un jour des richesses que cette épreuve de son amour vous aura fait acquérir. Mais pour cela, je vous le répète, et ne le ferai jamais assez, soyez obéissante, souple, docile comme une enfant. Ne manquez jamais ni la sainte Messe ni la sainte Communion : obéissance aveugle envers votre Confesseur et envers votre Supérieure.

« Recommandez-vous bien à la Très Sainte Vierge et à votre saint Ange Gardien. Commencez une neuvaine : prière *Ange de Dieu*, trois *Avé Maria* et trois fois l'Invocation : « O Marie conçue sans péché. » Je la ferai avec vous, cette neuvaine. Courage et confiance ! »

* *

Nous avons donné à entendre combien Mère Saint-Georges souffrait pendant le voyage de ses Filles vers les rives du Nouveau-Monde.

En voici sous sa plume le témoignage émouvant. Elle écrit à la date du 9 juillet 1903, à une Sœur sur le point de s'embarquer :

« Aux chères Sœurs parties avant vous pour l'Amérique, j'ai écrit quelques lignes et adressé des images ; vous aurez votre tour bientôt et aussi votre petite image d'exilée, avec sa sentence (1).

« Oui, bientôt un grand steamer vous fera traverser l'Océan, vous et de nombreuses Compagnes, pour vous déposer sur les côtes de l'Amérique où des Sœurs et des cœurs amis vous recevront à bras ouverts. Chaque essaim qui part emporte une partie de moi-même, et j'avoue que je vis plus avec mes filles qui vont au loin qu'avec celles qui restent en Bretagne. Vous n'avez pas idée de mes angoisses pendant les jours de chacune des traversées : le vent qui souffle, la brume qui s'épaissit, tout changement de temps qui peut contrarier la marche du grand navire, m'est un tourment qui éloigne le sommeil pendant la nuit et m'absorbe le jour. Après vingt-quatre heures, je diminue du

(1) Sujet de l'image : « Les Fleurs de l'exil ». — Pensées : « Que puis-je craindre ? La terre et toute son étendue appartient au Seigneur » (Psalm.) — « Le Christ est ma vie et mourir m'est un gain. » (Ep. Saint Paul).

trajet total de 1.460 lieues, les 180 ou 160 lieues faites en ce laps de temps et je me rends compte sur la carte où en sont mes chères Enfants. Je les vois pendant six ou sept jours sur cette mer immense dans leur grand bateau qui paraît comme une coque de noix ; elles ne voient autour d'elles que la mer, toujours la mer et au-dessus d'elles, le ciel, bleu parfois, sombre souvent et noir aussi. Mais au-dessus de ce qu'elles voient, quelqu'un veille sur elles, les garde, les enveloppe de sa puissance, de sa bonté, de sa tendresse. Il n'est pas seulement au-dessus d'elles, mais avec elles, en elles, autour d'elles et partout. N'est-ce pas le témoignage que toutes nos voyageuses rendent de cette action de la Providence ? Nous la connaissons toutes sans doute et y avons une foi entière ; nos voyageuses la sentent d'une manière plus immédiate et plus sensible. Ce que le bon Dieu fait pour chaque essaim, Il le fera pour le vôtre, ma chère Enfant ! Il vous donnera de la foi, de la confiance et du courage au moment du départ ; Il vous donnera, je le Lui demande de tout mon cœur, une heureuse traversée, et à votre arrivée sur la terre hospitalière d'Amérique, Il vous donnera tout, tout, parce que vous serez plus sienne encore, ayant tout quitté pour Lui. Vous verrez là-bas les tendres soins et l'affectueuse vigilance de Notre-Seigneur pour ses petites Servantes, vous les verrez à l'œuvre et m'en donnerez des nouvelles, car il faudra m'en donner, et souvent : j'ai tant besoin de savoir tout ce qui intéresse mes chères Filles ! Préparez-vous donc dans la paix, la confiance et la prière au grand voyage.

« La persécution, ma Fille, est permise par Dieu, non pour détruire son Œuvre, mais pour l'étendre. »

Les angoisses que révèle cette lettre se renouvelèrent pour Mère Saint-Georges à propos d'un fait mentionné p. 110. Il convient d'y revenir ici. Nous avons dit que l'énergique Mère songeait pour son propre compte à l'incarcération et ne s'en effrayait pas. Y songeait-elle aussi pour l'une ou l'autre de ses Filles ? Le 29 juillet 1912, dans la matinée, arrivait à la Maison Principale, sous la signature d'une Bienfaitrice de la Maison de Penquesten, un télégramme ainsi libellé : « Sœur Valentinien en prison. »

Coup brutal qui terrifia Mère Saint-Georges. Les nuits suivantes, elle fut en proie à de mortelles inquiétudes. Elle

avait appris que la peine était portée à 40 jours, pour
refus de payer une amende de 500 francs. La charitable
Sœur s'était attiré cette condamnation, du fait d'avoir distribué aux pauvres et aux malades la modeste pharmacie
du Couvent. Depuis plusieurs mois tracassée, harcelée,
ayant vu sa charité entravée par l'apposition des scellés
sur l'appartement où se trouvaient les remèdes destinés
aux nécessiteux, elle avait opposé une résistance passive,
obstinée à toutes les tentatives des policiers.

Dans le courant de mars, on résolut de l'enlever de vive
force. La population, alertée par le cor de chasse du château, fut sur pied en un clin d'œil. Les femmes armées de
bâtons, accoururent les premières et pénétrant dans la Maison jusqu'à la remplir : — « Gendarmes, criaient-elles vous
ne passerez pas... La Sœur ne partira pas. » De leur côté,
les hommes arrivèrent en bandes serrées, terribles, résolus
à tout. Devant cette colère généreuse, les Gendarmes se re-
tirèrent prudemment. Mais voici qu'à l'heure où les vacances venaient de s'ouvrir, un nouvel assaut, sournoise-
ment préparé, avait abouti à l'incarcération. Le matin du
29 juillet, au sortir de l'église, Sœur Valentinien avait été
appréhendée brutalement.

— « Etes-vous Madame Davigo ? » — Oui. — Allez-vous
vous décider à payer l'amende ? — Non.

Aussitôt les mains sacrilèges la poussèrent dans une
auto. Quelques minutes plus tard, elle se voyait entre les
quatre murs de la prison de Lorient, tandis que ces Compagnes, ne se doutant de rien, poursuivaient leur action de
grâces dans l'église silencieuse.

Tel est le fait qui, pendant plusieurs jours, remplit les
colonnes des feuilles publiques de la région, et plongea
dans l'angoisse le cœur de Mère Saint-Georges. Elle savait
que sa généreuse Fille avait été emmenée à jeun, avec sa
chaussure de maison, à peine pourvue de l'indispensable
en fait de vêtements religieux. Et en quelle compagnie elle
la voyait !...

Le souvenir d'une aînée, la Sœur Renée Lemercier, morte
de misère, le 29 mai 1794, dans les prisons de Nantes, lui
revint en mémoire, et elle se demandait avec anxiété si
une mort semblable n'était pas réservée à cette nouvelle
victime de la haine sectaire.

Comparant son sort à celui des Exilées dont elle parle

dans la lettre qu'on vient de lire, Mère Saint-Georges jugeait celles-ci moins à plaindre : ne les savait-elle pas sous la garde du Père des Cieux ? Tandis que la douce prisonnière de Lorient, c'était la colombe entre les griffes du vautour. Aussi, que de prières ardentes montaient jour et nuit du fond de son âme angoissée !

Ses cruelles inquiétudes durèrent autant que celles de la Très Sainte Vierge et de saint Joseph à la recherche du divin Enfant qui s'était dérobé à leur sollicitude. « *Après trois jours, ils Le trouvèrent dans le Temple.* » (Luc ii, 46.)

Après trois jours, l'ordre non moins brutal que l'avait été le mandat d'amener, vint de Paris pour notifier d'urgence l'élargissement de la prisonnière : le zèle intempestif des subalternes servait mal dans la circonstance la politique du Pouvoir central : l'incarcération d'une humble religieuse mettait du coup la République en danger.

Mère Saint-Gerges informée la première de la libération, en ignora pour lors les circonstances qui n'eussent pas calmé ses angoisses, puisque ce fut à la nuit tombante, c'est-à-dire à l'heure où la prison lui devenait une sécurité que Sœur Saint-Valentinien, jetée sur la rue en dépit de ses justes réclamations, se vit réduite à chercher dans la cité Lorientaise, un refuge jusqu'au lendemain.

« *C'est votre heure et la puissance des ténèbres* », (Luc, xxii, 53), pouvait dire l'Epouse du Christ persécutée pour la Justice.

En raison de cela, Mère Saint-Georges la proclama *bienheureuse* lorsque, quelques jours plus tard, elle la pressa sur son cœur, la fit asseoir à ses côtés, au rang des Mères du Conseil, à la table de famille ornée de fleurs. La bonne Mère voulait ainsi faire oublier à la vaillante Sœur le régime du *carceris duri ;* mais elle se souvint toujours des souffrances intimes qui avaient torturé, pendant ces trois jours, son cœur maternel.

LA JOURNÉE SPIRITUELLE DE MÈRE SAINT-GEORGES

Pour que ce travail devienne dans ses pages ultimes une sorte de *Directoire* ou de *Guide pratique*, nous allons transcrire la *Journée spirituelle* de Notre Mère, telle que la donne le précieux carnet tant de fois cité. Ainsi se complètera l'édification qui se dégage d'une vie si admirablement orientée vers Dieu, sa gloire et le bien spirituel des âmes, toutes choses pour lesquelles Mère Saint-Georges s'est constamment et totalement dépensée.

Réveil. — « Me voici, ô mon Dieu, en union avec Jésus, Marie, Joseph, pour faire votre sainte Volonté (1).

« Très Sainte Trinité, je crois en Vous, j'espère en Vous, je Vous aime et Vous adore du plus profond de mon cœur.

Baiser le scapulaire rouge en disant : Te ergo quæsumus tuis famulis subveni quos pretioso sanguine redemisti.

« Je me propose de tout faire aujourd'hui par amour pour Vous, ô mon Dieu, et pour votre seule gloire.

« *Réciter la formule de l'Apostolat de la Prière :* Divin Cœur de Jésus, je Vous offre par le Cœur Immaculé de Marie », etc.

Cette formule est transcrite en entier sur la page du carnet ; de plus, avec son esprit d'ordre et de précision, la pieuse Mère a ajouté : « Enoncer l'intention du Mois ; y ajouter chaque jour une intention pour une des cinq parties du Monde. » La mention spéciale pour l'Eglise et pour la France donne le compte des sept jours de la semaine.

« Je Vous consacre, ô Très Sainte Trinité, mon corps avec tous ses sens, mon âme avec toutes ses puissances et

---

(1) Dans la suite, elle ajouta la formule d'offrande attribuée à Sainte Gertrude et légèrement modifiée pour son usage :

« Cœur adorable de mon aimable Jésus, c'est à Vous que j'adresse le premier soupir aujourd'hui sorti de mon cœur. Daignez agréer toutes mes pensées, mes sentiments, mes affections, mes paroles, mes actions et mes intentions, afin que, perfectionnés et purifiés dans votre très doux cœur, ils soient unis à vos mérites infinis, à ceux de la Très Sainte Vierge et de tous les Saints et offerts en louanges éternelles à votre divin Père. » Ainsi-soit-il.

notamment mon cœur avec toutes ses affections, en un mot, tout ce qui est en moi ou de moi, sans réserve aucune et, pour cela, je renouvelle de toute mon âme mes engagements *de chrétienne et de religieuse.*

Examen de Prévoyance : « Qu'ai-je fait hier ? au point de vue du sujet de mon Examen particulier ? Qu'est-ce qui m'a fait tomber ? Que veux-je faire aujourd'hui pour éviter ces fautes ?

« Je m'unis d'intention à toutes les Messes célébrées dans l'Univers, à tout le bien qui se fait dans l'Eglise entière, et je me propose d'appliquer aux Ames du Purgatoire toutes les Indulgences que je pourrai gagner aujourd'hui.

« Père, Fils et Saint-Esprit, Marie, Joseph, mon bon Ange, mes saints Patrons, et vous tous, Saints et Saintes de Dieu, bénissez-moi, conduisez-moi et soutenez-moi maintenant et à tous les instants de la journée. »

Passant ensuite à la préparation de la Méditation, Mère Saint-Georges se posait les questions suivantes :

« Sur quoi vais-je méditer ? Quelles réflexions vais-je faire ? Quel fruit veux-je retirer de cet Exercice ? Quelles résolutions vais-je prendre ? »

Pendant le quart d'heure qui suit la Méditation à la Maison Principale, la pieuse Mère s'était prescrit certaines prières pour satisfaire à ses obligations comme associée de l'Archiconfrérie de Notre-Dame des Victoires, du Culte perpétuel de saint Joseph, de la Propagation de la Foi, etc.

Avant la sainte Messe, elle faisait l'acte suivant : « Je Vous offre, mon Dieu, la Messe que je vais entendre et la Communion que je vais faire à l'intention : 1° de rendre à Votre Majesté sainte le tribut d'hommages et d'adoration qui lui est dû ; 2° de Vous remercier des bontés et de la miséricorde dont Vous avez usé envers moi et envers l'humanité entière, spécialement du don que Vous nous avez fait de Jésus, notre très doux Sauveur ; 3° de satisfaire à votre Justice pour tous les péchés que j'ai commis ou que j'ai fait commettre, et autant que je le puis, pour les péchés de tous les hommes, notamment de ceux envers qui j'ai des obligations particulières ; 4° de solliciter les grâces les plus abondantes pour toute l'Eglise militante et souffrante, spécialement pour mes parents, ma Congrégation, pour toutes les personnes que j'affectionne particulièrement, pour toutes celles à qui je suis particulièrement obligée, pour les Agonisants, pour le succès de toutes les Œuvres apostoliques. »

« *Après le déjeuner* : Grâces à la chapelle et prières pour le gain des Indulgences.

« Offrande de la matinée comme action de grâces du saint Sacrifice de la Messe et de la Communion.

« *Chapelet* : Mystères à méditer ou du moins à se rappeler pendant la récitation des cinq dizaines. Intentions.

« *Après le dîner* : Offrande de l'après-midi comme préparation à la Communion du lendemain.

« *Prière à l'Ange Gardien* : Ange de Dieu.

« *Visite au Saint-Sacrement* : Actes des principales vertus : Foi, Espérance, Charité, Contrition. Examen : Préparation à la Communion du lendemain.

« *En sortant de la chapelle* : six *Pater, Ave, Gloria* du scapulaire bleu.

« *A la fin du souper* : Encore les six *Pater, Ave, Gloria* (1) et Chapelet des Morts.

« *Après la Prière du soir* : Examen... Tabernacle...

« *Réflexions et prières à faire en se déshabillant* :

« Encore un jour de moins dans ma vie...

« Encore un pas de fait vers l'éternité...

« Le temps m'échappe, et la nuit qui commence peut bien être la dernière pour moi...

« Voudrais-je mourir dans l'état où je suis ?...

« Mon Dieu, soyez béni pour toutes les grâces que Vous m'avez accordées en ce jour à moi et aux autres.

« Veuillez, s'il vous plaît, me pardonner toutes les fautes dont je me suis rendue coupable jusqu'ici ; je Vous demande cette grâce par la Passion et la mort de mon Sauveur Jésus-Christ. Je déteste de tout mon cœur mes ingratitudes passées, et ne veux plus, ô Dieu de bonté, Vous offenser jamais.

---

(1) Mère Saint-Georges confiait plus tard à l'une de ses Filles qu'elle avait pris l'habitude de réciter chaque jour trois séries de ces *Pater, Ave, Gloria* qui font gagner aux personnes portant le scapulaire de l'Immaculée Conception, de nombreuses Indulgences plénières.

— « Si je viens à m'endormir le soir avant d'avoir achevé la récitation des derniers *Pater*, ajoutait-elle, il n'est pas rare que je sois réveillée par des coups discrets frappés tout près de mon lit. Je m'empresse alors de payer ma dette envers les Ames du Purgatoire. »

Esprit Saint, source de tout bien, soyez toujours ma lumière, mon appui et ma force, et allumez en mon âme le feu de votre amour.

« Marie, ma bonne Mère, souffrez que je me jette dans votre sein maternel, comme dans un refuge assuré contre tous les dangers.

«Bienheureux saint Joseph, veillez sur moi, dirigez-moi et m'obtenez l'insigne faveur de mourir comme vous dans les bras de Jésus et de Marie.

« Ange tutélaire de cette Maison, et vous mon saint Ange Gardien, protégez-moi, soutenez-moi, préservez-moi de tout péché.

« Saints et Saintes que j'ai choisis pour Patrons et pour Protecteurs, accordez-moi votre secours et m'obtenez de Dieu des grâces de persévérance dans le bien.

« Je vais prendre mon repos, ô mon Dieu, non pour ma satisfaction, mais pour être à même de Vous mieux servir et d'accomplir fidèlement tout ce que Vous attendez de moi.

« Jésus, mon doux Sauveur, je remets mon âme entre vos mains ; je m'unis d'intention avec Vous, accordez-moi, je Vous prie, votre sainte bénédiction et la grâce de passer saintement cette nuit. »

Le sommeil tardait-il à venir, la pieuse Mère avait recours à des industries dont elle donnait parfois le secret. C'est ainsi que, pendant le saint Temps du Carême, elle méditait chaque soir deux stations du Chemin de la Croix. De cette façon, elle passait en revue chaque semaine le *Via Crucis* tout entier.

.•.

Le carnet donne ensuite une formule d'Action de grâces après la sainte Communion. Nous n'hésitons pas à la donner, dans la persuasion que la piété y trouvera un aliment :

« Je Vous remercie, ô mon Seigneur Jésus, de la grande grâce que Vous m'avez accordée ! Soyez-en béni à jamais ! Fixez, je Vous en supplie, votre demeure dans mon pauvre cœur : changez-le, purifiez-le, embrasez-le du feu de votre amour. Faites qu'il Vous aime avec ardeur et qu'il mette tous ses soins à Vous plaire et à Vous imiter, ô Jésus, mon doux Jésus. Ainsi soit-il.

« Mon bon Jésus, par le Sang précieux qui sortit de votre main droite, ayez pitié de l'Eglise et de Notre Saint-Père le Pape...

« Par le Sang précieux qui coula de votre main gauche, ayez pitié de la France et de ceux qui la gouvernent.

« Mon doux Jésus, par le Sang adorable qui sortit de votre pied droit, ayez pitié de tous ceux qui sont morts depuis ma dernière Communion.

« Par le Sang précieux qui sortit de votre pied gauche, ayez pitié de tous ceux qui mourront aujourd'hui.

« Très bon Jésus, par le Sang précieux qui sortit de votre Sacré-Cœur, ayez pitié de tous les hommes et en particulier des pauvres pécheurs.

« Souvenez-vous, mon adorable Maître, que c'est pour nous sauver que Vous avez donné tout Votre Sang !

« En retour, je Vous offre le cœur de tous les hommes : ils sont à Vous, Seigneur ; changez-les, réformez-les. Envoyez votre Esprit Saint, et Il renouvellera la face de la terre.

« Par ce Sang adorable, ayez aussi pitié de nos Sœurs. Je Vous offre leurs cœurs, le mien et celui des personnes qui se recommandent à nos prières : je Vous les offre tous par le Cœur Immaculé de Marie, Votre Mère très pure et la nôtre...

« Mon Sauveur Jésus-Christ, par le Sang précieux qui sortit de votre tête sacrée, ayez pitié de tous ceux qui sont à la tête des gouvernements et des affaires, en particulier de Notre Saint-Père, de notre Evêque, des Supérieurs de notre chère Congrégation, surtout de Notre Mère Générale.

« Mon charitable Jésus, par le Sang précieux qui coula de votre Corps adorable au Jardin des Oliviers, ayez pitié de mes parents, des personnes qui m'ont fait quelque bien, de celles qui m'ont fait ou à qui j'ai fait quelque mal, de toutes les Sœurs à qui j'ai promis de prier pour elles.

« J'honore et je vénère la plaie qui a été faite à votre épaule gauche par le portement de la croix ; et de cette plaie divine, je veux descendre dans votre Cœur adorable pour Vous y aimer à jamais.

« C'est dans votre Cœur, dans ce foyer d'amour, que je veux vivre et mourir, ô mon Jésus !

« Mon Dieu, en votre sainte présence, je renouvelle mes

Vœux de Pauvreté, de Chasteté et d'Obéissance ; faites-moi la grâce d'y être fidèle, et bénissez-les (1).

« O mon Dieu, je Vous offre toute ma journée : ce matin, en action de grâce de la sainte Communion que j'ai eu le bonheur de faire ; cet après-midi, en préparation de celle que je ferai demain, et afin de Vous offrir quelque chose qui Vous soit agréable, j'unis toutes mes pensées, mes paroles, mes actions et mes peines, aux pensées, aux paroles, aux actions et aux peines de mon Sauveur Jésus, de la sainte Vierge, de saint Joseph, de mon saint Patron, de sainte Thérèse et de tous les Saints, pour votre gloire, mon Dieu, pour le bien de mon âme, pour l'Eglise, pour les pauvres pécheurs, et pour les Fidèles trépassés pour lesquels je Vous offre tous les mérites de ma journée, par les mains de ma divine Mère, la Sainte Vierge Marie.

« En union avec la Sainte Vierge quand elle était au Temple, ô mon Dieu, faites-moi la grâce de Vous connaître et de Vous aimer !...

« Faites-moi la grâce de me connaître moi-même pour me mépriser.

« Faites-moi la grâce d'aimer mon prochain comme moi-même pour l'amour de vous.

« O mon Dieu, faites-moi la grâce d'aimer et de servir avec ardeur, Jésus et Marie, en reconnaissance du *grand bienfait de l'Incarnation*...

« Faites-moi la grâce, ô mon Dieu, d'être humble, douce, chaste, zélée, patiente, charitable et résignée comme Jésus et Marie !...

« O mon Dieu, je Vous prie de me donner une bonne mort.

« La grâce de mourir plutôt que de Vous offenser...

« Celle de vous servir avec un cœur pur et droit.

« Je Vous demande, ô mon Dieu, une grande pureté de cœur, de corps et d'esprit.

« Toutes les grâces que je Vous demande pour moi, ô

(1) Nous ne voulons pas dire que Mère Saint-Georges soit l'auteur de ces pieuses formules ; mais c'est en raison de l'aliment qu'elles apportaient à sa ferveur que nous les avons consignées ici, d'après son horaire spirituel.

mon Dieu, je Vous les demande aussi pour nos Sœurs : faites qu'elles Vous aiment toutes avec ardeur, et qu'après cette vie, nous allions Vous aimer à jamais dans le ciel. Ainsi soit-il.

« Je Vous prie, ô mon Dieu, pour l'Eglise et le Saint-Père...

« Pour la France et ceux qui la gouvernent. Pour notre Bretagne...

« Pour Monseigneur notre Evêque... Pour le Prêtre chargé de nous conduire...

« Pour toutes les personnes qui se recommandent à nos prières et qui prient pour nous.

Prière : Que m'arrivera-t-il aujourd'hui..., puis, Ame de Jésus, sanctifiez-moi...

« *Prière servant de préparation à la mort :* J'accepte la mort dont chaque jour je suis menacée, ô mon Dieu, comme un hommage, une adoration que je dois rendre à votre *souveraineté*, à votre *immortalité*, à votre *impassibilité*.

« Je la reçois comme un effet de votre justice sur moi, qui n'ai aucun droit à la vie que par les mérites de mon Seigneur Jésus-Christ. Je l'accepte encore plus volontiers par amour, par imitation, par hommage à ce Fils bien-aimé qui a daigné mourir par un pur motif de charité et de miséricorde envers les hommes ; enfin je l'embrasse comme une voie par Vous établie pour arriver au ciel et pour m'unir à Vous. Que mon corps soit caché sous la terre et foulé aux pieds en punition de mon orgueil, qu'il soit la pâture des vers et qu'il retourne en poudre pour avoir trop aimé ses aises ! Il est juste qu'il soit privé de tous ses sens, puisqu'il s'en est servi pour Vous offenser. Qu'il soit privé de tous ses biens pour punir l'attache qu'il y a eue et l'abus qu'il en a fait.

« Enfin que je sois dédaignée et mise en oubli pour vous avoir si longtemps oublié pendant ma vie. Faites, ô mon Dieu, par votre grâce, que je meure de la mort de vos élus. Appelez-moi dans le temps et dans l'état dans lequel je Vous serai le plus agréable, afin que lorsqu'on portera mon corps à la sépulture, les anges portent mon âme au Ciel. Ainsi soit-il.

* * *

Un feuillet détaché des Notes intimes, porte sur ses deux pages le secret de la spiritualité de Mère Saint-Georges et résume en même temps une doctrine dont, — nous l'avons dit, — la pieuse Mère se nourrissait (1).

Toutes les Filles du Saint-Esprit, sous l'action du Père divin, se piqueront d'une sainte émulation pour aller d'un pas toujours plus ferme « à Jésus par Marie », à l'exemple et sur les traces de leur Mère, disant comme elle :

Pour aller à Jésus, j'invoquerai Marie.
Mon guide et mon soutien, je les trouve en Marie.
Voulant uniquement penser, plaire à Marie,
Ma langue, au point du jour, murmurera : Marie,
Et souvent j'écrirai le doux nom de Marie.
Je prendrai mes repas sous les yeux de Marie.
Ma joie et mes transports seront tous en Marie.
Dans mes pleurs, j'offrirai mes soupirs à Marie.
A l'aspect du péril, je fuirai vers Marie.
J'aurai pour bouclier le saint Cœur de Marie,
Et mon refrain d'amour sera : *Vive Marie !*
Au fort de la douleur, je fixerai Marie ;
Pour remède à mes maux, je ne veux que Marie.
La nuit, mon cœur battra de l'amour de Marie.
La mort m'endormira sur le sein de Marie.

De même chacune pourra ajouter :

Toutes mes actions se feront en Jésus :
Si je veille, mes yeux ne verront que Jésus ;
En songe, je n'aurai d'autre objet que Jésus.
Mon livre et mon docteur, je les trouve en Jésus.
Quand j'écrirai, ma main pour guide aura Jésus,
Et Jésus écrira le beau Nom de Jésus.
Soit que je marche ou non, je suis avec Jésus.
Quand je voudrai prier, ce sera par Jésus.
Tous mes délassements ne seront qu'en Jésus.
Dans la faim, dans la soif, je vivrai de Jésus.
Dans mes maux, je prendrai pour médecin Jésus ;
Le remède sera l'amour de mon Jésus.

(1) Celle du Bienheureux Grignion de Montfort dans son *Traité de la vraie Dévotion à la Sainte Vierge.*

Lorsque j'expirerai, je mourrai dans Jésus ;
Mon dernier mot sera le saint Nom de Jésus.
Pour me fermer les yeux, je ne veux que Jésus.
Je n'attends pour tombeau que le Cœur de Jésus.

* * *

Le moment est venu de déposer la plume, et en même temps d'exprimer le regret d'offrir à la Congrégation un travail incomplet. Regret d'autant plus sincère, d'autant plus profond que c'est l'aspect le plus captivant de la physionomie de Notre Mère qu'il faut se résigner à laisser dans l'ombre : *Sa vie intérieure au cours de la dernière moitié de sa carrière religieuse*, ou en d'autres termes : *le progrès des Dons du Saint-Esprit dans cette « âme de lumière, de loyauté, de foi, de feu intime, de piété extérieurement contenue, mais très profonde. »*

N'est-il pas vrai qu'une telle étude eût vivement intéressé notre piété filiale et stimulé notre ardeur pour marcher à la suite de cette généreuse Mère sur les pas du divin Maître ?

Toutefois, il ne convient pas de trop récriminer. Bien plutôt, selon les pieux avis qu'elle nous a maintes fois répétés, voyons dans cette cause seconde (la destruction voulue, imposée par elle, de ses derniers carnets de notes), la permission du bon Dieu qui, par là, semble nous dire : Ce qui vous est laissé peut suffire à la perfection de chacune de vos âmes, si vraiment, vous *voulez* imiter votre Mère.

Au reste, les Sœurs de la Maison Principale qui ont vécu dans son intimité se plaisent à affirmer qu'elles la voyaient se livrer, de jour en jour davantage, à l'action de l'Esprit sanctificateur.

Citons le témoignage le plus explicite :

« Pour ma part, dit Sœur X..., j'avais conscience du progrès constant que faisait Mère Saint-Georges dans la perfection. Je la voyais soucieuse de chercher les moyens de réaliser cette perfection en toutes vertus : humilité, charité, union intime avec Dieu. De fait, alors qu'elle commandait aux autres, elle s'astreignait à se soumettre elle-même jusqu'à ne quitter un vêtement que sur l'assentiment de la Sœur chargée de la Lingerie. Chose plus remarquable, elle ne craignait pas de demander à telle jeune Sœur de copier pour son usage personnel les petites industries au moyen desquelles celle-ci se tenait le long du jour en haleine pour atteindre son idéal De sorte que je me disais intérieurement : quelles merveilles le Saint-Esprit doit opérer en Notre Mère ! Comme Il doit se complaire en son âme si docile, si généreuse !

« On peut dire que tous les Dons du Saint-Esprit ont brillé en elle. Cependant si l'on m'interrogeait pour savoir lesquels m'ont frappée davantage, je n'hésiterais pas à répondre : Tout d'abord le Don de Force.

« Un Auteur spirituel fait remarquer que, « dans l'énumération des Dons, celui de Force occupe le milieu, comme un roi sur son trône ou un officier au milieu de ses soldats, pour commander aux autres, si l'on peut ainsi parler, et les faire marcher à leur fin.

« Pour ce qui concerne Mère Saint-Georges, elle avait l'œil de l'âme attentif à toutes ces richesses surnaturelles afin de les utiliser au mieux de ses intérêts spirituels et des intérêts des âmes dont la perfection était intimement liée à la sienne. Toutefois, si dans les deux groupes ternaires des autres Dons, il faut choisir, c'est certainement d'une part *le Conseil*, de l'autre, la *Piété* qui caractérisent le plus parfaitement la vie spirituelle de Mère Saint-Georges. »

Inutile d'insister. Aidée de ce travail qui s'achève sous les auspices du bon saint Joseph, l'un des Protecteurs reconnus de Notre Mère, chacune de nous peut vérifier la véracité du témoignage que nous venons de citer.

Puissent ces mêmes Dons de Conseil, de Force, de Piété, cultivés avec zèle et amour, conduire toutes les Filles du Saint-Esprit aux sommets divins où les convie la Bonté miséricordieuse de leur Père ; où les exemples et les leçons de la Mère qu'Il leur a donnée les attire afin de les béatifier dès ici-bas, puisque le bonheur des âmes chrétiennes et religieuses est dans l'ascension perpétuelle vers Dieu par la victoire sur le démon, la chair et le monde.

(1) En la fête du 19 mars.

PENSÉES DE MÈRE SAINT-GEORGES

Il nous paraît utile de reproduire le feuillet livré sous ce titre à la Congrégation, après la mort de Notre Mère. Voici en quels termes Monseigneur Morelle en autorisait la publication :

« Ces pensées ont été vécues avant d'être exprimées par la plume. Chacune d'elles représente un trait de la physionomie morale de celle qui les a écrites après les avoir pratiquées. Réunissez-les, vous aurez reconstitué dans sa gravité souriante, dans sa noble simplicité, dans son recueillement méditatif, dans sa maternelle bonté, dans sa scrupuleuse régularité, dans sa constante union à Dieu, la figure admirable de cette religieuse accomplie. Il est bon que chacune de celles qui furent ses filles, ou qui viendront après ses filles immédiates, ait devant les yeux ce portrait pour s'en inspirer et y conformer sa vie. Voilà pourquoi, non seulement j'autorise, mais j'encourage et je bénis la publication de ces pensées. »

1. — Voulez-vous sincèrement devenir de vraies Religieuses ? Vous ne le serez jamais que par les vues de foi et l'abnégation de vous-mêmes.

2. — Entreprenons la lutte contre nous-mêmes courageusement, sous l'action féconde du Saint-Esprit, Notre Père : « *Dre nerz ar Spered Glan !* » et sous la protection de Marie-Immaculée, Notre Mère ; soutenons-en la continuité avec une grande générosité et une parfaite pureté d'intention.

3. — Acquérons peu à peu les vues de foi habituelles : c'est là un bon lest pour la petite barque exposée chaque jour aux bourrasques permises par la douce Providence pour nous apprendre à gouverner *droit vers le Ciel*.

4. — C'est par l'abnégation de vous-mêmes dans les détails que vous arriverez à vous élever au-dessus *du moi*, et par là aussi que votre cœur trouvera facilement Celui de Notre Seigneur. Nos petites passions sont les broussailles qui nous séparent de ce divin Cœur.

5. — Réjouissez-vous d'être les petits instruments du bon Dieu pour faire le bien, et soyez pour tous l'ange qui

console et l'apôtre qui évangélise, sans oublier de vous sanctifier vous-mêmes par l'abnégation et l'humilté.

6. — Agissons avec simplicité et droiture, respectons et aimons, comme on respecte et on aime quelque chose de sacré, l'autorité et tout ce qui émane d'elle de conforme à la Règle et à son esprit ; soyons charitables, bonnes et dévouées ; marchons ainsi sous le regard de Dieu avec esprit de foi et Dieu aura soin de nous.

7. — Ne soyez contentes de vous que dans la proportion où vous marcherez dans la voie d'une dépendance toute filiale et d'un respect religieux envers l'autorité : ceci n'est pas un conseil, c'est une obligation.

8. — Notre Seigneur n'a opéré l'œuvre de notre Rédemption que par l'obéissance, et la Religieuse ne saurait faire autrement. Obéissante, disciplinée, elle attirera sur ses travaux et ses fatigues la grâce qui féconde.

9. — Nous avons tant besoin du bon Dieu, de sa grâce, de son amour, tant besoin de force pour nous dévouer, nous vaincre et nous tenir à la hauteur de nos obligations. Disons donc souvent avec les apôtres : « *Seigneur, apprenez-nous à prier !* »

10. — Demandons bien au Saint-Esprit de venir en nous avec ses dons et ses fruits et de nous en remplir comme les Apôtres. Quel beau don Il nous ferait en nous gratifiant de l'esprit de prière !

11. — Si nous n'aimons Dieu de tout notre cœur, de toute notre âme et jusqu'au sacrifice, nous n'avons point le zèle apostolique. Ce zèle, cette flamme s'entretient en nous par le recueillement, la pratique de la présence de Dieu et la prière habituelle.

12. — Soyez sourdes, muettes et aveugles pour tout ce dont vous n'êtes pas chargées.

13. — Du besoin de tout dire au besoin de médire, il n'y a qu'un pas.

14. — Ne dites jamais de mal de personne. On dit que Sainte Thérèse était le manteau de ses Sœurs. Soyez bonnes, charitables et endurantes comme elle. Soyez de vraies filles pour vos Supérieures, mais agissez en filles désintéressées et non pour votre avantage.

15. — Nous devons à celles que la Religion a faites nos Sœurs une charité particulièrement cordiale et dévouée. C'est pour elles que nous devons réserver toutes les délicatesses d'un cœur vraiment fraternel.

16. — Évitons l'égoïsme, ce fléau de la charité fraternelle, ce virus de l'esprit religieux qui, en immobilisant le corps dans une coupable oisiveté, atrophie les âmes, supprime leur élan vers Dieu et les condamne à une perpétuelle et désolante médiocrité. Guerre à cet ennemi ! Guerre à ses moindres manifestations. Et daigne l'Esprit Saint en préserver ou en guérir à jamais nos âmes !

Le Cœur de Notre-Seigneur est bienveillant pour ceux qui sont bienveillants pour le prochain.

17. — Les différents points de notre Règle sont les canaux des grâces que Dieu nous communique si nous sommes fidèles à les pratiquer. De plus, ils sont comme un levier qui soulève nos âmes et les rend capables des vertus solides.

18. — Les habitudes d'irrégularité sont un grand malheur pour les maisons religieuses.

19. — Votre bonheur est entre vos mains. Soyez régulières et vous serez heureuses.

20. — Mettons au premier rang dans les préoccupations de notre zèle le soin de former chrétiennement l'enfance et la jeunesse.

21. — Faites l'œuvre du bon Dieu dans l'âme de vos enfants : c'est votre champ de culture. Sans doute, il faut débrouiller et développer ces petites intelligences ; mais c'est le cœur qu'il faut surtout former par la morale religieuse.

22. — Soignez bien l'instruction chrétienne de vos élèves ; qu'elles sachent bien la lettre du catéchisme, oui. Allez plus loin : visez à leur faire comprendre ce qu'elles savent. Qu'elles étudient à fond la vie de Notre-Seigneur et qu'elles apprennent à Le connaître pour L'aimer et Le servir !...

23. — La souffrance est sanctifiante pour nos âmes qu'elle rapproche de Dieu ; féconde pour les pécheurs dont elle est la rançon ; avantageuse pour notre Congrégation qui lui doit sa prospérité.

24. — Demandons à la Très Sainte Vierge de nous initier à cette vie de douce et continuelle intimité avec Jésus qu'elle a elle-même si admirablement pratiquée ici-bas.

25. — A l'Esprit-Saint, Notre Père, honneur et gloire ! Reconnaissons, nous ses Filles, que nous sommes des servantes inutiles.

TÉMOIGNAGES DIVERS

Dans le cours de cette Notice nous avons cité principalement les témoignages de la Congrégation. Il convient de grouper ici les éloges rendus à la mémoire de Mère Saint-Georges par des voix plus autorisées en quelque sorte parce que moins intéressées à louer les mérites et les vertus de la regrettée Défunte.

Sur les lèvres des Religieuses voisines de la Maison Principale, Dames de Saint-Thomas de Villeneuve, de Notre-Dame de Montbareil, Filles de la Croix, Filles de la Providence, Religieuses de Créhen, de Broons, de Saint-Vincent de Paul, toutes représentées à la cérémonie des funérailles, l'éloge fut unanime et sans restriction.

La Supérieure Générale des Filles de Jésus, de Kermaria, en voyage à cette époque, ne tardait pas à écrire :

« Bonne Mère Saint-Georges ! J'ai été souvent à même de constater sa bonté maternelle, sa piété profonde et pour tout dire d'un mot, *sa sainteté*. Aussi bien, n'est-ce pas celle que le bon Dieu a rappelée à Lui après une vie si pleine d'œuvres et de mérites que je plains, mais celles qui la pleurent. »

Du Monastère du Janua Cœli (Sainte-Claire de Rennes) arrivait en même temps une lettre dont nous détachons ce passage :

« J'ai vécu près de votre regrettée Mère Saint-Georges un instant seulement ; mais cet instant a suffi pour graver à jamais dans mon âme reconnaissante ses traits et sa bonté...

« Il faut être bien pur pour jouir du bonheur de voir le bon Dieu ; et malgré les grandes vertus pratiquées si généreusement pendant de longues années par notre sainte Mère, il peut se faire qu'elle ait besoin de secours : la mission qu'elle a remplie près des âmes est si délicate ! Voici à son intention une petite gerbe spirituelle de notre Communauté :

« Cinquante communions, cinquante Chemins de Croix, cinquante Stations de l'Ordre. Avec reconnaissance, je recevrais une Notice de la vie de cette vénérée Mère. »

Sœur ANNE-DU-SAINT-CŒUR-DE-MARIE.
Pauvre Clarisse.

Une Carmélite de Poitiers, qui est restée nôtre par le cœur :

« Si le Carmel de Poitiers n'est pas insensible au grand deuil qui vous afflige, combien plus une humble Religieuse, qui a été à même de connaître et d'apprécier la digne et vénérée Mère que vous perdez, qui a contracté envers elle et sa chère Congrégation une dette immense, partage-t-elle votre douleur !

« Les souffrances, les vertus, les mérites de sa sainte vie auront ouvert bien grandes les portes du ciel à la Mère Saint-Georges : elle était si zélée pour l'honneur et la gloire du bon Dieu ! Combien d'âmes elle a liées à son amour ! Aussi le Seigneur a-t-Il voulu en ces jours de son Ascension, associer à sa joie, rendre participante de sa gloire, une si fidèle Epouse de son Cœur.

« Du haut du ciel, la Mère continuera de veiller sur sa Famille religieuse ; elle la bénira, la protègera, elle y a dépensé sa vie, elle passera aussi son ciel à la rendre sainte et prospère. Nous prions pour elle et nous la prions à cette fin.

« Dans les divins Cœurs de Jésus et de Marie, nous vous prions de nous considérer toujours comme une humble Enfant de votre Famille religieuse. Notre Mère Sainte-Thérèse ne m'en voudra pas : pour être saint, ne faut-il pas être l'Enfant du Saint-Esprit dans toute l'acception du mot ? »

Le Monastère des Trappistines d'Ubexy (Vosges) qui connut la bienfaisante charité de Mère Saint-Georges, écrivait au lendemain des obsèques, le dimanche, 4 juin :

« La vénérée Défunte nous fut si dévouée que nos cœurs éprouvent le besoin de lui appliquer nos pieux et très reconnaissants suffrages, quels que soient d'ailleurs ses mérites et notre espoir qu'elle a trouvé près du Souverain Juge, le plus bienveillant accueil.

« Puisse-t-elle, de ce Ciel qu'elle reflétait et dont elle a si bien administré les dons, continuer à assister de sa protection maternelle la fervente Congrégation, objet de sa sollicitude ici-bas ! Et que toutes, émules de fidélité à ce grand rendez-vous, où elle nous précède et nous convie, nous nous rendions dignes de la retrouver dans la plénitude de la vie, près de Celui qu'elle a servi avec tant de générosité et d'amour ! »

* * *

Un témoignage dont la Congrégation appréciera la valeur, est celui de notre ancien Aumônier (1), le R. P. Jean-Baptiste, actuellement Prieur du Monastère de Thymadeuc. Il écrivait à la date du 5 juin 1916 :

« Avec vous, je continue de prier et pour l'âme de notre bien-aimée Défunte et pour la Congrégation qui lui doit, en si large part, son esprit de piété, de régularité et d'énergie.

« En apprenant la mort de cette vénérée Mère que Dieu rappelait à Lui la veille de l'Ascension, un passage de l'Evangile du matin se présenta soudain à ma pensée : « *Pater... opus consummavi quod dedisti mihi ut faciam* (2). »

« Ce mot ne résume-t-il pas bien la longue et féconde carrière de Mère Saint-Georges ? Dans ces 57 années de vie religieuse, où trouver place, malgré des difficultés exceptionnelles, à une lacune, à une défaillance tant au point de vue de l'activité intellectuelle qu'au point de vue de la force morale ? Toutes ses Filles qui l'ont le mieux connue en témoignent de mille manières.

« Il est rare de réunir avec cette perfection, comme le Saint-Esprit en a fait la grâce à Mère Saint-Georges, les qualités de l'esprit et du cœur, de la piété et de la sagesse, qui font si bien accepter l'Autorité, quelles qu'en soient les décisions. »

Le R. P. Magnié, S. J., après avoir, aussitôt la nouvelle de la mort, exprimé son admiration pour les vertus de Mère Saint-Georges, reprenait la plume quelques jours plus tard et affirmait plus nettement encore son jugement :

« Vous avez eu, dès la première heure, le témoignage de ma respectueuse condoléance et l'assurance de mes prières pour le grand deuil qui vient de frapper votre chère Congrégation du Saint-Esprit.

(1) Nous avons eu occasion, au cours de ce travail, notamment pages 12 et 67, d'indiquer en quelle estime l'Aumônier actuel, M. le chanoine Digard, tenait Mère Saint-Georges. C'est lui qui a trouvé ce mot pittoresque : « *E le promenait le recueillement à travers tous les couloirs de la Maison Principale.* »

(2) Père... j'ai achevé l'œuvre que Vous m'aviez donnée à accomplir.

« L'émouvante lecture du discours de Monseigneur, votre Supérieur, que vous m'avez envoyé, me pousse à vous redire toute ma peine. La disparition de la Mère Saint-Georges m'a été très sensible.

« Cette âme vaillante, qui gardait à l'intérieur le feu ardent de charité suffisante à mettre en branle toutes les Sœurs, toutes vos Œuvres, vivait de foi, de recueillement profond, toute à Dieu et à son devoir d'état, sans pose ni mise en relief, préoccupée du règne de Jésus-Christ dans les âmes de ses Filles et dans l'accomplissement des divers ministères auxquels sa charge la faisait présider.

« Elle avait bien voulu, durant les Retraites où sa confiance m'avait appelé, me montrer, à plusieurs reprises et longuement, le fond de sa pensée, de toute sa vie. J'ai connu ainsi assez profondément la vénérée Mère Saint-Georges que je pleure avec vous ; je la définirais volontiers : une âme de lumière, de loyauté, de foi, de feu intime, de piété extérieurement contenue *mais très profonde ;* une âme faite d'oubli de soi et d'amour pour les autres, passionnée pour toutes les grandes causes de Dieu, de l'Eglise, du Pays.

« Quel vide elle laisse parmi vous ! mais quels exemples et quel élan imprimé à la Congrégation des Filles du Saint-Esprit !

« Elle priera, non, elle prie au Ciel pour vous toutes avec son grand cœur, devenu puissant auprès du bon Dieu, j'en suis bien sûr. »

* * *

Ecoutons maintenant le témoignage des Evêques qui ont eu occasion d'apprécier le mérite et les vertus de Mère Saint-Georges : Mgr du Bois de la Villerabel, archevêque de Rouen et primat de Normandie, alors évêque d'Amiens, écrivait le 2 juin 1916 :

— « J'ai vu la Vénérée Mère Saint-Georges pour la dernière fois il y a quelques jours, le 7 mai. Elle gardait encore ces belles facultés qu'elle employa jusqu'à la fin pour le bien de votre Institut et la gloire de Dieu. Vous l'aimiez comme une Mère, car elle en avait le cœur ; vous la vénériez pour ses hautes vertus ; vous l'admiriez pour son jugement sûr et sa volonté ferme. Elle gouverna dans des temps difficiles, avec une santé fragile et une âme forte... »

« J'apprends avec une peine profonde la mort de votre Mère Supérieure Générale, si bonne, si intelligente, si dévouée, si aimée de tous, écrivait le 2 juin 1916 Monseigneur Dubourg, Archevêque de Rennes (1). Je prends la plus vive part à votre affliction... Vous pouvez compter sur mes pauvres prières pour cette âme si haute et si *sainte.* »

— « J'ai confiance que du haut du Ciel, elle obtiendra assistance et force pour la chère Congrégation qu'elle a gouvernée avec prudence, sagesse et fermeté », écrit de son côté Monseigneur Gouraud, Evêque de Vannes.

Et Monseigneur Duparc, Evêque de Quimper : « Elle a été la femme forte veillant à tout, à la sainteté des personnes, au développement des Œuvres, au maintien de l'esprit traditionnel, à la charité pour les âmes et pour les corps. Dieu lui donnera, avec les récompenses du Ciel, des bénédictions pour ses Filles. »

— « Je garde le souvenir le plus doux et le plus ému, de l'entretien que j'ai eu, au seuil de son éternité, avec cette sainte religieuse, atteste Mgr Le Senne, Evêque de Beauvais. Du haut du ciel, où son âme a dû directement s'envoler, elle continuera de protéger et de bénir sa chère Congrégation... »

(1) Le vénéré Prélat était promu au Cardinalat quelques mois plus tard, en décembre 1916.

*A Monseigneur MORELLE appartient le dernier mot de ce travail :
Aussi bien, le premier des documents que nous reproduisons donne
la raison et le plan de l'ouvrage ; l'autre le résume tout en dégageant les leçons de cette vie laborieuse et féconde, en sorte que celui
qui, durant la période la plus active de la carrière religieuse de Mère
Saint-Georges, présida aux destinées de la Congrégation, semblera
dire à chacune des Filles du Saint-Esprit appelées à lire ces pages,
en s'appropriant le mot du saint Livre : « Regardez, et faites selon
le modèle qui vous a été montré ».*

---

*LETTRE de Monseigneur l'Evêque de Saint-Brieuc et
Tréguier aux Filles du Saint-Esprit à l'occasion de la
Mort de la Révérende Mère Saint-Georges.*

Saint-Brieuc, le 25 Juin 1916.

Mes bien chères Filles,

Je ne viens pas vous apprendre la douloureuse nouvelle.
Vous la savez déjà, et, bien que pressentie, son annonce
a déchiré vos cœurs. Votre très vénérée et très regrettée
Mère, Sœur Saint-Georges Bamdé, est partie pour le Ciel.
C'est dans la nuit du 31 mai, à 10 heures 1/2, qu'elle a cessé
de vivre. J'emploie à dessein cette expression.

Une longue maladie avait lentement mais progressive-
ment usé toutes ses forces. Je veux parler des forces physiques. Les forces morales, le mal les a respectées jusqu'au
bout. Ni la pensée, ni le cœur, ni la volonté ne déclinèrent.
De son lit, elle gouverna jusqu'à la fin sa chère Famille
religieuse avec cette lucidité, cette fermeté, cette prudence
que vous lui avez toujours connues. Ses souffrances, suppor-
tées avec une patience, une soumission à la volonté de
Dieu, une maîtrise d'elle-même qui les dissimulaient à
celles de ses Filles qui l'approchaient, achevèrent de la
purifier et de la sanctifier. Les Sacrements de l'Eglise
avaient ajouté leur vertu à celle de la souffrance. Eut-elle
le sentiment que la mort venait ? Si grand était son calme,
si constante sa confiance, qu'on eût pu en douter si l'ordre

(1) Le regretté Prélat en avait eu la dédicace, comme on peut le
constater à la première page.

SA GRANDEUR MONSEIGNEUR MORELLE

Évêque de Saint-Brieuc et Tréguier

qu'elle mit à ses affaires, avec cette méthode qui présidait à tous les actes de sa vie, et quelques paroles significatives échappées à cette grande silencieuse, n'avaient trahi le soupçon qu'elle avait de l'approche de l'Epoux. D'ailleurs, que manquait-il à ce corps, d'ordinaire si frêle et dont la fragilité était devenue de la transparence et touchait à l'immatérialité, que lui manquait-il pour donner la vision de la mort ? Que l'âme, qui l'avait dominé toute sa vie, s'envolât. Et il semblait que cette âme, bientôt fugitive, se fût réfugiée vers les sommets, comme le commandant fait sur le navire qui naufrage. Quand on pénétrait dans cette chambre que vous connaissez bien, où un si maternel accueil vous était toujours réservé, la vénérée malade se détachait, sur la blancheur des draps, dans une enveloppe pâle et mince qui la rendait assez semblable à ces vierges de cire couchées sous nos autels et qui trahissent plutôt qu'elles ne les voilent les ossements des saints. Les yeux étaient fermés, les lèvres muettes, le souffle à peine perceptible. Etait-ce la mort ? Non, c'était le recueillement qui précède la mort et y prépare ; car, si étouffé qu'il fût, le bruit des pas frappait l'oreille de la malade, l'œil s'ouvrait ; alors un sourire s'esquissait sur la pâleur des traits : les lèvres s'entr'ouvraient pour un mot bienveillant. L'âme était encore là. Elle n'y fut plus à la minute suprême que j'ai dite et où elle cessa de vivre.

Votre piété filiale s'imagine facilement, mes bien chères Filles, l'émotion qui de la Maison-Mère se répandit dans toute la Congrégation à mesure que la fatale nouvelle arrivait sur les ailes de la poste. Ma pensée se porte en ce moment, doublement attristée, vers celles de nos chères Sœurs qui subissent, dans le Nord de la France et en Belgique, le joug de l'envahisseur, et qui ne connaîtront que plus tard le deuil qui les frappe.

Quand, sous l'effort du vent, le vitrail se brise dans le sanctuaire et que la lampe s'éteint, c'est le froid et la nuit. Ainsi en fut-il, parmi vous, quand la calme et belle lumière de son intelligence s'éteignit au front de la Congrégation, et que sa chaude et maternelle tendresse sembla mourir avec son cœur refroidi.

Pendant que, dans cette modeste chambre de religieuse, ce drame de la mort, toujours si impressionnant quels qu'en soient les aspects consolants s'accomplissait, dans les rues de la ville, la Vierge de l'Espérance, précédée, accompagnée et suivie d'un cortège immense de pèlerins, s'avançait souriante parmi les lumières, et bientôt l'aube de l'Ascension blanchissait à l'horizon. Il vous plaira comme à nous, mes bien chères Filles, de trouver dans ce concours de circonstances un adoucissement à votre douleur. Cette mort qui se produit à la clôture du Mois de Marie, à l'ouverture du Mois du Sacré-Cœur, et sous les auspices de cette fête triomphale qui nous ouvre le Ciel, porte avec elle le signe de la prédestination.

Trois jours après, le 3 juin, eurent lieu les obsèques. Je ne vous les décrirai pas. Je n'ai pas besoin de vous dire qu'il ne fut dérogé en rien à la simplicité qui préside chez vous à cette cérémonie funèbre. Agir autrement eût été aller trop manifestement contre le vœu de la défunte.

Toutes celles d'entre vous que la cruelle nouvelle avait eu le temps de toucher, étaient là par le cœur et par la prière. Seules y étaient en personne celles à qui la distance permettait de rentrer dans leur Communauté le même jour. Comment en aurait-il pu être autrement, alors que nos chers blessés occupent une grande partie de la Maison-Mère et ne laissent que peu de place à l'hospitalité ? Malgré ces conjonctures défavorables, le nombre considérable des Sœurs présentes ; la large représentation de la ville de Saint-Brieuc ; une délégation spontanée des autorités civiles et militaires et des services sanitaires ; la présence de nos glorieux blessés ; des députations des différentes Congrégations religieuses du diocèse ; des prêtres nombreux parmi lesquels des dignitaires ecclésiastiques appartenant aux différents diocèses bretons, notamment à ceux de Saint-Brieuc et de Quimper, firent de ces funérailles un triomphe. Ce fut le triomphe de l'humilité, de la vertu aussi. On sentait dans le recueillement de cette grande assemblée, autour du cercueil d'une humble religieuse, l'ascendant de la sainteté, même, surtout peut-être, sur ceux qui l'approchent moins souvent. Ce sont là des spectacles qui consolent, et des hommages qui réparent.

De la blanche chapelle, sa dépouille, mouillée des larmes de ses Filles, fut portée, au milieu d'un grand recueillement, au tranquille cimetière. Elle y dort son dernier sommeil à l'ombre du grand Calvaire. Lorsque les retraites annuelles vous ramèneront à la Maison-Mère, vous irez

vous agenouiller sur sa tombe. Vous n'aurez pas de peine
à la trouver. Elle est creusée à quelques pas du portail à
gauche, entre les tombes de Mère Marie-Arsène et Mère
Marie-Odith, deux grands noms dans la Congrégation. Elle
doit se trouver bien de ce voisinage. Vous n'y chercherez
que ses ossements. Son âme n'est pas là. Si ces cendres
vénérées voisinent volontiers dans ce pieux cimetière, les
âmes qui les ont animées voisinent au Ciel — la sainteté
de leur vie nous permet cette espérance — et veillent de
là-haut, avec une sollicitude plus avisée et plus puissante,
sur les destinées de la Congrégation dont elles furent, en
leur vivant, l'honneur, l'édification, la lumière et la force.

Cette tombe, fraîchement creusée, ne vous a pas pris
votre Mère tout entière. Elle n'a dérobé à vos yeux que sa
dépouille périssable. Sa vie, avec ses leçons et ses exemples, vous reste. C'est le patrimoine de votre Famille religieuse. Il ne faut pas que le souvenir de cette vie soit oublié parmi vous. Ce ne serait pas seulement de l'ingratitude à raison de cette flamme de zèle qui l'a consumée à
votre service ; ce serait de l'imprévoyance à raison du
trésor dont vous priveriez vos annales et de l'exemplaire
que vous écarteriez de vos yeux. Sur son cercueil, et dans
l'émotion de mon deuil qui s'accroissait du vôtre, j'ai jeté,
en des accents tumultueux et heurtés, le cri de mon âme.
Vous le trouverez à la suite de ces lignes, tel qu'une plume
cursive est parvenue à le saisir dans le vol de la parole.
J'aurais aimé le reprendre, à mon tour, pour le préciser,
tout en l'amplifiant, et en faire l'écho fidèle de sa vie, de
toute sa vie, de sa vie de pilote de la Congrégation, vous la
montrant clairvoyante, prudente et ferme au gouvernail ;
de sa vie religieuse, vous la représentant dans la dignité de
son attitude, dans son amour de la Règle, dans sa tendresse
pour ses Sœurs ; de sa vie intime, de sa vie d'âme, essayant
de soulever le voile, que son humilité savait abaisser sur
le côté surnaturel de sa vie, sur les principes supérieurs
qui présidaient à tous ses actes, sur les intimités de son
commerce avec Dieu, sur les élans de son âme vers le Ciel,
sur tout cet ensemble de vertus cachées dont elle ne par-
venait pas toujours à retenir le parfum, et qui faisait d'elle
une vraie *Fille du Saint-Esprit*. Je devrai me priver de
cette consolation. Mes loisirs, trop parcimonieusement me-
surés ne me la permettent pas, pas plus d'ailleurs que ma

documentation insuffisante. J'ai voulu, du moins, qu'une plume filiale, plus proche de la vie qu'il s'agit de fixer, s'appliquât d'urgence à cette tâche très douce. Son rôle n'ira pas sans quelque difficulté en ce qui touche le côté le plus attachant de cette vie ; je veux parler des intimités de son âme. Dans son souci de l'humilité, la défunte vénérée fit brûler sous ses yeux, quelques jours avant sa mort, un calepin où son crayon, sans doute, avait noté, à mesure de leur éclosion, les manifestations de sa vie intérieure. Quelle perte pour notre biographe que ce précieux bloc-notes ! Comment y remédier ? Plusieurs d'entre vous, mes bien chères Filles, en ont, dans quelque mesure, le moyen. Il en est qui gardent avec une religion que je conçois, des lettres de direction où la Maîtresse des Novices ou la Mère Générale trahissait son propre cœur, sa propre vertu, dans les maternelles réprimandes, dans les conseils pleins de sagesse, dans les exhortations à la perfection religieuse, qu'elle prodiguait d'une plume si nette et si expérimentée. Qu'elles aient la confiance d'envoyer sans tarder à la Maison-Mère ces notes précieuses qui leur seront d'ailleurs rendues, et elles auront apporté leur contribution au monument biographique qu'il s'agit d'élever à la mémoire de Celle que nous pleurons.

Oui, pleurez-la, mes bien chères Filles ; mais que l'espérance brille dans vos larmes comme les feux du jour qui se lève dans le diamant. De quelque côté, en effet, que vous tourniez vos regards, rien ne vous permet de vous considérer comme orphelines. Celle qui est partie pour le Ciel dans la vraie vie où elle vous attend, n'a pas cessé d'être votre Mère, aussi tendre qu'avant et plus puissante. Sur la terre, dans la chambre du Conseil, à deux pas de celle que la mort a laissée vide, vos Mères, fraternellement groupées autour de la première Assistante, conformément à l'article 16 de vos Constitutions, s'inspirent, dans le gouvernement provisoire de la Congrégation, des principes et des méthodes chers à Celle qui n'est plus là.

Mais, parce que c'est le propre d'une famille religieuse de survivre à ses membres, et que la sagesse de vos fondateurs a prévu, au Chapitre III de vos Constitutions, la procédure par laquelle le gouvernement provisoire de la Congrégation doit faire place au gouvernement définitif, vous lirez avec attention, dans chacune de vos Maisons, l'ordonnance ci-annexée et vous vous conformerez scrupuleusement à ses prescriptions.

Jusqu'à ce qu'elle ait sorti ses effets, vous ne manquerez pas de prier pour Celle que le Bon Dieu a rappelée à Lui, parce que c'est l'enseignement de l'Eglise qu'il faut prier pour les morts, et pour celles qui ont reçu, de ses mains refroidies par la mort, la mission de gouverner votre chère Congrégation, et pour celle enfin dont le nom sortira de ce scrutin auquel vous n'aurez procédé qu'avec des vues de foi, sans recherche personnelle et sans passion ; et, afin que la charge que vous imposerez aux épaules de l'élue soit moins lourde, vous vous efforcerez de reproduire en chacune de vous cet idéal de la vie religieuse qui vous apparaissait dans la personne regrettée de votre toujours vénérée Mère Saint-Georges Bamdé.

Je vous bénis, mes bien chères Filles, d'un cœur bien religieusement attaché et dévoué.

† JULES-LAURENT,

Evêque de Saint-Brieuc et Tréguier.

DISCOURS de Monseigneur MORELLE, à la Cérémonie des Funérailles de Mère Saint-Georges :

> *Requiem æternam dona ei Domine, et lux perpetua luceat ei.*
>
> Donnez-lui, Seigneur, le repos éternel, et qu'à ses yeux brille l'éternelle lumière.

MES BIEN CHÈRES FILLES,

Ne serait-ce pas tromper votre attente que de ne pas essayer de retenir quelques instants encore à vos regards cette figure si vénérée, si noble, si aimée, que la tombe va vous ravir, et de ne pas payer à sa mémoire le tribut de reconnaissance et de vénération qui est dans vos cœurs et dans les cœurs de tous ceux qui portent à votre grande Famille religieuse un intérêt et une estime bien mérités.

Votre douleur est grande, et j'essayerai à peine de la bercer au charme du souvenir, aux espérances de la vie chrétienne et aux affirmations de la foi qui ne trompe pas.

Votre deuil est grand, mais il n'est pas vôtre seulement. Il déborde votre Congrégation religieuse.

C'est le deuil de la famille du sang, qui vient apporter à cette morte l'hommage de son berceau.

C'est le deuil de la Bretagne tout entière, représentée ici par l'élite de son clergé, attestant la collaboration très efficace que votre Famille religieuse apporte à son ministère.

C'est le deuil de la France, où vous avez essaimé, portant au loin les trésors de votre zèle évangélique et de votre apostolat.

C'est le deuil de la Belgique, représentée ici par ses prêtres, de la Belgique qui vous fut hospitalière aux jours de sa prospérité, et dont, à l'heure de la calamité, vous avez essayé d'essuyer les larmes.

C'est le deuil de la Hollande, de l'Angleterre, de la lointaine Amérique, où les événements, guidés par la Providence, vous ont menées, afin que vous fassiez briller dans ces pays qui n'ont pas conservé le *Credo* complet, l'intégrité de la foi chrétienne.

C'est le deuil de l'armée, personnifiée ici par ces officiers supérieurs, par les représentants les plus qualifiés des services sanitaires, par ces héroïques blessés venus chercher dans cette maison la paix après le combat, le repos après le labeur et le baume sur la blessure.

C'est le deuil de cette ville, dont les chrétiens et chrétiennes d'élite ont tenu à apporter à votre douleur le réconfort de leur sympathie. Je salue avec reconnaissance et émotion les représentants de nos édiles et des différentes catégories de Briochins, dont la présence est une consolation pour vous et un hommage à celle que vous pleurez.

Il n'en reste pas moins vrai que ce deuil est surtout votre deuil, mes bien chères Filles, car si celle que vous pleurez laisse parmi vous un grand souvenir, elle laisse aussi un grand vide. Elle tint au foyer de votre Famille religieuse une place incomparable. Novice exemplaire, institutrice parfaite, éducatrice hors de pair, visiteuse, assistante, supérieure générale, elle a donné dans tous ces emplois, sur un champ de plus en plus vaste, pendant plus d'un demi-siècle — 57 ans, — la mesure d'une nature d'élite pour laquelle Dieu s'était montré prodigue de ses faveurs.

C'est dans notre Morbihan, à Belle-Isle, à Bangor, que Dieu avait placé son berceau, et c'est là, auprès d'un père laborieux et d'une mère remarquablement douée, qu'elle puisa les trésors de sa riche nature, trésors qu'elle devait développer dans la suite et qui brillèrent d'un si vif éclat.

Si je voulais, en ce moment, essayer de résumer cette longue carrière en quelques mots synthétiques, je dirais qu'elle fut une *intelligence*, qu'elle fut un *cœur*, qu'elle fut un *caractère*, et que, parce qu'elle fut toutes ces choses éminemment, elle fut une religieuse aussi achevée qu'on peut le rêver, elle fut une *vertu*, elle fut parmi vous, — avec toutes les réserves que comporte ce vocable, — une *sainte.*

*

Oui, elle fut une *intelligence*, une intelligence claire, nette, lucide. Dès sa plus tendre enfance, elle aimait les livres, et à une heure où les diplômes étaient rares, elle prépara, à l'école des Filles de la Sagesse, son brevet élémentaire ; elle se perfectionna encore, et acquit avec un remarquable succès, son brevet supérieur.

Il y avait en ce moment — 1858 — au noviciat de Saint-Brieuc, des inquiétudes : les postes à remplir étaient nombreux, les sujets ne l'étaient pas ; la maîtresse des novices dit alors à ses filles : « Prions saint Joseph de nous envoyer des novices, mais des novices à la hauteur de la tâche ! » On pria ; quelques jours après, arrivait au noviciat l'enfant bénie, et en voyant sa distinction native, sa maturité précoce, les novices se dirent : « Nos prières sont exaucées ! » Elles ne se trompaient pas : un an après, en 1859, la novice faisait ses vœux, et l'obéissance l'envoyait à Rostrenen où elle passa dix années, où son souvenir reste toujours vivant, et où toujours fécondes sont les traces de son passage.

Au bout de ces dix années, l'Evêque de Saint-Brieuc, — c'était alors Mgr David, — avec une intuition à laquelle les événements postérieurs ont donné raison, voulut établir, au sein même de la Congrégation, des cours prépara-

toires aux divers brevets ; ce fut sœur Saint-Georges qui
fut appelée pour apporter à Sœur Marie-Julie — un nom
resté en bénédiction dans la Congrégation — le concours
de ses rares facultés au point de vue pédagogique et de
son habileté professionnelle. Sur ce nouveau théâtre, elle
donna toute sa mesure. Elle imprima une impulsion très
grande à l'enseignement qui était alors l'œuvre principale
de la Congrégation, et on sent aujourd'hui encore l'influence de cette impulsion.

Je n'ai pas besoin de vous dire, vous le savez aussi bien
que moi, qu'elle ne visait pas seulement, comme une institutrice, à la formation de l'esprit, mais, comme une éducatrice, à la formation du cœur ; elle contribua beaucoup à
donner à l'enseignement de la Congrégation ce caractère
moral dont vous êtes légitimement fières, et auquel toutes
les Religieuses qui sont ici, et dont les costumes variés
attestent autour de cette bière une fraternité touchante,
rendent un légitime hommage.

Elle était appelée à des destinées encore plus hautes.
Mère Emérentienne était fatiguée : Sœur Saint-Georges devint à sa place Maîtresse des novices. Elle fut une Maîtresse des novices incomparable, appliquant dans sa nouvelle charge les principes qu'elle avait elle-même appréciés
chez la Sœur Sainte-Thècle de Parcevaux, la maîtresse
éminente de son propre noviciat. Là encore, sa belle intelligence se manifesta dans le discernement des esprits et
des aptitudes, et toutes celles qui ont passé par sa formation, en ont gardé un souvenir impérissable, et aussi, à
leur insu peut-être, une empreinte très forte.

Mais sa santé, qui avait toujours été très fragile, s'usa
vite à cette charge absorbante. Elle la quitta pour devenir
Visiteuse. Le Bon Dieu l'acheminait ainsi vers le gouvernement général de la Congrégation. Pour cette grande tâche, ce n'était pas assez de l'intelligence, il fallait le cœur,
l'expérience, l'autorité : son rôle de Visiteuse l'y préparera.
Dans cet emploi encore elle fut éminente : elle y apportait
beaucoup de sagesse, de tact, de prudence ; ses visites
étaient désirées ; elle savait arranger des situations parfois aigries ; derrière elle, c'est la paix qu'elle laissait.
Quoi d'étonnant si elle fut choisie comme Assistante...

La charge d'Assistante la mettait dans une lumière
qu'elle avait redoutée, elle qui aimait à s'envelopper d'hu-

milité et de recueillement. Ce n'est pas le chandelier, mais
le boisseau qu'elle eût choisi. Mais cette charge la préparait immédiatement à celle plus importante du gouvernement général de la Congrégation. Là, de nouveau, son intelligence très vive jeta de brillantes clartés. Mais, je l'ai
dit, dans une fonction aussi haute et aussi délicate, ce n'est
pas assez de l'intelligence : quand on a affaire à une famille religieuse si grande, si étendue, aux prises avec les
difficultés de tous les jours, il faut savoir aimer ses filles
pour les amener à accepter un joug qui est parfois pénible... Elle fut maternelle par son *cœur*.

. * .

Elle parlait peu de sa famille : elle parlait peu de toutes
choses ; elle préférait écouter que parler ; elle s'entretenait avec elle-même et avec Notre-Seigneur ; mais si ses
paroles étaient rares, elles étaient empreintes de sagesse.
Elle aimait cependant. Elle aimait son père qui était pilote... Etait-ce une indication providentielle ? Elle dut le
penser le jour où elle prit à son tour le gouvernail et se
souvint des leçons de prudence et de fermeté reçues à
l'école paternelle. Elle aimait sa mère, dont j'ai dit qu'elle
était douée remarquablement. Plus tard, au noviciat, elle
aima ses maîtresses ; maîtresse à son tour, elle aima ses
enfants et en fut adorée ; elle aimait ses sœurs, et quand
elle fut devenue Supérieure Générale, on a pu faire d'elle
cet éloge que je lisais hier dans un journal local (1),
« qu'elle fut plus mère que supérieure ». Elle vous aimait
avec une tendresse si grande, mes bien chères Filles, que
chacune de vous pouvait se croire la plus et la mieux aimée, mais, en réalité, elle vous aimait toutes très tendrement.

Son cœur était assez grand pour déborder sa famille
religieuse, si nombreuse fût-elle. Elle aimait sa patrie ; sa
petite patrie, la Bretagne, dont elle connaissait à fond
l'histoire — j'ai été frappé plusieurs fois de l'étendue et de
la sûreté de ses connaisances historiques, — sa grande
patrie, la France, cette belle France dont on a pu dire

(1) *L'Indépendance Bretonne.*

qu'elle était le plus beau royaume après celui du Ciel. Elle était jalouse de ses gloires et de ses grandeurs, et après la Sainte Eglise à laquelle elle avait voué sa vie, nulle patrie ne lui fut plus chère. Aussi son cœur fut-il brisé à l'heure de nos angoisses, et avec quel élan ne sollicita-t-elle pas la faveur et l'honneur d'ouvrir cette maison à nos chers blessés. Tout ce qui touchait à la patrie émouvait son cœur, et les vicissitudes de cette guerre terrible la préoccupaient jusqu'à l'approche des ombres de la mort. Ses yeux allaient se fermer, ses lèvres étaient presque froides, quand, quelques instants avant son dernier soupir, elle demanda qu'on lui lût le dernier communiqué de Verdun, et applaudit une dernière fois au succès de nos troupes héroïques. Ce fut un cœur tendre, fort, ce fut un grand cœur, dont vous avez le droit d'être fières.

. .   .

Mais ce ne fut pas un cœur faible : ce fut une volonté, une fermeté, un *caractère*. Elle savait, au besoin, quand étaient en cause l'honneur de Dieu ou les libertés de la vie religieuse, imposer sa volonté. D'ailleurs, n'était-elle pas elle-même la règle vivante ?

Son supériorat général ne fut pas sans épreuves. Elle connut même les épreuves les plus angoissantes par lesquelles puisse passer une Supérieure Générale. Je voudrais glisser sur cette partie de sa vie ; mais ces événements ont trop déchiré son âme pour que je ne les rappelle pas ici brièvement.

Un vent de folie avait passé sur la France. Ce n'était pas l'Union Sacrée. Les plus nobles de ses fils, les plus admirables de ses filles, elle les persécutait, les traquait, les chassait, et les frontières s'ouvraient devant les exilées obligées d'aller chercher hors de France le droit de se dévouer. Mère Saint-Georges souffrit beaucoup. Elle souffrit, parce qu'elle était humiliée dans son honneur de Française; elle souffrit, parce qu'elle sentait en péril les intérêts de Dieu. Elle souffrait, parce que celles dont elle était la mère souffraient. Je me souviens, en particulier, d'une journée mémorable. Ce fut le 14 août 1902 ; dans la Chambre du Conseil, la question agitée était celle de l'existence même de la Congrégation, du moins dans l'intégralité de sa vie religieuse. Allait-on céder à des conseils pusillanimes,... ou fallait-il redresser le front et demeurer implacables dans la revendication des droits de la liberté religieuse en France ? Question angoissante ! Mais c'était un *caractère* qui présidait aux délibérations du Conseil ; on n'hésita pas : on resterait religieuses tout entières, ou bien on disparaîtrait ! On ne disparut pas, parce que, Là-Haut, vous avez un Père qui est Lumière et Force, et qui veille sur vous ; on ne disparut pas, mais on souffrit beaucoup. Personne ne souffrit plus qu'elle.

Quand nos chers soldats se trouvaient devant les couvents pour protéger les entreprises honteuses des expulseurs, et qu'on voyait dans leurs yeux des larmes pendant que leurs oreilles semblaient recueillir avidement les cantiques des défenseurs de la liberté, et que leurs lèvres se prêtaient à leurs accents, ces échos d'une folie criminelle retentissaient douloureusement dans son cœur.

Quand les portes des couvents tombaient sous la force brutale, les coups qui les brisaient atteignaient aussi son cœur.

Quand de tous ces Colombiers fermés, ses filles arrivaient demander un asile à la Maison-Mère, ses bras maternels s'ouvraient très grands pour les recevoir sur son cœur déchiré.

Quand les essaims nombreux de ses filles déployaient leurs ailes pour aller chercher au loin le droit de faire connaître et aimer Jésus-Christ, elle les suivait de son regard plein de larmes...

Pourtant, au milieu de toutes ces souffrances, jamais sa fermeté ne fut en défaut, jamais une défaillance ne parut, parce que ce fut un caractère.

*   *

Et parce que ce fut une intelligence, un cœur, un caractère, parce qu'elle fut tout cela éminemment, elle fut, au milieu de vous, une *vertu*, elle fut, je le répète, avec les réserves que comporte ce titre, une *sainte*.

Elle était très sévère pour elle-même : elle avait le droit de l'être pour les autres. Elle avait une très haute idée de la dignité de la religieuse. Elle la voulait accomplie dans son extérieur ; elle ne souffrait en elle rien de vulgaire ; elle estimait que personne ne devait être mieux élevée ; elle la voulait surtout accomplie dans son intérieur, et ici encore, elle pouvait servir de modèle.

Dans la première circulaire qu'elle vous envoya au lendemain de son élection, vous souvenez-vous du programme qu'elle se traçait à elle-même : *Mon Dieu et mon devoir !* Elle fut fidèle à ce programme, et si elle accepta de souffrir, ce fut pour y être fidèle et vous donner l'exemple de la fidélité.

Et à mesure que sa vie physique s'écoulait, s'épuisait, elle s'efforçait de développer sa vie surnaturelle, se détachant de plus en plus d'elle-même pour penser aux autres, à toutes les autres et à chacune d'elles. Il était pourtant une catégorie de Sœurs qui sollicitait particulièrement son cœur : c'était les malades. Dès que quelque chose de plus délicat, quelque douceur, lui était remis, c'est à elles qu'elle le faisait porter. Déjà mourante, elle demandait des nouvelles d'une de ses filles à l'agonie : Sœur Anatole, qui s'éteignait à Lampaul ; elle en demandait souvent ; c'était comme une obsession. Voulant lui épargner une fatigue, son infirmière lui recommande de ménager ses paroles. Elle répond : « Ma Fille, je ne vous demande pas des nouvelles de ma Sœur Saint-Anatole à chaque fois que j'en ai la pensée ; je n'ose pas, puisque défense m'en a été faite ; mais, ajouta-t-elle sans se départir de son calme et de sa sérénité, si je ne puis plus demander des nouvelles de mes Filles malades, *il faudra m'enterrer !* » C'était le cœur affectueux de la mère qui parlait.

Mais les inquiétudes de ses Filles croissaient : la science était déconcertée. Le Docteur qui la soignait avec autant de compétence que de dévouement, dut un jour avouer ses craintes... Immédiatement, elle-même demanda les Sacrements, n'ayant pas perdu tout espoir, mais voulant donner un grand exemple. Puis, elle prit son chapelet. « Je traite mes affaires avec Notre-Seigneur », disait-elle. Elle voulut voir toutes ses Filles, leur donna une dernière étreinte, leur recommandant de la transmettre en son nom à celles qui n'étaient pas là ; et puis, elle s'enveloppa de silence et de recueillement, s'affinant encore dans le commerce avec Notre-Seigneur, et se prépara à mourir.

C'était physiquement un squelette : de chair, de matière, il n'y en avait presque plus : c'était presque une vie angélique...

Vous souvient-il de cette œuvre d'art d'un de nos artistes briochins, tombé au champ d'honneur alors que la gloire commençait à lui sourire (1), d'une œuvre d'art qui fut couronnée : « l'Esprit se dégageant de la Matière » ? c'était bien cela ! l'âme qui s'en allait, dégagée de toute attache ici-bas, déployait ses ailes et prenait son essor...

Au portail de nos cathédrales, de ces cathédrales que bombarde un ennemi aussi impie que barbare, le ciseau du sculpteur a plus d'un fois placé une Vierge ; c'est une Vierge de pierre, de granit ou de marbre, lourde par conséquent, mais portant sur son front quelque chose de céleste, qui l'arrache à la matière ; on dirait qu'elle va s'élever, tant elle semble peu tenir à la terre. C'est encore elle. Ainsi son âme virginale s'en allait, ses ailes s'ouvraient, son cœur appelait l'Epoux céleste...

Ce n'était plus qu'une lueur, une flamme, mais une flamme encore vive, et jusqu'à la dernière minute, elle répandit ses clartés sur la Congrégation tout entière. Aucune de ses Filles n'y échappa, surtout les plus lointaines. Oh ! cette flamme qui vacillait, combien de temps la conserverait-on encore ? C'était l'angoisse de tous les soirs et l'angoisse de tous les matins : une flamme, la flamme du cierge, de la lampe du sanctuaire, c'est si fragile ! Non seulement la tempête, mais la plus légère brise suffit à l'éteindre. Alors, on l'enveloppe, on la protège de la main pour la garder allumée... Ainsi faisiez-vous par vos soins et vos prières de peur que cette flamme ne s'éteignît. Vous saviez pourtant bien qu'elle ne brillerait plus longtemps, car, dans la lampe, il n'y avait plus d'huile ; il était manifeste qu'on en était aux dernières gouttes... Et puis, on arrivait à des dates saintes, dates que vous aimiez et que vous redoutiez tout ensemble : le 31 mai, la clôture du mois de Marie qu'elle aimait tant, et le 1er juin, l'ouverture du mois du Sacré-Cœur pour lequel elle avait une si tendre dévotion. Complication suprême qui alarmait votre tendresse, c'était en même temps l'Ascension : ce jour-là, Notre-Seigneur est

____

(1) Paul Le Goff.

monté au ciel, et les âmes pieuses aspirent ce jour-là à la
lumière et au repos du Paradis... Oui, votre piété et votre
tendresse se combattaient. A cette lutte intime, mon cœur
s'associait ; aussi fus-je plus attristé que surpris lorsqu'au
matin du premier juin, jour de l'Ascension, on vint me
dire : « Tout est fini ! » C'est à 10 h. 1/2 du soir que la
Vierge Marie vint au foyer de votre Famille religieuse
cueillir cette âme d'élite et l'emporter au ciel pour la présenter au Cœur adorable de Notre-Seigneur. Que s'est-il
passé alors ? Votre foi vive le devine : la Sainte Trinité
est là : le Père reconnaît sa fille, le Fils son épouse, le
Saint-Esprit celle qu'Il s'était plu à orner, à accompagner
dans sa vie longue et méritoire de 78 années...

Et maintenant, mes bien chères Filles, pleurez une Mère
très tendre, incomparable : pleurez : l'Eglise ne l'interdit
pas à votre tendresse ; mais ne pleurez pas comme ceux
qui n'ont pas d'espérance, ne pleurez pas comme des orphelines, car celle qui a si bien travaillé ici-bas jouit là-
haut du repos éternel, et loin de vous avoir abandonnées,
la Mère que vous pleurez, incomparablement plus puissante maintenant que la lumière du ciel a brillé à ses yeux,
continue de veiller sur vous !

TABLE DES MATIÈRES

es

Approbations et Lettres.................................... 1
A la Congrégation 5

I

Belle-Isle-en-Mer.. 7
La Famille.. 11
Réponse à l'appel divin................................... 24
Rostrenen... 34
La Maîtresse du Cours..................................... 45
La Mère des Novices....................................... 64
La Visiteuse et l'Assistante.............................. 88
La Mère Générale 96

II

L'esprit et les vertus de Mère Saint-Georges 117
Son amour pour la Congrégation 122
Sa modestie 128
Son humilité 134
Sa charité.. 142
Sa bienfaisance... 149
Sa bonté 153
Ses exercices spirituels.................................. 159
Son attention à la présence de Dieu....................... 166
Son esprit de foi 170
Sa confiance en Dieu 174
Sa dévotion au Saint-Esprit............................... 176
   —   au Verbe Incarné 179
   —   à la Sainte Vierge.............................. 183
   —   à Saint Joseph.................................. 184
   —   aux Saints Anges................................ 186
   —   aux âmes du Purgatoire.......................... 188
Son abnégation.. 192
Son zèle.. 199
Son patriotisme 203
Son amour pour l'Eglise................................... 208
Complément de la seconde partie........................... 211

III

	Pages
Extraits de la correspondance de Mère Saint-Georges	219
La journée spirituelle de Mère Saint-Georges	248
Pensées	258
Témoignages divers	261
Lettre de Mgr Morelle à l'occasion de la mort de Mère Saint-Georges	266
Discours de Mgr Morelle à la cérémonie des funérailles	271

6-25. — Saint-Brieuc, Imprimerie PRUD'HOMME.